변화하는 무슬림 여성

변화하는 무슬림 여성
- 코란, 하디스, 이슬람법 샤리아에서 여성읽기-

초판 1쇄 인쇄 2015년 4월 20일
초판 1쇄 발행 2015년 4월 25일
지은이 조희선
펴낸이 이방원
편 집 김명희 · 안효희 · 강윤경 · 김민균
디자인 박선옥 · 손경화
마케팅 최성수
펴낸곳 세창출판사
출판신고 1990년 10월 8일 제300-1990-63호
주소 120-050 서울시 서대문구 경기대로 88 냉천빌딩 4층
전화 723-8660
팩스 720-4579
이메일 sc1992@empal.com
홈페이지 http://www.sechangpub.co.kr

ISBN 978-89-8411-519-4 94330
         978-89-8411-272-8(세트)

이 도서의 국립중앙도서관 출판시도서목록(CIP)은 서지정보유통지원시스템 홈페이지(http://seoji.nl.go.kr)와
국가자료공동목록시스템(http://www.nl.go.kr/kolisnet)에서 이용하실 수 있습니다. (CIP제어번호: CIP2015010442)

이 저서는 2010년 정부(교육부)의 재원으로 한국연구재단의 지원을 받아 수행된 연구임
(NRF-2010-812-A00083).

009 아랍이슬람총서

변화하는 무슬림 여성

- 코란, 하디스, 이슬람법 샤리아에서 여성읽기 -

조희선 저

세창출판사

7세기 아라비아반도에 만연되어 있던 부족주의를 타파하고 신앙에 근거한 이슬람 공동체 움마('Ummah)의 건설을 목표로 삼았던 종교 이슬람은 기존의 부족 중심의 사회구조에서 벗어나 핵가족 중심의 사회구조를 형성하는 데 커다란 관심을 가졌다. 그 결과 이슬람의 경전 코란은 물론 예언자의 언행록 하디스(Hadith), 그리고 이슬람법 샤리아(Shari'ah)에서 부족주의 사회에서는 간과되어 왔던 여성 및 가족 관련 문제가 비교적 상세하게 다루어졌다.

무슬림들이 신의 말씀이라고 여기며 신성시하는 코란에는 '여성의 장'(Surat al-Nisa')을 비롯하여 여성의 권리를 확보해 주는 많은 내용을 담고 있다. 대부분의 학자들은 코란의 계시가 당시 주변 국가에서는 그 유례를 찾아볼 수 없을 정도로 여성의 지위 향상에 기여했다는 데에 의견을 같이하고 있다. 이슬람이란 종교가 남녀 차별의 근본적인 원인이 된다는 담론을 발전시켰던 서구 학자들 역시 코란에 명시되어 있는 여성의 재산권이나 상속권은 과거 서구 여성이 누렸던 권리와 비교해 볼 때 매우 획기적인 변화라는 데에 이견을 달고 있지 않다. 사실 이슬람의 경전 코란은 예언자가 구현하고자 했던 가장 '이슬람적'인 여성관을 제시하고 있는지도 모른다. 오늘날의 잣대로 코란 속의 젠더 관계를 살펴보면 여러 문제점을 지적할 수 있겠지만 당시로서는 상당히 진보적인 젠더관이 코란 속에 배어 있는 것이 사실이기 때문이다. 그러나 일부다처제도, 여성의 히잡(hijab), 여성에 대한 폭력 등을 암시하는 코란 구절은 후에 이슬람의 열등성을 부각시키려는 서구 오리엔탈리스트들은 물론, 가부장제를 강화시키고자 하였던 후대 무슬림 남성들에 의해 악용되었다.

여성 문제에 대한 부정적인 시각은 코란 외에도 무슬림들이 신성시하는 예언자 무함마드의 언행록에 의해 더욱 증폭되었다. 예언자 사후 100여 년이 흐른 뒤 집대성된 예언자의 언행록 하디스는 코란의 정신에서 벗어나는 많은 내용을 포함하고 있어 젠더 관계에 대한 부정적 시각을 더해 주었다. 후대 코란 주석가들은 코란을 해석하기 위한 중요한 참고문헌으로 하디스를 사용하였다. 이슬람 초기 공동체에서와는 달리 가부장제가 더욱 강화된 시기에 집대성된 하디스 모음집은 코란의 정신에서 멀어진 많은 내용을 담을 수밖에 없었다. 예언자의 부인 아이샤('A'ishah)가 전체 하디스의 3분의 1 이상을 전달하는 역할을 했음에도 불구하고 하디스를 선택하여 모음집으로 집대성하는 과정에서 여성들은 철저하게 소외되어 있었다. 결국 여성과 관련된 많은 하디스가 코란의 내용을 가부장적으로 해석하기 위한 입증 자료로 이용되면서 하디스에 나타난 여성의 지위를 보면 코란의 정신이 상당부분 훼손되어 있는 것을 알 수 있다.

그 후 이슬람 세계가 팽창하고 안정화되면서 그리고 정치적으로는 중앙집권제도가 확립되고 사회적으로는 가부장제가 더욱 강화되면서 이 시기에 제정된 이슬람법 샤리아는 코란은 물론 하디스에서조차 찾아보기 어려운 반여성적인 내용을 포함하기도 하였다. 물론 코란과 하디스는 예언자 사후 약 200년이 지나서야 확립된 이슬람법 샤리아의 근간을 이루었다. 그러나 이슬람법 샤리아는 코란과 하디스 외에도 법이 제정될 당시의 전통적 관습이나 관행이 더해져 코란의 정신에 반하는 그리고 여성에게 억압적인 많은 조항들을 담게 되었다.

무슬림조차도 많은 경우 코란과 하디스, 이슬람법에서 각각 다르게 해석되는 여성 문제에 대해 혼동하는 경우가 많다. 더군다나 오늘날의 이슬람 국가는 정치적 이념이나 경제발전의 정도, 사회계층의 분포, 사회개방화의 정도, 역사적 배경 등에서 차이가 나기 때문에 이들 국가에서 살고 있는 무슬림 여성 또한 다양한 사회적, 법적, 경제적 지위를 누리고 있다고 할 수 있다. 그럼에도 불구하고 오늘날의 이슬람, 특히 무슬림 여성에 대해서는 공시적으로 그리고 통시적으로 '일원화된' 현상이 지배하고 있다고 생각하는 것이 일반적 시각이다. 서구 이슬람학자들은 이슬람이라는 종교가 모든 이슬람 국가에서 나타나는 불평등한 젠더관의 주요 원인이라고 지적하는 한편, 무슬림 학자들은 이슬람이 모든 무슬림 여성의 지위 향상을 가져올 수 있는 만병통치약인 양 주장하고 있다.

이슬람 국가에서 여성의 문제는 역사적으로 시대나 지역에 따라, 그리고 오늘날에는 이슬람 각국의 정치적, 경제적, 사회적 상황에 따라 다양한 모습을 보이고 있음에도 불구하고 이러한 것을 모두 '이슬람적'인 것으로 잘못 인식하고 있다는 점이 바로 이 책의 집필을 구상하게 된 단초가 되었다. 오늘날 대부분의 이슬람 국가에서 생각하는 정체성의 핵심은 바로 이슬람법 샤리아, 특히 여성과 관련된 가족법의 적용에 있다. 따라서 이슬람의 정체성을 둘러싼 담론의 중심을 이루고 있는 여성의 문제가 코란과 하디스, 이슬람법에서 각각 어떻게 다루어지는지를 연구하는 것은 오늘의 이슬람을 이해하기 위한 중요한 요소라고 할 수 있다.

사실 이슬람에 대한 부정적인 시각은 종종 무슬림 여성에 대한 부정적인 시각에 초점이 맞춰져 있다. 여성의 신체적 활동을 제한하는 히잡, 여성 신체에 대한 학대 행위인 여성의 할례, 여성의 순결을 정죄하는 명예살인 등 무슬림 여성을 둘러싼 비난의 화살은 끝이 없다. 이러한 상황에서 코란, 하디스, 이슬람법 각 층위에 나타난 여성 문제를 분석하는 것은 이슬람, 더 나아가 무슬림 여성에 대한 오리엔탈리즘적인 시각을 다소나마 해소시킬 수 있는 방편이 될 수 있을 것이다. 코란과 하디스, 이슬람법 가운데 어디까지를 이슬람으로 볼 수 있을지에 대한 것은 여전히 대답하기 쉽지 않은 논란거리이다. 그러나 분명한 것은 여성과 관련하여 상당히 진보적인 내용을 담고 있는, 그리고 여성들에게 획기적인 권리와 위상을 보장해 준 코란의 정신이야말로 오늘날 이슬람 페미니스트들이 부활시키고자 하는 이슬람의 정신이라는 점이다.

앞으로도 시시각각으로 변화하는 정치적, 경제적, 사회적 상황 등의 변인에 따라 타 지역 여성들과 마찬가지로 이슬람 국가의 여성도 변화를 거듭하게 될 것이다. 그러나 이슬람 사회가 어떠한 방향으로 변화하든 여성의 문제는 현재 이슬람 국가의 사회적, 법적 변화를 고려할 때 가장 늦게 변화될 분야가 될 것으로 보인다. 물론 오늘날 이슬람 사회에서도 세속적 인권주의자들은 이슬람법이 현대 사회의 필요에 부응할 수 없는 시대착오적인 것이라고 보고 세속법의 도입을 주장하고 있다. 그러나 고전적 이슬람법을 그대로 적용해야 한다는 보수주의자들의 입장은 제쳐 두고라도 많은 무슬림들은 현대 사회의 필요에 부응하기 위해 새로운 법을 발전시키는 과정에서 이슬람적 원칙과 가치를 재해석하여 적용해야 한다는 입장이다. 따라서 코란과 하디스, 이슬람법에서의 여성읽기는 오늘날 이슬람 사회의 관심사이기도 하면서 세 층위로 이루어진 이슬람의 본질을 바르게 이해할 수 있는 기초자료가 될 수 있을 것이다.

끝으로 이 책을 집필할 수 있도록 재정적으로 후원해준 한국연구재단에 감사드리며, 어려운 상황에서도 아랍-이슬람문화에 대한 꾸준한 관심을 가지고 이 책의 출판을 허락한 세창출판사의 이방원 사장님께 진심으로 감사드린다. 그리고 이 책이 출판되기까지 묵묵하게 곁에서 응원과 지원을 아끼지 않은 남편에게도 감사의 마음을 전한다.

2015년 3월 25일
거북골 연구실에서
조희선

차례

제1장

코란과 여성

본장에서는 이슬람의 종교적 권위서 코란, 하디스(Hadith), 이슬람법 샤리아(Shari'ah) 가운데 일반적으로는 무슬림들이 또 특별하게는 이슬람 페미니스트들이 가장 '이슬람적'인 것으로, 혹은 유일한 '이슬람적'인 것으로 인정하는 코란에서의 여성 문제를 다루고자 한다. 여성의 역할과 남녀 간의 관계는 절대적인 것이 아니라 시대적 흐름에 따라 현실과 더불어 변화하는 문화적 맥락에서 새롭게 만들어진다[1]는 것이 일반적인 시각이다. 여성과 관련된 코란의 많은 계시는 계시 그 자체보다는 후대 사람들이 그것을 어떻게 해석하느냐에 따라 그 의미가 달라졌다고 해도 과언이 아니다. 계시라는 것은 그 특성상 다양하게 해석이 가능하기 때문이다. 따라서 계시의 문자적 내용보다는 시대적 흐름에 따라 그러한 계시를 어떻게 해석해 내었는가를 추적해 보는 것이 시대 변화에 따른 소위 '이슬람적' 여성관을 파악해 볼 수 있는 방법이라 할 수 있다.

코란은 예언자 무함마드 사후 이슬람 사회의 변화와 더불어 전통적인 코란 주석가들에 의해 재해석되기 시작한 이래 오늘날의 페미니스트들에 이르기까지 다양한 방법으로 재해석되어 왔다. 이에 본장에서는 우선 코란의 텍스트가 주석가의 시대나 성향, 혹은 철학에 따라 어떻게 해석되었는지를 살펴보고, 코란 속에 나타나는 구체적인 사례를 통해 소위 '이슬람적' 여성관을 규명해 보고자 한다.[2]

---

1 Ziba Mir-Hosseini, *Towards Gender Equality: Muslim Family Laws and the Shari'ah*, p.6.

2 코란의 주석과 관련하여 본장에서 사용된 고전적인 코란 주석서의 내용은 그 양이 워낙 방대하기 때문에 이차자료를 이용할 수밖에 없었다. 이슬람 페미니스트들의 여러 주석 가운데는 최근 가장 초점을 받고 있는 아미나 와두드(Amina Wadud)의 해석을 중심으로 분석하였다. 그리고 본장에 인용된 모든 코란의 구절은 우리말과 영어 번역본을 참고하여 아랍어 원전에서 저자가 직접 새롭게 번역하였음을 밝혀둔다.

1. 코란 주석과 여성

역사적으로 코란은 여성의 권리, 젠더의 역할과 관계 등에 대한 특정한
입장이나 이데올로기를 주장하기 위한 합법적인 원천 혹은 권위로 인정
되어 왔다. 여기서는 이슬람 도래 이후 중앙집권화가 이루어지면서 더욱
강화된 남성성 중심의 코란 주석을 시작으로 근대 개혁주의자와 근본주
의자의 입장에서 본 코란 주석, 그리고 최근 이슬람 페미니스트의 코란 주
석에 나타난 여성에 대한 입장을 각각 살펴보고자 한다.

1) 남성성 중심의 코란 주석

앞서 언급하였듯이 코란은 이슬람 사회에서 '이슬람적'인 것으로 규정
할 수 있는 무슬림 여성의 위상과 권리를 점검해 볼 수 있는 표준이라 할
수 있다. 코란은 무슬림들 사이에서 유일신 알라의 말씀이 예언자 무함마
드를 통해 모든 인류를 인도하기 위해 계시된 표준으로 인정되고 있다.
"코란이 무엇을 이야기하는가는 이해하기 쉬우나 그것이 무엇을 의미하
는가는 이해하기 어렵다."[3] 이에 코란 주석학, 혹은 해석학을 의미하는 '타
프시르'(Tafsir, 주석, 해석)라는 학문이 생겨나 코란을 해석하기 위한 다양한
방법이 시도되었다. 그러한 방법 가운데는 첫째, 하디스를 코란 주석의 기
본으로 삼는 전통적인 주해 방법으로 따바리(al-Tabari, 923년 사망)의 주석
이 대표적이다. 이 방법을 사용한 주석가들은 계시 순간의 역사적인 배경
을 설명하고 초기 하디스 권위자들의 의견을 수록하는 방법을 사용하고
있다. 둘째, 코란의 자구 뜻 그대로를 언어학적으로 해석하는 방법으로 무
으타질라(Mu'tazilah)파의 자마크샤리(al-Zamakhshari, 1144년 사망)가 이 그룹

---

3 Susan A. Spectorsky, *Women in Classical Islamic Law*, p. 21.

에 속하는 대표적인 주석가이다. 이성주의를 표방했던 무으타질라파는 코란의 수사학적, 언어학적, 문법적 측면에만 관심을 두었다. 셋째는 신학적 주석 방법으로 라지(al-Razi, 1210년 사망)가 이 분야의 대표적인 주석가이다. 라지는 아슈아리(al-'Ash'ari) 학파의 주석가로 무으타질라파에 대항하여 수니파 신학을 지지하고 방어하기 위한 방편으로 코란을 해석하였다.[4] 넷째, 법학적 해석 방법으로 자기가 속한 법학파의 견해를 지지하기 위해 코란 구절을 해석하는 것이 있다. 하나피 법학자 잣사스(al-Jassas, 980년 사망), 말리키 법학자 아라비(al-'Arabi, 1148년 사망)가 이 분야의 대표적인 주석가라 할 수 있다.[5] 이븐 카시르(Ibn Kathir, 1373년 사망)는 샤피이 법학파에 소속되어 있음에도 불구하고 이븐 타이미야(Ibn Taymiyah, 1328년 사망)가 속한 한발리 법학파의 영향을 받은 주석가이다. 하디스를 중심으로 하는 그의 코란 주석은 보수적인 내용을 담고 있어 오늘날까지도 보수주의자들 사이에서 지속적인 인기를 끌고 있다.[6] 이렇듯 코란의 해석에는 주석가들의 개인적인 성향이나 신학적, 법학적 성향이 드러날 수밖에 없었다.

9세기에서 14세기 동안에 이루어진 이러한 코란의 해석학은 하디스의 수록이나 이슬람법 분야와 마찬가지로 남성 학자들에 의해 주도되었다. 그 결과 이러한 고전적인 형태의 코란 해석은 여성의 시각이나 경험이 반영될 여지가 없었으며 남성성 중심의 인식, 욕망, 경험만을 담을 수밖에 없었다. 예언자의 부인 아이샤('A'ishah)가 전체 하디스 가운데 3분의 1을 전했음에도 불구하고 하디스는 최종적으로 남성들에 의해 각색되어 코란 주석을 위한 기본적인 참고자료로 제공되었다.

개인적, 신학적, 법학적 성향과 더불어 이러한 남성 주석가들은 젠더 관계를 지배하던 제도화된 가부장적 구조에 영향을 받았을 수밖에 없었다.

---

4 Barbara Freyer Stowasser, *Women in the Qur'an*, p. 8.
5 Nimat Hafez Barazangi, *Women's Identity and the Qur'an*, p. 23.
6 Barbara Freyer Stowasser, 위의 책, p. 9.

당시 이러한 가부장적 사회구조는 외부적, 내부적 도전이나 압력이 없는 상태에서 이슬람 세계에 광범위하게 확산되어 있었다. 여성들은, 적어도 상위계층의 여성들은 공적 영역에서 제도적으로 배제된 채 격리되어 살았고 이러한 상황은 젠더와 여성에 대한 코란의 주석에 영향을 미칠 수밖에 없었다.

2) 개혁주의와 보수주의의 코란 주석

18-19세기 이래 근대 개혁주의자들은 기존의 이슬람 법학자 울라마 ('Ulama')의 권위에 대해 회의를 드러내기 시작하였다. 이들은 이슬람 초기 공동체의 '오염되지 않은' 신앙과 아라비아반도 밖으로 확산된 이슬람 제국의 변형된 신앙 사이를 구별하고자 하였다. 그리고 이슬람 중세의 가치체계와 구별되는 이슬람 초기 신앙에 기초한 사회적 시스템을 만들어내기 위해 이즈티하드(Ijtihad)[7]의 중요성을 역설하였다. 이슬람의 초기 신앙과 이후의 신앙을 구별하여 이슬람 초기의 건강한 남녀 간의 관계를 복원하자는 이들의 사상은 후에 이슬람 페미니스트 사상의 기초가 되었다. 개혁주의자들은 이슬람을 '새롭게 하고', '강화시키는' 이슬람식 사회개혁을 염두에 두고 불평등한 젠더관을 담고 있는 소위 '구전 전승'의 정통성과 신학적 유효성에 의구심을 나타냈다.

이들 가운데 가장 대표적인 인물이 이집트 개혁주의 법학자이자 신학자인 무함마드 압두(Muhammad 'Abduh, 1905년 사망)이다. 그는 전통적 사회구조를 개혁하기 위해서는 이슬람 초기 시대로 돌아가야 한다고 주창하였다. 이집트 사회가 도덕적으로 새롭게 태어나기 위해서는 남성의 억압으로부터 여성이 해방되어야 한다는 전제조건이 충족되어야 한다고 주장하

---

7 개인적인 판단이나 견해 및 해석.

였다. 무함마드 압두는 구체적으로 일부다처에 대한 재해석의 필요성을 제기하면서 중세 가족법의 폐지를 주장하였다.

한편, 보수주의들은 근대 개혁주의에 맞서 근대화를 서구화와 동일시하고 근대화가 결국 이슬람 사회의 타락을 가져올 것이라고 보았다. 이들은 이슬람법 샤리아에 나와 있는 불평등한 젠더관을 유지함으로써 과거의 가부장적 사회구조를 유지하고자 하였다. 이들은 여성이 정신적, 물리적인 면에서 근본적으로 남성보다 열등하다고 보았다. 그러나 1960년대 이후 여성을 '부족한 존재' 혹은 '결핍된 존재'라고 보는 시각은 정신적, 문화적인 측면에서 남녀가 모두 평등하다는 주장에 길을 내어줄 수밖에 없었다. 보수적인 무슬림조차도 젠더 간의 평등이 코란의 주요 패러다임이라는 사실을 고백해야 하는 사회적 분위기가 형성되었기 때문이다.

1970년대 이후 이슬람 근본주의 세력의 등장과 더불어 이슬람 세계가 다시 보수화되면서 남성은 이성적이고 여성은 감성적이라는 주장이 다시 고개를 들었다. 이슬람 근본주의자들은 종종 신학적, 법적인 관행이나 지역 고유의 문화나 관습을 무시한 채 코란의 메시지를 문자 그대로 현대사회에 적용시키고자 하였다. 이슬람의 사회적, 도덕적 가치의 복원을 위해 이슬람 근본주의자들은 사회적 평등이나 경제적 정의, 정치적 정통성 등의 문제에 관심을 가졌다. 그리고 현재의 부도덕하고 부패한, 종종 '서구적'이라고 불리는 것을 이슬람화하기 위한 투쟁을 벌이면서 여성을 투쟁의 도구, 혹은 명분으로 이용하였다. 여성에게 아내와 어머니로서의 전통적인 역할이 떠맡겨졌고 여성들은 행동과 의상을 통해 이슬람적 가치를 수호하는 선전 도구가 되었다. 이러한 이슬람 근본주의자들에게 이론적 틀을 마련해 준 것은 무슬림 형제단의 사이드 꾸뜹(Sayyid Qutb, 1966년 사망)이 남긴 『코란 주석서』[8]라 할 수 있다. 사실 사이드 꾸뜹은 이 작품에서 후

---

8 Fi Zilal al-Qura'n.

기의 학자들보다 더 '전통적'인 소리를 내고 있다.[9]

3) 이슬람 페미니스트의 코란 주석

20세기 들어와서야 비로소 남성 고유의 영역이었던 코란 주석 분야에 여성들이 동참하기 시작하였다. 여성 학자들이 코란의 해석을 시도하였다는 것 자체가 이슬람 여성사에서는 매우 의미 있는 성과로 간주되었다. 이슬람 세계에서 처음으로 코란 주석에 동참하였던 여성 학자 가운데는 이집트인 여성 학자 아이샤 압두 라흐만('A'ishah 'Abd al-Rahman, 1998년 사망)과 이란인 여성 학자 노스라트 아민 알 다울라 이스파하니(Nosrat Amin al-Dawla Isfahani, 1983년 사망)가 있다. 이들은 각각 '빈트 알 샤띠으'(Bint al-Shati', 강변의 딸), '바누에 이라니'(Banooye Irani, 이란 여성)라는 필명을 사용하였다.[10] 두 여성 학자 모두 따바리와 같은 남성 주석가들이 사용하였던 전통적인 주석 방법을 시도하였다는 점에서 코란 주석 분야에서 큰 성과를 낸 것으로 평가받은 것은 아니었다. 그러나 두 여성 학자 모두 무슬림 여성들에게 금지된 영역이었던 코란 주석을 처음 시도하였다는 점에서 이슬람 페미니스트 연구사의 한 부분을 차지하게 되었다.

1970년대 이슬람 근본주의의 출현으로 여성들도 새로운 젠더적 인식, 즉 페미니스트적 시각에서 자신의 신앙을 해석하려는 이슬람 페미니즘이 출현하였다. 모기시(Moghissi)는 이슬람 페미니즘을 "논리 정연한, 스스로 규명할 수 있는, 그리고 쉽게 확인할 수 있는 이데올로기나 운동은 아니다"라고 규정하였다. 그리고 이슬람 페미니즘을 주창하는 사람들은 이슬람 사회에서 살고 있는 여성들이 아니라 서구 디아스포라에서 살고 있는

---

9 Barbara Freyer Stowasser, 위의 책, pp.6-7.

10 Bahar Davary, *Women and the Qur'an*, pp.151-154.

무슬림 여성 학자나 연구가들이라고 주장하였다.[11] 일반적으로 이슬람 페미니즘이라는 용어는 매우 광범위하고 융통성 있는 용어로 특정한 정체성을 묘사하기 보다는 모든 무슬림 여성을 대신해서 여성도 남성과 동등하게 모든 권한을 가진다고 생각하는 태도나 의도라고 정의되고 있다.[12] 이슬람 페미니스트 가운데는 여러 여성 학자들[13]이 있으나 이들의 입장은 유사하지 않다. 그러나 이들은 모두 무슬림 여성에 대한 변화된 입장, 젠더의 대한 새로운 인식, 완전한 사회참여에 대한 열망, 사회에서의 평등한 젠더관에 응답하고 있다는 공통점을 가지고 있다.[14]

대표적인 이슬람 페미니스트 파띠마 메르니시(Fatima Mernissi)는 코란과 하디스의 사회적, 정치적 배경을 연구하면서 무슬림 여성의 권리와 젠더 간의 평등을 주창하였다. 메르니시는 초기 이슬람 공동체에서 예언자 가문의 여성들이 사회적, 종교적으로 활발하게 활동하였으며 공적 영역에도 개입하여 커다란 영향력을 행사하였다는 점을 강조하였다. 그는 예언자의 평등주의 사상이 메디나의 가부장적 사회에서 공동체의 통합을 위해 희생되었다고 주장하였다. 또한 메르니시는 하디스 가운데 '약한(Da'if) 하디스', 즉 신뢰할 수 없는 하디스를 이슬람의 전통에서 배제하고 코란 및 오염되지 않은 초기 하디스에 따라 무슬림 여성의 이미지를 재구축해야 한다고 주장하였다. 약한 하디스를 이슬람의 전통에서 제거해야 한다는 담론은 오래전부터 있었지만 그것을 젠더적 정의와 연관시킨 것은 메르니시가 처음이었다. 여성의 존재를 부각시킬 수 있는 과거는 회복시키고 평등한 젠더적 정의에 방해가 되는 과거는 거부하는 것이 메르니시 논리의

---

11   Miriam Cooke, *Women Claim Islam*, p.58.

12   앞의 책, p.61.

13   Assia Djebar, Fatima Mernissi, Nawal al-Sa'dawi, Zaynab al-Ghazali, Leila Ahmad, Riffat Hassan, Azizah al-Hibri, Amina Wadud 등이 있다.

14   Mir-Hosseini, 위의 책, p.5.

근거였다. 메르니시의 이러한 주장은 젠더에 기초하여 의도적으로 그리고 선택적으로 코란 및 하디스를 해석하였다는 비난을 피할 수는 없었다.[15]

남성 학자들의 전통적 주석에 대한 여성 학자들의 이러한 '반작용'적인 코란 주석도 코란 텍스트를 정확하게 읽어 내는 데 실패했다는 인식을 심어 주었다. 이에 남성적 해석에 의해 만들어진 스테레오 타입에서 벗어나 여성의 경험 안에서 코란을 통합적으로 재해석해 보고자 하는 페미니스트적 연구가 몇몇 여성학자들[16]에 의해 시도되었다. 모든 텍스트는 새로운 해석을 통해 다이내믹한 정체성을 가지게 된다는 점에서 이들은 자신들의 페미니스트적 해석 역시 코란에 새로운 생명을 가져다 줄 수 있다고 믿었다. "코란은 앞뒤 표지 안에 들어 있는 한 권의 책이다. 코란은 스스로 말하지 못하기 때문에 그것을 해석하는 사람이 필요하다. 인간만이 코란의 해석가가 될 수 있다."[17]며 그들은 코란의 재해석을 통한 새로운 젠더관을 제시하고자 하였다.

여성 페미니스트들이 이전의 남성 주석가들과 다르게 코란을 해석하기 위해서는 새로운 이론적 바탕이 필요하였다. 이에 일부 여성 페미니스트들은 구두적 코란과 텍스트적 코란을 구분할 필요가 있다고 주장하였다. 코란은 신의 말씀이 예언자 무함마드를 통해 인간에게 계시된 것이기 때문에 계시의 원래 모습인 '구두적 담화'와 기록된 코란, 즉 '무스하프'(Mushaf) 사이에는 차이가 있고, 구두적 담화가 아닌 텍스트로서의 코란은 재해석이 필요하다는 것이다. 그들은 코란 주석 타프시르는 '신성한 말씀의 인간화, 그리고 인간 정신의 신격화'를 의미한다고 보았다. 그리고 코란 주석이 종종 신의 말씀으로 간주되기도, 신의 절대성이 신의 말씀, 즉 코란의 절대성으로 변질되기도 하는데 이슬람 사상의 핵심인 유일신 사

15   Bahar Davary, 위의 책, pp. 134–136.

16   Nimat Hafez Barazangi, Asma Barlas, Amina Wadud가 대표적인 여성학자이다.

17   Bahar Davary, 위의 책, p. 139에서 재인용.

상(Tawhid)에 비추어볼 때 어떠한 것도 심지어는 코란조차도 절대적인 것이 될 수 없다는 것이 이들의 입장이다. 이와 같은 맥락에서 이슬람 페미니스트 라일라 아흐마드(Leila Ahmed) 또한 텍스트적인 이슬람을 '진실하고', '정통한' 이슬람으로 받아들이기 어렵다고 보았다. 그는 남성과 관계가 있는 텍스트적 이슬람과 여성과 관계가 깊은 구두적 이슬람 사이를 구별해야 한다고 주장하였다.[18]

한편, 이슬람 페미니스트들은 코란 전체를 영원불멸한 진리의 말씀으로 받아들일 수 없다고 주장하였다. 코란의 전체 내용은 크게 신과 인간 간의 관계를 규정하는 '이바다트'('Ibadat, 종교적 규범)와 인간과 인간 간의 관계를 규정하는 '무아말라트'(Mu'amalat, 사회적 규범)로 나뉜다. 그들은 코란의 내용 가운데 절대 신 알라와 인간 간의 관계를 규정하는 이바다트를 제외하고 인간과 인간 간의 관계를 규정하는 무아말라트는 시대에 맞게 재해석되어야 한다고 보았다. 즉 코란 가운데 많은 구절이 특수한 시기와 환경에서 계시된 것이기 때문에 그것을 시대와 장소를 초월해서 적용시키는 것은 문제가 있다는 것이다. 특히 페미니스트적 코란 주석으로 높이 평가받고 있는 아미나 와두드는 메카 장이 보편적인 계시를 담고 있는 반면, 메디나 장은 당시 현존하던 공동체를 대상으로 한 것이기 때문에 보편성을 가질 수 없다고 주장하였다. 그는 계시를 해석하기 위해서는 '계시의 이유'라는 역사적 배경을 이해해야 하는데 만약 계시의 이유가 특정한 상황에 따른 것이라면 그 계시는 보편적인 것으로 해석하기 어렵다고 보았다. 이 경우 해당 계시는 특정한 상황이나 사건과 관련된 역사적 기록에 불과하다는 것이다.[19]

코란을 구두적 계시와 텍스트적 계시를 구분해야 한다든가, 혹은 보편

---

18 앞의 책, pp.3-4.

19 Amaina Wadud, *Qur'an and Women,* p.30.

적인 계시와 특수한 계시를 구별해서 코란을 재해석해야 한다는 일부 페미니스트들의 주장이 모두에게 환영받은 것은 아니었다. 대부분의 무슬림들은 여전히 코란에 대한 가부장적 해석이 문제이지 코란 그 자체는 가부장적 편견이 없다고 주장하고 있다. 이는 코란 그 자체와 코란의 주석을 분리하려고 시도이다. 이들은 이슬람 초기 공동체에서 여성들이 수행하였던 종교적, 사회적, 정치적 역할에 주목하면서 코란의 '정신'은 받아들이되 가부장적 사고에 젖어 있던 남성 주석가들이 해 놓은 코란의 주석은 경계해야 한다고 주장하였다.

이렇듯 코란과 코란 주석에서의 젠더 관계는 서구 학자들 사이에서뿐만 아니라 근대화 이후 무슬림 남녀 학자들 사이에서도 커다란 논란의 대상이 되고 있다. 그러나 분명한 것은 오늘날 이슬람 페미니스트들이 서구식 여성 해방을 동경하지 않는다는 사실이다. 이들은 이슬람의 전통, 특히 코란의 재해석을 통해 무슬림 여성의 입지와 권리를 확보하고자 노력하고 있다. 이슬람 페미니스트들에 의한 코란의 재해석은 오늘날 변화하고 있는 이슬람 사회에서 특히 여성들에게 매우 고무적이고 설득력이 있어 보이는 것이 사실이다.

2. 코란과 코란 주석에서의 여성관

14세기 이전 코란 주석가들의 담론에서 젠더 관계는 주요 관심 사항이 아니었다. 그럼에도 불구하고 이들의 해석 가운데는 젠더 문제에 관한 약간씩 다른 입장이 드러난다. 한편, 이슬람 페미니스트들은 코란을 젠더 문제에 기초하여 해석하려는 뚜렷한 담론을 형성하였다. 이에 코란의 계시가 담고 있는 젠더의 관계를 남녀의 평등관, 남녀의 유별관, 그리고 여성의 보호관으로 분류한 후 고전적 코란 주석가들과 현대 이슬람 페미니스트들이 코란의 계시를 어떻게 해석하고 있는가를 대표적인 계시의 실례를 통해 살펴보고자 한다.

1) 남녀의 평등관

코란의 창조 이야기는 신이 아담의 갈비뼈로 여성의 조상인 하와를 창조하였다는 성경과는 다른 내용을 담고 있다:

"오, 사람들이여 하나의 영혼(nafs)에서 너희를 창조하시고 <u>그것으로부터</u> 그 배우자를 창조하시며 또한 그 둘로부터 많은 남자와 여자를 번성시킨 너희의 주를 경외할 지어다…"(코란 4장 1절)

인간의 창조와 관련된 이 계시에 대해 고전적 코란 주석가들과 이슬람 페미니스트들은 서로 다른 해석을 내놓고 있다. 또한 고전적 주석가들 사이에서도 남녀의 창조설과 관련된 이 구절을 달리 해석하고 있다. 하디스에 기초한 전통적 코란 주석가로 명성을 얻은 따바리는 코란에 언급된 '아담의 배우자'를 '하와'라고 주석을 다는 한편, 후에 많은 주석가들 사이에서 논란을 불러일으키게 될 '그것으로부터'의 '그것'을 '나프스'(nafs, 영혼)가 아닌 '아담'이라고 해석하였다. 즉 아담은 '나프스'에서 창조되었으나 하와는 아담의 갈비뼈에서 창조되었다고 해석함으로써 따바리는 코란의 창조 이야기를 기독교의 창조 이야기와 비슷하게 설명하고 있다.[20] 또한 따바리는 하와가 아담을 유혹하여 금지된 열매를 따먹도록 하였다는 하디스를 인용하였다. 금지된 열매를 따먹은 결과 아담을 유혹한 하와와

---

20 우리말로 번역된 코란에서도 이 구절과 관련하여 "여기서는 인류의 선조인 '아담'을 의미하며….'그것으로부터'… 그 뜻은 아담으로부터 또는 성경의 해설에서 말하는 아담의 일부 즉 갈비뼈로부터라고 추리할 수 있다"고 해석하고 있다. 최영길 역,『성 꾸란 의미의 한국어 번역』, p.130.

사탄은 신의 저주를 받았고 아담은 단지 땅에서 수고하여 먹고 살라는 명령만을 받았다는 것이다. 그리고 신의 저주가 아담을 유혹한 하와는 물론 그 후대의 여성들에게까지 영향을 미쳐 여성들은 한 달에 한 번씩 피를 흘리고, 원하지 않는 아이를 임신하여 출산하며, 출산 시에 죽음에 이를 수도 있게 되었다는 것이다.[21]

하와, 즉 여성에 대한 이러한 부정적 해석은 따바리가 코란 12장 '요셉의 장'을 해석하는 데에서도 그대로 드러나 있다. 요셉을 유혹하였던 '아지즈의 아내'에 대해 따바리는 코란보다 더욱 상세하게 요부의 이미지를 부각시킴으로써 이후 이슬람 담론에서 여성의 부정적 이미지를 구축하는 데 한몫을 하였다.[22] 코란에 등장하는 요셉의 이야기는 아랍 세계에서뿐만 아니라 페르시아와 터키에서도 에로틱한 신비적 시와 문학에 영감을 불어넣어 주었다. 결국 따바리가 시도했던 하와에 대한 부정적인 해석과 요셉을 유혹하는 '아지즈의 아내'에 관한 이야기는 이슬람 문화에서 여성이 '피트나'(fitnah, 유혹, 반란)로 각인되는 단초로 작용하였다.

그러나 아담과 하와를 둘러싼 따바리의 해석은 후대 무슬림 남성 주석가들의 도전을 받았다. 우선, 아슈아리 학파의 라지는 따바리와는 달리 하와가 아담을 유혹하여 금지된 열매를 먹게 하였다는 하디스를 인용하지 않았다. 라지는 아담과 하와가 함께 사탄의 속임수에 넘어가 함께 금지된 열매를 따먹었다고 해석하였다. 요셉 이야기에 대한 해석에서도 '아지즈의 아내'를 부정적인 여성성과 직접적으로 연결시키고 있지 않다. 라지는 유혹의 이야기를 운명예정설에 반하는 자유의지의 시각에서 바라보고 있다. 신은 인간에게 자유의지를 부여하였으므로 사탄은 하와를 통하지 않고 아담을 직접 유혹해야 한다는 결론을 맺고 있다.[23]

---

21 Barbara Freyer Stowasser, 위의 책, p.30.

22 Bahar Davary, 위의 책, pp.22-26.

23 Barbara Freyer Stowasser, 위의 책, p.32.

근대 개혁주의자 무함마드 압두는 한 걸음 더 나아가 아담의 갈비뼈에서 하와가 창조되었다는 것은 코란 텍스트에 근거가 없는 것으로 '신뢰할 수 없는 외래의 문헌'에 따른 해석이라고 보았다. 요셉 이야기와 관련해서도 무함마드 압두는 아지즈 아내의 '유혹'보다는 요셉의 '죄 없음'에 초점을 맞추고 있다. 덧붙여 그는 요셉 이야기는 유혹에 저항하지 못하는 한 남성의 예를 담은 것으로 아지즈 아내의 부정적인 이미지를 여성의 특징으로 일반화시킬 수 없다고 주장하였다.[24]

시아파에서 가장 존경받는 학자 가운데 한 명인 따바따바이(Tabataba'i, 1981 사망) 역시 여자가 남자로부터 창조되었다는 갈비뼈 신화와 관련된 모든 하디스를 부정하였다. 그는 무함마드 압두와 마찬가지로 남녀가 공통의 원천, 즉 영혼 '나프스'에서 창조되었다고 강조하였다. 그는 또한 사탄과 하와 간에는 아무런 관계가 없으며 아담과 하와의 행동과 그 결말은 미리 예정된 신성한 계획의 일부라고 보았다. 또한 요셉 이야기를 해석하면서 아지즈 아내의 유혹을 부각시키기보다는 요셉이 자신을 유혹하는 여자 앞에서 욕망을 가졌으나 결과적으로 믿음에 호소하였다는 사실에 초점을 맞추고 있다.[25]

페미니스트적 코란 주석으로 명성을 얻은 아미나 와두드 역시 창조 이야기와 관련하여 남녀의 공동창조를 주장하였다. 더 나아가 그는 남성과 여성 모두는 신으로부터 동등한 배려와 가능성을 부여받았다고 주장하였다. 즉 코란은 남성과 여성을 구별하지 않고 모든 신자들에게 믿음과 선행을 명령하고 있으며 그에 따른 똑같은 보상을 약속하고 있다는 점에서 남녀 평등관을 담고 있다는 것이다. 그는 사탄의 유혹에 넘어간 아담과 하와를 지칭하기 위해 코란에 쌍수 패턴[26]이 사용되고 있다는 점을 들어 하와

---

24 Bahar Davary, 위의 책, p.81.
25 앞의 책, p.107.
26 아랍어는 문법적으로 단수와 복수 외에도 두 명, 혹은 두 개를 지칭하는 쌍수 패턴이 존재한다.

만이 사탄의 유혹을 받았다는 해석을 정면으로 반박하였다. 따라서 코란에는 기독교의 경전에 나타나는 여성에 대한 일반적인 시각, 즉 여성이 모든 악의 근원이며 지옥의 원천이라는 개념이 존재하지 않는다고 와두드는 주장하였다.[27]

이렇듯 창조 이야기, 금지의 열매 이야기, 요셉 이야기와 관련하여 따바리를 제외한 대부분의 고전적 주석가들과 개혁주의 성향의 주석가, 그리고 이슬람 페미니스트들은 남녀의 공동창조가 코란의 기본 정신이라고 보고 하와를 유혹과 악의 근원으로 해석하는 것은 잘못된 것이라고 주장하였다. 실제 코란 계시의 문맥에 따르면 아담의 배우자는 아담의 첫 실수에 대한 책임이 없다. 아담과 그의 배우자 모두가 똑같이 신에게 불복종하는 잘못을 저질렀으며, 둘 다 모두 용서를 빌었고 결국은 모두 신의 용서를 받았다. 신에 대한 불복종의 근원은 하와가 아니라 아담과 그의 배우자를 악의 길로 유혹한 사탄이라는 것이다.

이슬람 페미니스트들이 가장 즐겨 인용하는 코란 구절은 4장 1절이다. 4장 1절에서는 '자궁'('arham), 즉 여성을 공경하라는 내용이 담겨 있다:

"너희들이 (권리를) 요구하는 알라와 (너희를 낳아 준) 자궁을 공경하라…"

또한 이슬람 페미니스트들은 젠더적 평등관을 확인시켜 주는 것으로 코란이 남녀를 공히 동격에 놓고 신의 계시를 전달하고 있다는 점을 들고 있다. 일반적으로 남녀를 모두 지칭하는 '신자들'에게 명령을 전달하는 다른 경전에서와는 달리 코란에서는 '남성 무슬림'(muslimun)과 '여성 무슬림'(muslimat), 혹은 '남성 신자'(mu'minun)와 '여성 신자'(mu'minat)를 구별하여 신의 명령을 전달하고 있다. 이렇게 남자와 여자를 구별하여 남녀 모두

---

27 Amaina Wadud, 위의 책, p.25.

를 언급한 것은 한 여성 신자가 예언자에게 와서 여성을 대상으로 한 명령이나 계시가 없다고 불평한 이후부터였다고 전해진다.[28] 예언자 무함마드가 "모든 인간이 빗의 살과 같이 동등하니라. 아랍인들이 非아랍인보다 우월하다고 주장할 수 없고, 백인이 흑인보다 그리고 남자가 여자보다 우월하다고 할 수 없으니 오직 신을 경외하는 자만이 신께서 즐겨하는 자이니라"[29]라고 말했다는 전언은 이슬람 페미니스트들이 남녀의 평등관을 주장하기 위해 즐겨 인용하는 하디스 가운데 하나이다.

코란에는 남녀의 평등관을 언급하는 여러 구절이 있다. 우선 코란은 남성과 여성이 기본적 권리와 의무에서 동등하며 스스로 한 행동에 대한 보상과 처벌에서도 동등하다고 언급하고 있다:

"실로 무슬림 남성과 여성에게, 믿는 남성과 여성에게, 독실한 남성과 여성에게, 진실한 남성과 여성에게, 인내하는 남성과 여성에게, 겸손한 남성과 여성에게, 자선을 베푸는 남성과 여성에게, 단식을 하는 남성과 여성에게, 정조를 지키는 남성과 여성에게, 알라를 많이 염원하는 남성과 여성에게 알라께서는 용서와 큰 보상을 준비하셨노라"(코란 33장 35절)

"올바른 일을 한 남자이든 여자이든 그가 믿는 자이면 우리는 행복한 삶을 부여할 것이며 그들이 행한 것 가운데 가장 좋은 것으로 보상을 할 것이니라"(코란 16장 97절)

선행은 그 행위자가 남성이든 여성이든 똑같은 보상을 받게 될 것이며 천국의 축복도 남녀에게 똑같이 적용된다는 코란의 구절은 반복적으로

---

28 조희선, 『이슬람 여성의 이해』, p.118.
29 Haifaa A. Jawad, *The Rights of Women in Islam*, p.5.

등장한다:

"악한 행동을 한 자는 행한 대로 보상을 받지 못할 것이며 올바른 일을 한 자는 남자이든 여자이든, 그가 믿는 자이면 남자이든 여자이든 선행을 한 사람은 누구나 천국에 들어가 매우 풍족한 삶을 영위하게 되리니" (코란 40장 40절)

"올바른 일을 한 남자이든 여자이든 그가 믿는 자이면 천국에 들어가 조금도 불의를 당하지 아니하니라"(코란 4장 124절)

"그들의 주께서 응답하사 너희들 가운데 남자이든 여자이든 차별 없이 너희들이 행한 일을 헛되게 하지 않으리라 집을 떠난 자, 집에서 쫓겨난 자, 나의 길을 위해 해를 입은 자, 성전을 한 자, 살해된 자 그들의 죄를 사하여 밑에 강이 흐르는 천국으로 들어가게 하리라…"(코란 3장 195절)

이렇듯 따바리를 제외한 대부분의 고전적 주석가들이나 개혁주의 성향의 학자들, 그리고 이슬람 페미니스트들은 코란 속에 담겨 있는 남녀의 평등관을 지지하고 있다. "아라비아반도 부족 시스템의 가족 구조가 이슬람 초기 시대 아라비아반도 중부지방에서 어느 정도 영향력을 가지고 있었던 모계처가거주 형태에서 예언자 시대 이전 메카의 지배적인 가족 구조였던 가부장적 부계거주 형태로 변화를 하였다"[30]라는 비평도 있다. 그러나 유대교나 로마 법, 그리스 법이 보장하지 못한 남녀의 평등관이 코란과 코란의 주석에 담겨 있다는 사실은 이슬람적 시각이 아니더라도 매우 긍정적인 것으로 평가할 수 있다.

---

30 Susan A. Spectorsky, 위의 책, p.24.

2) 남녀의 유별관

남녀의 평등관과 아울러 코란에는 여성과 남성의 차이, 혹은 남성의 우월성을 암시하는 구절이 있어 오늘날까지도 무슬림 여성을 둘러싼 논쟁의 원인을 제공하고 있다. 그 대표적인 것은 다음과 같다:

"이혼당한 여성들은 세 번의 월경기간을 스스로 기다려야 하나니 만약 그들이 알라와 내세를 믿는다면 자궁 안에 알라께서 창조한 것을 숨기는 것이 그들에게 허락되지 않노라 남편들은 화해를 원할 경우 아내들을 다시 데려올 권리가 있나니 여자들에게도 원치 않는 남자들에 대해 공평하게 똑같은 권리가 있노라 남자들은 여자보다 위에 있나니…"(코란 2장 228절)

대부분의 고전적 주석가들은 이 구절을 통해 젠더적 역할의 차이를 주장하였다. 가정도 사회와 마찬가지로 불화와 갈등이 있을 경우 그것을 해결할 우두머리가 필요하다는 것이다. 남성에게 더 많은 몫의 상속과 재산, 더 강한 육체적인 힘이 부여되었기 때문에 남성은 가족의 안녕과 복지, 평화, 질서유지를 위해 우두머리 역할을 해야 한다는 것이다.

여성에 대한 남성의 우월성을 암시하는 구절 외에도 코란에는 젠더적 역할 구분을 암시하는 구절도 포함되어 있다. 한 여성이 예언자에게 와서 남성들에게만 사회적 종교적 영역이 허용되고 여성들은 남성들로부터 억압을 받으며 집안에서 아이들만 키우고 있다고 불평하자 다음 구절이 계시되었다고 전해진다:

"너희 가운데 알라께서 일부 사람들을 다른 일부 사람들보다 더 선호하시는 것에 대해 갈망하지 말라 남성에게는 그들이 얻은 몫이 있고 여성

에게도 그들이 얻은 몫이 있나니 알라께 은혜를 구하라…"(코란 4장 32절)

한편, 남편에게 친절하고 남편의 행복과 위로를 추구할 때의 보상은 남성이 행한 성전 '지하드'(Jihad)와 맞먹는다는 예언자의 하디스는 남녀의 역할 차이를 확인해 주는 것으로 자주 인용되고 있다.[31]

대부분의 코란 주석가들은 개인적인 능력보다는 젠더에 따른 역할의 영역이 다르다고 주장한다. 따바리와 라지와 같은 초기 코란 주석가들뿐만 아니라 근대의 무함마드 압두와 따바따바이와 같은 주석가들도 젠더에 따른 역할 차이를 강조하고 있다. 근대화 과정에서 서구의 영향으로 이슬람 사회의 전통과 문화가 위협받고 있다고 느꼈던 주석가들은 초기 주석가들보다 오히려 여성의 전통적인 역할을 강조함으로써 이슬람 사회의 정체성을 부각시켰다.

여성 주석가 아미나 와두드는 코란에 나타난 남녀의 고유한 역할 차이와 관련하여 여성에게는 출산과 양육이라는 고유의 역할이, 그리고 남성에게는 신의 메시지를 전달하는 예언자적 역할이 주어졌을 뿐 다른 영역에서의 역할 차이는 존재하지 않는다고 주장하였다. 그리고 여성에게 신의 메시지를 전달하는 예언자적 임무가 부여되지 않은 것은 여성에게 그러한 능력이 주어진다 하더라도 그것을 받아들일 사회적 분위기가 마련되어 있지 않았기 때문이라고 주장하였다. 즉 코란은 남녀의 역할을 명확하게 구분 짓지 않았고 시대의 사회적, 문화적 맥락에 따라 남성과 여성의 역할이 구별되었다는 것이다. 아미나 와두드는 남성이 여성의 보호자가 되기 위해서는 전제 조건이 충족되어야 한다고 보았다. 그것은 남성이 여성보다 더 큰 몫의 상속을 받아 아내를 부양한다는 조건이다. 즉 남성이 여성의 몫보다 두 배가 많은 유산을 상속받기 때문에 자기의 재산으로

---

31 Bahar Davary, 위의 책, p.87.

여성을 부양해야 하며 이때 비로소 여성의 보호자가 될 수 있다는 것이다. 그리고 여성에게는 출산과 양육의 책임이 있기 때문에 남성에게 부양의 책임이 의무로 주어지는 것은 당연하다는 논리이다.[32] 그러나 이러한 아미나 와두드도 역시 남성에게는 여성을 부양하는 책임이 있고, 여성에게는 출산과 양육의 책임이 있다는 남녀의 근본적인 역할 차이를 완벽하게 부인하고 있지는 못하다.

일반적으로 남편에게는 아내를 부양해야 할 의무가 있는 반면, 아내에게는 남편에게 순종할 의무가 있다고 해석되는 다음의 코란 구절은 서구 학자들이 이슬람을 공격할 때 빼놓지 않고 언급하는 구절일 뿐만 아니라 무슬림 코란 주석가들 사이에서도 많은 논란을 불러일으킨 구절이다:

"남성은 여성의 보호자(qawwamun)이니 이는 알라께서 일부 사람들보다 다른 일부 사람들을 선호하셨기 때문이며[33] 또한 남성들이 자신들의 재산으로 부양하기 때문이라 올바른 여성은 복종하고 순종하는 자이며 (남편의) 부재 시에 알라께서 지켜주신 것을 지키는 자이니라 여자들의 불복종(nushuz)에 대한 우려가 있다면 그들에게 충고하고 잠자리를 같이하지 말며 그들을 때려 줄 것이다 만약 그들이 너희들에게 복종할 경우 그들을 해치는 어떠한 방법도 강구해서는 아니 되나니"(코란 4장 34절)

이 구절에서 논란이 되는 '누슈즈'(nushuz)라는 용어는 코란에 단 두 번 언급되었다. 한 번은 위에 언급된 4장 34절에 나오는 것으로 여성의 '누

---

32 Amina Wadud, 위의 책, p.70.

33 최영길 역 및 King Fahd Holy Qur'an Printing Complex에서 발행된 영역 코란 번역본에는 "하나님께서 여성들보다 (남성들에게) 강한 힘을 주셨기 때문"이라고 번역되어 있음. 이 구절과 관련하여 아미나 와두드는 신이 남성을 여성보다 선호한 것이 아니라 남성 가운데서도 신이 선호하는 사람이, 그리고 여성 가운데도 신이 선호하는 사람이 있다는 의미로 보았다. 따라서 이 구절의 해석은 아미나 와두드의 해석과 아랍어 직역을 근거로 한 것임을 밝혀둔다.

슈즈'와 관련하여 사용되고 있다. 또 다른 한 번은 4장 128절에 나오는 것으로 남성의 '누슈즈'와 관련되어 사용된 경우이다:

"만약 어떤 여성이 남편의 <u>누슈즈</u>와 유기를 두려워한다면 부부가 서로 화해한다 해도 누구의 잘못도 없느니라 (남편의) 영혼이 탐욕에 흔들린다 하더라도 화해가 최선이니라…"

우리말 코란 번역본[34]에는 4장 34절에 나오는 여성의 누슈즈가 "품행이 단정치 못함"이라 번역되어 있는 반면, 4장 128절 남성과 관련하여 사용된 누슈즈라는 똑같은 단어는 "학대"라는 다른 의미로 번역되어 있다. 누슈즈의 사전적 의미는 "남편이나 아내가 상대방에게 불복종함으로써 관계가 나빠지는 것"[35]으로 남녀 모두에게 똑같이 사용되는 표현이다. 즉 뉴슈즈라는 단어는 코란에서 남성과 여성에게 동일하게 사용되고 있으나 코란 주석가들이 그 의미를 다르게 해석했다는 것을 의미한다.

따바리는 이 구절의 첫 부분에 관해 남성들은 아내들을 훈육하여 신과 남편에 대한 의무를 다하도록 안내할 책임이 있다고 언급하고 있다. 그리고 남편이 아내보다 상위에 자리매김 된 것은 남편이 아내에게 혼인 시 혼납금 마흐르(Mahr)를 지불하고 평생 부양의 의무를 하기 때문이라고 해석하고 있다. 두 번째 문장에 나오는 "올바른 여성"에 대해 따바리는 신앙과 행동이 올바른 여성을 의미한다고 언급하였다. 그리고 '복종하는'이란 단어는 신과 남편에 대한 복종을 의미한다고 해석하고 있다.[36]

4장 34절에서 가장 논란이 되고 있는 '누슈즈'를 행한 아내를 다루는 세 번째 방법, 즉 아내를 "때려 줄 것이다"와 관련하여 따바리를 비롯한 당

---

34 최영길 역, 『성 코란 의미의 한국어 번역』.

35 *al-Muʿjam al-Wasit.*

36 Susan A. Spec torsky, 위의 책, p.57.

대의 주석가들은 아내에 대한 구타가 고통을 야기하거나, 골절을 시키거나, 자국을 남기거나, 얼굴을 향해서는 안 된다는 해석을 내놓고 있다. 라지는 아내를 때리는 것이 때리지 않는 것보다 좋지 않으며, 만약 아내를 때릴 경우 치명적이지 않아야 하며 신체의 한 부분을 집중해서 때리기보다는 몸 전체를 골고루 20대 이하, 혹은 40대 이하가 되게 해야 한다고 설명하고 있다. 또한 라지는 손으로만 해야지 채찍이나 회초리를 사용해서는 안 된다고 언급하고 있다. 마지막에서 라지는 앞의 두 가지 방법, 즉 충고와 잠자리 멀리하기가 유효할 경우 세 번째 방법은 허용되지 않는다고 설명하고 있다.[37]

무함마두 압두 역시 누슈즈를 행한 여성을 다루는 과정에 대해 이전 주석가들과 견해를 같이하고 있다. 그는 아내가 남편과의 잠자리를 거부한다든지, 혹은 특별한 이유 없이 집을 나가는 것이 누슈즈라고 정의하고 있다. 무함마드 압두는 여성을 대할 때 어떠한 해도 입혀서는 안 된다고 남성들에게 충고하고 있다. 따바따바이 역시 예언자와 4대 칼리프 알리('Ali)의 하디스[38]를 빌어 여성을 구타하는 것은 바람직하지 않다는 입장을 분명히 하고 있다.[39] 이렇듯 대부분의 남성 주석가들은 누슈즈를 행한 여성을 다룰 때 되도록 세 번째로 제시된 방법은 피해야 하며 이 경우에도 잔인하게 여성을 다루어서는 안 된다는 견해를 제시하고 있다.

한편, 페미니스트 여성 학자 아미나 와두드는 4장 34절 가운데 '올바른 여성은 복종하고 순종하는 자(qanitat)'라는 의미가 '남편에게 복종하고 순종하는 자'라고 해석되는 것에 대한 거부 입장을 표명하였다. '남편에게 복종하고 순종하는 여성'이라고 해석되는 아랍어 단어 '까니타트'는 코

---

37 Bahar Davary, 위의 책, p.66.
38 예언자의 하디스, "여자는 인형이며 그것을 가져가는 사람이 부숴서는 안 된다"
    알리의 전언, "여자는 꽃이지 심부름꾼이 아니다".
39 Bahar Davary, 위의 책, p.129.

란 2장 238절에서 '까니틴'(qanitin)이라는 남성형으로도 사용되고 있다: "너희들은 예배와 중간 예배를 준수하고 알라께 순종하고 복종하는 자 (qanitin)로 서라". 이렇듯 같은 어근의 단어가 여성에게 사용될 경우는 '남편에 대한 복종과 순종'으로, 그리고 남성에게 사용될 경우는 '신에 대한 복종과 순종'으로 달리 해석되는 것은 젠더적 편견을 담은 잘못된 해석이라고 그는 지적하였다. 그리고 코란 4장 34절 역시 '신에 대해 복종하고 순종하는 여성'이라고 해석하는 것이 코란의 정신을 담은 주석이라고 주장하였다. 또한 '때리다'라는 의미의 아랍어 동사 '다라바'(daraba)는 지속적인 폭력을 의미하는 것이 아니라 '가볍게 때려라'는 의미로 해석해야 하며 이 구절은 아내의 구타를 조장하는 것이 아니라 계시 당시 여성들에게 자행되던 남편의 폭력에 규제를 가하기 위한 것이라고 주장하였다.[40] 아미나 와두드의 해석은 매우 설득력 있게 보이는 것으로 평가되지만 그 역시 코란의 계시가 남녀의 우열에 관계없이 남녀 간의 젠더적 차이를 인정하고 있다는 사실을 부인하고 있지는 않다.

그러나 최근 이슬람 페미니스트들은 남녀 고유의 젠더적 역할과 책임은 차등한 것이 아니라 동등한 것이라고 주장하고 있다. 남성의 아내 부양을 전제로 한 '남성이 여성의 위에 있다'는 남성상위 개념은 오늘날 여성의 사회활동이 증가함에 따라 공격받고 있다. 파타마 메르니시는 여성은 여성이기 때문이 아니라 어머니이기 때문에 부양받는다고 주장하였다. 즉 그는 남성의 부양을 우월성의 근거가 아닌 책임에 대한 규정으로 보고 있다.[41]

한편, 코란에는 증인의 자격과 관련하여 남성 한 명의 증인이 여성 두 명의 증인에 해당된다는 구절이 있다:

---

40 Amaina Wadud, 위의 책, pp.74-78.

41 Miriam Cooke, 위의 책, p.64.

"믿는 자들이여 일정기간 너희들이 채무 거래를 할 경우에는 너희들 사이에서 서기로 하여금 공정하게 쓰게 하라 서기는 알라께서 가르쳐주신 대로 써야만 하느니라 채무를 진 사람으로 하여금 쓰고 받아 적게 하라 그의 주님 알라를 두려워하도록 하며 어떤 것도 깎아서는 아니 되니라 만약 채무를 진 사람이 정신적 결함이 있는 사람이거나 나약하거나 받아 적을 수 있는 능력이 없다면 후견인으로 하여금 공정하게 쓰게 하라 그리고 남자들 가운데 두 명의 증인을 서게 하라 만약 두 명의 남자가 없을 경우에는 한 명의 남자와 너희들이 보기에 적당한 두 명의 여자를 증인으로 서게 하라 한 여성이 실수할 경우 다른 여성이 상기시켜 줄 수 있기 때문이라…"(코란 2장 282절)

이 구절은 한 명의 남성 증인이 두 명의 여성 증인에 해당된다고 언급하고 있는 코란의 유일한 구절이다. 이 구절 역시 서구의 오리엔탈리스트들에 의해 이슬람이 여성을 남성의 절반으로 취급한다는 공격의 근거로 사용되고 있다. 따바리는 두 명의 여성이 남성 한 명을 대체한다는 내용을 언급하지 않은 채 단지 증인은 올바르고 도덕적인 사람이어야 한다고 해석하고 있다.[42] 그 밖의 대부분의 고전적 주석가들은 여성이 남성보다 감성적이기 때문에 여성의 증언에 전적으로 의존할 수 없다고 해석하였다. 그러나 아미나 와두드는 여성이 사회적으로 억압받던 당시에 한 여성이 다른 남성 증인에게 눌려 정확한 증언을 하지 못할 경우 두 여성이 공동전선을 마련토록 배려한 것이 이 구절의 진정한 의미라고 해석하였다. 여성에 대한 사회적 억압이 만연하던 당시에 오히려 코란은 여성도 증인이 될 수 있는 가능성을 열어주었다는 것이 그의 주장이다.[43]

---

42 Susan A. Spectorsky, 위의 책, p.51.
43 Amaina Wadud, 위의 책, pp.85~86.

한편, 코란은 이혼의 권리에서도 남녀 간의 차이를 언급하고 있다. 앞서 언급한 코란 2장 228절은 이혼과 관련된 것으로 남성은 여성보다 이혼에 관한 한 더 많은 권한이 있다는 내용이다. 남성은 중재자의 도움 없이 이혼을 선언할 수 있는 반면, 여성은 법정에서 판사의 중재 없이는 이혼이 불가능하기 때문이다. 종교적 의무에서도 남녀의 유별이 나타난다. 여성은 남성과 떨어져서 모스크의 뒤쪽이나 옆쪽, 혹은 2층의 분리된 장소에서 예배를 드린다. 이는 좌립을 반복하고 신체를 최대한 땅에 엎드려야 하는 예배 동작에서 남녀가 신체적으로 접촉하거나 한눈을 팔 수 있는 가능성을 차단하기 위한 유별의식이다. 여성은 또한 월경이나 분만 시에 예배와 단식이 면제되며, 임신이나 수유 시에도 임산부나 태아, 혹은 젖먹이에게 해가 될 경우 단식이 면제되기도 한다. 경제적인 의무나 상속에서도 남녀가 구별된다. 가족의 부양은 남성의 의무로 혼인 전에는 부친이나 남자 친척이, 혼인 후에는 남편이 여성의 생계비를 책임진다. 심지어 이혼 후에도 전남편이 전부인의 생계비를 부담하도록 코란은 명시하고 있다. 한편, 상속에서는 대체로 여성이 남성 몫의 2분의 1을 상속하도록 규정하고 있다. 이는 남성이 아내와 가족을 부양할 책임이 있기 때문에 가족 부양의 책임이 없는 여성보다 더 많은 상속을 받아야 한다는 근거에서 비롯되었다.[44]

이렇듯 코란에 나와 있는 젠더적 차별, 혹은 유별을 언급하는 구절은 이후 가부장적 사회를 살았던 남성 코란 주석가들에게 남녀 차별을 정당화시키는 구실로 이용되었다. 그러나 현대 이슬람 페미니스트들은 이러한 구절을 남녀 간의 차별이 아닌 차이로 해석하면서 무슬림 여성들의 권리 회복을 주장하고 있다. 젠더적 차별로 해석하든 혹은 유별로 해석하든 이러한 코란의 구절들은 외부적으로는 이슬람이 남녀 간의 불평등을 조장하는 종교라는 인식을 심어 주었으며 내부적으로도 남성이 여성보다 우

---

44 조희선, 위의 책, p.121.

월하다는 가부장적 사고를 강화시키기 위한 근거로 이용되었다.

3) 여성의 보호관

젠더 간의 차이, 혹은 불평등으로 언급되어 서구의 오리엔탈리스트들에 의해 공격을 받은 일부다처, 이혼, 상속 등과 관련된 코란 구절은 시각에 따라 남녀의 유별관적 관점으로 해석할 수도 있으나 이슬람적인 입장에서는 여성의 보호관적 측면에서 바라보는 시각이 우세하다. 그 가운데 일부다처와 관련해서는 고전적 주석가들과 현대 페미니스트들의 주석 간의 차이를 살펴보는 한편 이혼, 양육 및 위자료, 그리고 상속과 관련된 부분은 여성의 보호관의 측면에서 코란 속의 관련 규정들을 살펴보고자 한다.

(1) 일부다처제

근대화 이후 이슬람이라는 종교가 서구는 물론 여타 非이슬람 세계로부터 공격받은 단골메뉴는 바로 일부다처제이다. 이슬람 세계에서 튀니지와 터키와 같은 국가가 현대에 와서 일부다처제를 폐지하긴 하였지만 아직까지도 대부분의 이슬람 국가는 일부다처제를 용인하는 가족법을 운용하고 있다. 일부다처를 허용하는 코란의 구절은 다음과 같다:

"만약 너희가 고아에게 공평하게 대해줄 수 없을 것 같은 두려움이 있다
면 너희에게 좋다고 생각되는 여성들 가운데 둘, 셋, 또는 네 명의 여성
과 혼인하라 만약 (아내들을) 공평하게 대해줄 수 없을 것 같은 두려움이
있다면 한 여성 혹은 너희 오른 손이 소유한 것(여성)과 혼인하라 그것이
공정하지 않은 것을 최소화시키는 것이니라"(코란 4장 3절)

역사적으로 이 구절은 624년과 625년에 일어났던 두 차례의 전투에서

많은 군인들이 사상당한 이후에 계시되었다고 전해진다.[45]

사실 근대 서구 세계에서 일부다처제에 대한 비난과 공격이 시작되기 전에 일부다처제에 대한 비판은 이슬람 세계에서 먼저 시작되었다. 남편과 아내가 서로의 의상이 되어 감싸주고 또 아내를 조심스럽게 대하라는 코란 구절에 비추어 대부분의 주석가들은 코란에서 규정하고 있는 혼인의 기본원칙은 일부일처제이고 특별한 환경에서만 일부다처제가 허용된다는 데 의견을 같이하고 있다:

"단식하는 날 밤에 아내에게 다가가는 것을 너희에게 허락하노라 아내들은 너희들을 위한 의상이요 너희들은 아내들을 위한 의상이니라."(코란 2장 187절)

"아내들은 너희들을 위한 밭이니 너희들이 원할 때 밭으로 가서 씨를 뿌려라."(코란 2장 223절)

일부다처를 암시하는 코란 4장 3절의 계시 배경에 대해 따바리는 여러 가지 가능성을 언급하고 있다. 결국 그는 여자고아에게 공평하게 대할 수 없을까 봐 두려워하는 남성은 아내와 관련해서도 똑같은 두려움을 가지고 공평하게 대할 수 있도록 여성과 네 명까지 혼인할 수 있다고 해석하고 있다. 만약 아내들을 공정하게 대할 수 없다면 노예를 제외한 여성과 혼인해서는 안 되며, 네 명까지 혼인할 수 있다는 것은 일부다처를 장려하는 것이 아니라 계시 당시 만연되어 있었던 무분별한 일부다처에 규제를 가하는 것이라고 그는 설명하고 있다.[46] 대부분의 고전 주석가들은 따바

---

45 앞의 책, p.123.
46 Susan A. Spectorsky, 위의 책, p.56.

리와 마찬가지로 코란이 일부사처를 허용한 것은 기존의 관행에 제한을 두어 여성들을 보호하기 위한 목적이라고 보고 있다.

무함마드 압두 역시 일부다처를 코란에서 허용한 것은 남성에게 혜택을 주려는 것이 아니라 당시 남성들이 누렸던 절대적인 자유를 제한하기 위한 것이라고 해석하고 있다. 그는 일부다처인 가정에서 남편이 아내를 공평하게 대우하지 않을 경우 판사가 일부다처를 금지시킬 권한을 가진다고 주장하였다. 그러나 무함마드 압두는 아내의 불임과 같은 특별한 경우에 판사가 일부다처를 허용할 수 있다는 예외적인 규정을 인정하고 있다.[47] 따바따바이 역시 다른 주석가들과 마찬가지로 코란은 단 한 명의 여성과 혼인할 것을 명령하였으며 모든 아내를 공평하게 대할 수 있을 경우에만 네 명까지 허용한 것이라고 해석하였다. 그는 일부다처의 이유로 남성보다 여성의 수가 더 많다는 통계 외에도 여아가 남아에 비해 성숙도가 빠르다는 점, 기대 수명이 남자보다 여자가 높다는 점, 출산 능력이 남자가 여자보다 길게 유지된다는 점을 들고 있다.[48]

한편, 이슬람 페미니스트 아미나 와두드는 이전의 주석가들과는 달리 코란 4장 3절이 고아의 처우에 한정된 것이라고 해석하였다. 여자고아의 재산을 관리하는 남성 후견인들이 고아들의 재산을 부당하게 관리하지 말라는 명령이 4장 2절에 나와 있는 것으로 미루어 4장 3절은 이러한 잘못된 관행을 막기 위한 해결책으로 후견인이 여자고아와 네 명을 넘지 않게 혼인하라는 계시라는 것이다. 아미나 와두드는 아내를 부양하는 경제적 책임이 고아가 된 여아의 재산을 관리하는 것에 상응하기 때문에 이러한 코란 구절이 계시되었다고 해석하였다. 또한 이 구절은 공평 및 정의와 관련된 것으로 고아의 재산을 공정하게 운용하고, 고아를 정의롭게 대하

---

47 Bahar Davary, 위의 책, pp.91-92.
48 앞의 책, pp.123-124.

며, 아내들을 공평하게 대하라는 명령을 포함하고 있다는 것이다. "너희가 최선을 다한다 하더라도 아내들을 공평하게 대할 수 없느니라 한 여인만을 편애하여 다른 여인들을 매달린 여인처럼 만들지 말라"(코란 4장 129절)에 나타나듯 일부다처는 그 조건을 충족시키기가 어려울 뿐만 아니라 "아내들은 너희들을 위한 의상이요 너희들은 아내들을 위한 의상이니라."(코란 2장 187절)라는 코란의 이상적 부부 관계를 실현시킬 수 없다고 그는 지적하였다. 그리고 일부 특정한 환경에서 일부다처가 허용될 수 있다는 남성 주석가들의 해석과 관련하여 아미나 와두드는 코란에 일부다처를 허용하는 그러한 특정한 환경이 전혀 언급되지 않았다는 점을 들어 어떠한 경우이든 코란은 일부다처를 승인하고 있지 않다고 주장하였다.[49]

오늘날 대부분의 무슬림들은 남녀를 불문하고 특정한 환경, 즉 아내가 불임일 경우, 혹은 병중에 있어 아내로서의 역할을 수행할 수 없을 경우, 전쟁이나 기근으로 인해 남녀의 성비가 불균형이 될 경우 등에 일부다처가 허용된다고 믿고 있다. 그러나 일부다처에 대한 가장 일반적인 해석은 일부다처가 여성을 보호하기 위한 목적으로, 그리고 남성의 과도한 일부다처의 남용을 제한하기 위한 목적으로 계시되었다는 것이다. 게다가 일반 무슬림들이 일부다처가 허용될 수 있다고 믿는 특정한 상황이라는 것도 후대 주석가들의 해석이지 코란에는 그것이 분명하게 명시되어 있지 않다는 점은 주목할 만하다.

더군다나 코란에는 앞서 코란 주석가들이 언급하였듯이 일부다처의 조건으로 남편이 아내들에게 아무런 편견 없이 공평하게 대해 주어야 한다는 다음의 단서가 담겨 있다:

"하지만 너희가 아내를 공명정대하게 대우할 수 없는 것을 두려워한다면

49 Amaina Wadud, 위의 책, pp.83-84.

오직 한 사람 또는 너희가 소유한 자와만 혼인하라"(코란 4장 3절)

이러한 구절은 일부다처제가 보통 사람들에게는 쉽지 않다는 사실을 명백하게 담고 있다. 보통의 남자가 여러 아내에게 진정으로 공평하게 대할 수 없다는 이유를 들어 이슬람의 분파인 카와리즈(Khawarij)파와 10세기에 일어났던 정치사회운동의 주인공들인 카라미따(Qaramitah)인들은 일부다처를 금기시하고 일부일처제를 주장하기도 하였다. 이렇듯 일부다처는 일정한 조건하에서만 허용되는 제도로 모든 무슬림들에게 보편성을 지닌 혼인제도는 아니라고 할 수 있다.[50]

(2) 이혼, 양육, 위자료

이혼의 문제는 일부다처제와 더불어 젠더적 불평등의 소지를 안고 있는 것으로 거론되는 단골주제이다. 코란의 계시는 특히 '이혼의 장'(Surat al-Talaq)을 통해 이혼의 규범, 합법적인 이혼과 비합법적인 이혼, 이혼의 절차, 이혼의 시기, 재혼금지기간, 위자료, 거주지 문제, 이혼 후의 양육 문제 등에 대한 상세한 규정을 제시하고 있다. 사실 코란에 언급된 이혼 관련 구절은 '여성보다 위에 있는 남성'에 의해 주도되는 것으로 젠더적 불평등의 내용을 담고 있는 것이 사실이다. 그러나 중요한 것은 코란의 계시가 남성의 이혼권 남용에 규제를 가하고 남성에게 이혼에 따른 책임감을 부과함으로써 일방적으로 이혼을 당하던 당시의 여성들을 보호하고자 의도했다는 점이다.

우선 남성에 의한 이혼권의 남용과 관련하여 코란의 계시는 이슬람 이전 시대 "당신은 내 어머니의 등과 같다"라는 말로 아내에게 일방적으로 이혼을 선언하던 '지하르'(Zihar)를 금지하고 있다:

---

50 조희선, 위의 책, p.123.

"너희들 가운데 아내와 지하르 하는 자가 있나니 아내들은 어머니가 될 수 없느니라 낳아 준 사람이 아니면 어머니가 될 수 없노라 그들은 말도 안 되는 것을 거짓으로 말하는 것이니라…"(코란 58장 2절)

또한 코란의 계시는 남성들이 일방적으로 이혼을 선언한 후 아내와 재결합 할 수 있는 '취소할 수 있는 이혼'을 두 번으로 제한함으로써 남성의 이혼권 남용에 규제를 가하고 있다:

"이혼은 두 번이라 그리고 나서는 공평하게[51] (아내를) 잡든지 아니면 친절하게 놓아 주어야 하느니…"(코란 2장 229절)

이혼에 따른 남편의 책임감을 부과함으로써 여성을 보호하고자 하는 코란의 계시도 많이 등장한다. 그 가운데 가장 대표적인 것이 재혼금지기간 잇다('Iddah)를 두어 그 기간 동안 아내를 집에서 내보지 말고 부양하라는 명령이다. 만약 아내가 임신하였을 경우 출산할 때까지 집에서 내보내지 말고 부양하며 만약 아내가 아이를 양육할 경우 양육비를 지불하라는 명령도 있다:

"예언자여 만약 너희가 아내와 이혼할 경우에는 잇다 기간을 두고 이혼하라 그리고 그 기간을 (잘) 헤아려라 너희 주 알라를 경외하라 아내들을 집에서 내쫓지 말며 공개적으로 음란한 행동을 하지 않은 한 아내들도 집에서 나가서는 아니 되노라…"(코란 6장 1절)

"너희들이 살고 있는 곳에 그들(이혼당하는 아내)도 거주하게 하라 그들에

---

51 여기서 '공평하게'는 아내가 남편이 아닌 다른 남자와 재혼을 하고 이혼을 한 후에야 비로소 전남편과 재결합하는 것이 공평하다는 의미이다.

게 해를 입혀 괴롭히지 마라 만약 그들이 임신을 하였을 경우 출산 때까지 부양하라 만약 그들이 너희를 위해 아이에게 젖을 먹였을 경우 그들에게 보상하라 공정하게 서로 상의하라 만약 어려울 경우 다른 여성으로 하여금 아이에게 젖을 먹이도록 하라"(코란 65장 6절)

앞서 언급하였듯이 코란은 재혼금지기간 중에 남편이 아내를 부부의 집에서 내보내지 말도록 명령하고 있다. 코란 65장 6절에 나와 있는 "그들에게 해를 입혀 괴롭히지 마라"라는 계시를 주석가들은 이혼 후에도 여자가 부부의 집에서 살 수 있도록 배려하라는 명령으로 해석하고 있다.

거주지에 대한 보장과 함께 코란의 계시는 이혼당한 여성이 혼자서, 혹은 아이들과 함께 생활할 수 있도록 전남편이 생활비 혹은 위자료를 지불해야 한다고 명령하고 있다. 특히 코란의 계시는 아이들에 대한 아버지의 책임과 의무를 강조하고 있으며 이혼당한 여성이 아이와 함께 유기되지 않도록 배려하고 있다:

"어머니들은 아버지가 젖을 먹이길 원할 때 이년동안 아이들에게 젖을 먹여야 하나니 아이로 인해 아버지는 아이 어머니에게 먹을 것과 입을 것을 합당하게 제공해야 하느니라 누구도 자기 형편을 넘어서는 부담을 가져서는 아니 되며 아이의 어머니가 자식으로 인해 해를 입어서도 아이의 아버지가 자식으로 인해 해를 입어서도 아니 되노라 상속인도 이와 똑같이 행하여야 하나니 만약 부모의 동의에 의해 그리고 서로 상의한 이후에 젖을 떼려 한다면 그들에게 죄가 되지 않노라 만약 아이들에게 유모로 하여금 젖을 먹이게 하길 원한다면 합당하게 사례를 지불할 경우 죄가 되지 않느니라…"(코란 2장 233절)

'이혼의 장'에서는 이혼 후 여성에게 위자료를 형편에 따라 지급하려는 명령이 반복적이고도 상세하게 언급되어 있다. 첫째, 동침하거나 혼납금을 지불하기 전에 이루어진 이혼에 대해서는 죄가 성립되지 않는다고 보고 단지 상대방 여성에게 약간의 위자료를 지불할 것을 명령하고 있다:

"여성과 동침하기 전에 혹은 혼납금을 지불하기 전에 이혼하는 것은 죄가 되지 않나니 부유한 자는 부유한 대로 가난한 자는 가난한 대로 자신의 몫에 따라 여자들에게 선물을 하라 선행으로 선물을 베푸는 것은 자선을 베푸는 자들의 의무이니라"(코란 2장 236절)

코란의 계시는 동침하기 이전에 이혼이 이루어질 경우 재혼금지기간을 지킬 필요가 없다고 언급하고 있다:

"믿는 사람들이여 너희가 믿는 여성과 혼인한 후 동침하기 전에 이혼하였다면 너희들에게는 그들로 하여금 재혼금지기간을 기다리게 할 권리가 없나니 그들에게 선물을 주어 친절하게 놓아 주거라"(코란 33장 49절)

혼납금은 지불하였으나 동침하기 전에 이혼을 했을 경우의 혼납금에 관한 계시도 있다. 남편이 아내에게 약속한 혼납금의 2분의 1을 지불하라는 것이 코란의 명령이다. 즉 코란은 동침하지 않고 이혼한 경우라도 이혼녀에게 반드시 위자료를 지불하도록 규정하고 있다:

"만일 너희가 동침하기 전에 혼납금을 지불한 상태에서 이혼하였다면 지불한 혼납금의 절반을 지불해야 하느니 만약 여성들이 용서(면제)하였거나 혼인계약의 후견인이 용서(면제)하였다면 예외니라 용서하는 것은 신을 경외하는 것에 가장 가까우니라"(코란 2장 237절)

이렇듯 코란의 계시는 이혼에 대한 남성의 절대적인 권한을 인정한 것도 사실이지만 이슬람 도래 이전 아라비아반도에서 여성들이 아무런 조건 없이 남성들에 의해 버려지던 관행에 일침을 가한 것도 사실이다. 이혼을 위해서 남성들은 재혼금지기간을 기다려야 하며 적절한 위자료를 지불해야 한다. 이혼 후에도 남성들에게는 자녀의 양육에 대한 책임이 있다. 코란 계시에 나와 있는 이러한 조건들은 남성의 이혼권에 제한을 가하는 한편, 이혼당한 여성들의 이혼 이후의 삶을 배려한다는 점에서 여성의 보호관적 측면으로 이해할 수 있다.

(3) 상 속

코란에서 상속에 대한 규정은 현대 가족법에서의 상속에 관한 규정과 비견될 만큼 매우 구체적이고 상세하다. 서구 학자들은 코란에 나오는 상속 관련 규정을 젠더적 불평등의 요소로 보고 있지만 고전적 주석가들은 물론 이슬람 페미니스트조차도 상속 관련 코란의 계시를 여성의 보호관적 측면에서 해석하고 있다. 상속과 관련하여 가장 많이 인용되는 계시는 4장 11절과 12절, 그리고 176절이다:

"알라께서 너희 자녀들의 일(상속)에 관해 말씀하였나니 남자의 몫은 여성 두 명의 몫과 같으니라 만약 두 명 이상의 딸만 있는 경우 그들에게는 유산의 3분의 2를, 만약 딸이 한 명만 있는 경우 2분의 1을, 자식이 있는 경우 부모에게는 각각 유산의 6분의 1씩을 주어야 하느니라 자식이 없고 부모가 상속할 경우 어머니에게는 3분의 1을, 만약 고인에게 형제가 있는 경우 어머니에게는 유증과 부채를 지불하고 난 후 6분의 1을 주어야 하느니라 너희들은 부모와 자식 가운데 누가 더 너희에게 혜택을 주는지 알지 못하노라 그것은 알라께서 정해준 몫이니라…"(코란 4장 11절)

"아내에게 자식이 없는 경우 너희들에게는 아내가 남긴 것 가운데 2분의 1이, 아내에게 자식이 있다면 유증과 부채를 지불하고 난 후 그가 남긴 유산의 4분의 1이 돌아가느니라 아내들에게는 너희들에게 자식이 없는 경우 4분의 1이, 자식이 있는 경우 너희가 남긴 유산 가운데 유증과 부채를 지불하고 난 후 8분의 1이 돌아가느니라 어떤 남자나 여자가 상속받을 자식이나 부모가 없으나 한 명의 형제나 한 명의 자매가 있는 경우 그들은 각각 6분의 1씩을 받게 되느니라 만약 형제가 그보다 많을 경우 형제들은 유증과 부채를 지불하고 난 후 3분의 1을 나누어 가져야 하느니라…"(코란 4장 12절)

"만약 어떤 남자가 사망하였는데 자식이 없고 자매 한 명만 있는 경우 그 자매는 그가 남긴 것의 2분의 1을 상속받고 만약 어떤 여자가 사망하였는데 자식이 없고 두 명의 자매가 있는 경우 두 자매는 그가 남긴 재산의 3분의 2를 받느니 만약 형제와 자매가 있는 경우 한 명의 형제에게는 두 명의 자매의 몫이 있느니라"(4장 176절)

위의 코란 구절에 비추어 코란에 지정된 상속인의 상속분은 다음의 표와 같이 유형화할 수 있다.

상속분	코란 계시에 따른 상속의 근거
1/2	부모 유산에 대한 자식들의 상속: 남자에게는 두 명의 여자에 해당하는 상속분이 있다.
1/3	자식이 없는 가운데 부모가 유일한 상속인일 경우: 어머니의 상속분은 1/3이다.
2/3	오직 딸(두 명 이상)만 있는 경우: 딸들은 유산의 2/3를 상속한다.
1/4	한 명의 자식을 남기고 아내가 사망했을 경우: 남편은 유증과 채무를 청산한 후 1/4을 상속한다.
1/6	직계존속이나 직계비속이 없는 남자나 여자가 형제나 자매를 남기고 사망한 경우: 남녀 형제자매는 각각 1/6을 상속한다.
1/8	자식이 없거나 혹은 한 명의 자식을 남기고 남편이 사망했을 경우: 아내는 유증과 부채를 지불한 후 1/8을 상속한다.

이러한 꾸란 구절은 우후드(Wuhud) 전투에서 남편을 잃은 한 미망인이 예언자에게 와서 아이들의 삼촌이 남편의 모든 유산을 빼앗아가 두 딸과 함께 궁핍한 상태에 처하게 되었다고 불평하자 계시되었다고 전해진다.

상속과 관련된 코란의 계시에서 중요한 것은 여성이 딸, 아내, 어머니, 자매로서 상속받는 것이 신의 명령으로 분명하게 제시되어 있다는 점이다. 코란에서 규정하고 있는 상속의 대원칙은 물론 '남성의 몫은 여성 두 명의 몫'이다. 그러나 코란의 구절을 좀 더 자세히 살펴보면 고인에게 자식이 있는 경우 부모 모두 똑같이 유산의 '6분의 1'을 상속받도록 되어 있다. 즉 어머니로서의 여성은 남성과 같은 상속의 몫을 가진다. 또한 상속받을 자식이나 부모가 없는 고인에게 한 명의 형제와 한 명의 자매가 있는 경우도 각각 똑같이 6분의 1씩을 상속받는다고 규정되어 있다. 남성이 여성 몫의 두 배를 가진다는 것이 젠더적 불평등이라고 보는 서구 학자들과는 달리 현대 이슬람 페미니스트들은 이슬람 이전 시대 여성들이 상속받기는커녕 남편이 죽을 경우 남편의 형제들에게 자동으로 상속되던 시대 상황에 비추어 코란의 상속 관련 계시는 여성을 보호하기 위한 목적이 크다고 믿고 있다. 남편에게는 아내를 부양해야 하는 의무가 있고 아내는 혼인 시 남편으로부터 혼납금을 받을 권리가 있다는 점에서 이러한 이슬람식 상속의 몫은 공정하다는 것이 코란 주석가들의 일반적인 해석이다. 이슬람 페미니스트들은 위의 구절에 언급된 어머니나 자매로서 여성의 상속의 몫이 남성의 몫과 똑같다는 점을 부각시키기도 하였다.

3. 코란을 통한 무슬림 여성의 위상 찾기

코란의 계시는 여성과 관련된 많은 논란을 불러일으켰다. 다른 경전과는 달리 '인간과 인간 간의 관계'를 상세히 규정하고 있는 코란의 계시는 남녀의 역할과 젠더 간의 관계에 관한 규정을 담고 있기 때문이다. 남녀의 역할과 관계는 시대에 따라 변천을 거듭하고 있다. 따라서 계시서 코란에 담겨 있는 젠더와 관련된 규정은 시대에 따라 혹은 주석가들의 개인적, 신학적, 법학적 성향에 따라 자신들의 주장을 뒷받침하고 정당화하기 위한 구실로 해석되어 왔다.

가부장 제도가 강화되었던 14세기 이전까지의 주석가들은 코란의 계시를 남성 우월적인 시각에서 해석하였다. 근대 이후의 개혁주의자나 보수주의자들 역시 시대착오적인 혹은 타락한 사회개혁을 구실로 이슬람의 젠더 문제에 관심을 가지고 코란을 재해석하고자 하였다. 그러나 이들의 젠더에 대한 관심은 사회개혁을 위한 수단으로 이용되었을 뿐 여성에 대한 진정한 배려에서 시작된 것은 아니었다.

20세기 페미니즘에 전도된 무슬림 여성학자들이 등장하여 이슬람의 경전 코란의 재해석을 통해 지금까지 서구에 의해 항상 '공격받고', '멸시의 대상'이 되어온 젠더 문제를 연구한 것은 매우 의미 있는 작업이었다. 소위 이슬람 페미니스트라고 불렸던 이들은 과거 서구식 페미니즘을 이슬람 세계에 그대로 이식하려고 시도하였던 초기 페미니스트들과는 달랐다. 이들은 이슬람사회에서 결코 무시할 수 없는 이슬람이란 종교를 포용하면서, 그리고 포괄적이고도 일원화된 개념으로 받아들이던 '이슬람적' 관행을 여러 층위의 개념으로 해체해 냄으로써 코란만을 진정한 이슬람적 관행으로 받아들여야 한다고 주장하였다. 코란의 계시 가운데서도 계시 당시의 특정한 상황에 따른 규정이나 법규는 오늘날 변화된 이슬람 사회에 그대로 이식할 수 없다는 것이 이들의 주장이다. 이들의 주장이 모든 계층의 무슬림들에게서 환영받은 것은 아니지만 초기 페미니스트들과 달리 이들의 견해는 이슬람 사회에서 커다란 반향을 불러일으키고 있는 것이 사실이다.

코란 그 자체는 젠더 간의 평등이나 불평등 혹은 차이, 그리고 여성을 보호하는 계시가 많이 담겨 있는 것이 사실이다. 시대에 따른 여러 성향의 코란 주석에서도 남녀의 평등관, 그리고 남녀의 유별관 혹은 차별관, 그리고 여성의 보호관이 그대로 드러나 있다. 일부 초기 주석을 제외하고 고전적 주석가들이나 현대 페미니스트들은 모두 코란에 남녀의 평등관이 담겨 있음을 인정하고 있다. 동시에 이들은 코란 속에 남녀의 젠더적 차별, 혹은 유별을 인정하는 구절이 존재한다고 보고 있다. 최근의 이슬람 페미니스트들은 과거에 남녀 간의 차별로 해석하던 것을 남녀 간의 유별로 전환하여 해석하려고 노력하고 있다. 여성의 보호관과 관련해서는 서구 학자들과 무슬림 학자들 간에 이견이 존재하지만 코란 계시 당시의 시대나 상황에 비추어 무슬림 학자들이 주장하는 여성의 보호관은 매우 설득력이 있는 것으로 평가할 수 있다.

다음 장에서 다루게 될 불평등한 남녀 관계를 암시하는 여러 하디스, 여성에게 불평등한 이슬람법, 그리고 오늘날 이슬람 세계 도처에서 행해지고 있는 무슬림 여성에 대한 억압과 차별의 행위는 코란의 정신에 비추어 볼 때 과거에도 그리고 오늘날에도 이슬람이 정착된 각 지역의 사회, 문화적 관습이나 정치제도, 그리고 경제적 상황 등 여러 복잡한 요소가 낳은 결과라 할 수 있다. 오늘날 이슬람이란 이름으로 행해지고 있는 반여성적인 관행이나 관습을 모두 '이슬람적'인 것이라고 치부하는 것은 자칫 이슬람을 일원화된 현상으로 소개하는 오리엔탈리즘을 그대로 답습하는 것이라 할 수 있다. 오늘날의 이슬람 페미니스트들은 과거의 남성들이 가부장적 제도를 강화하기 위해 코란 구절을 이용하였듯이 평등한 남녀 관계를 구현하기 위해 역시 코란의 메시지를 활용할 수 있다는 가능성을 보여주고 있다.

제2장

하디스와 여성

무슬림들이 신의 말씀이라고 여기며 가장 신성시하는 코란 텍스트에는 남성 중심적인 내용을 포함하고 있기는 하지만 궁극적으로 당시 아라비아반도에 살고 있던 여성의 상황을 고려해 보면 여성과 관련하여 상당히 진보적인 내용을 담고 있는 것이 사실이다. 그러나 예언자 사후 약 100년이 지나서야 완성된 형태로 수집된 예언자의 언행록 하디스는 코란과 비교해 볼 때 여성 문제와 관련하여 보다 보수적이고 부정적인 내용을 담고 있다. 그러나 하디스는 이후에 나타난 이슬람법 샤리아가 제정되는데 코란 다음으로 중요한 법원으로 작용하였다. 즉 하디스에 담긴 여성 관련 내용은 때로는 코란의 내용을 강화하기도 또 때로는 코란의 내용과 상치되기도 하면서 무슬림 여성의 지위와 이미지에 상당한 영향을 끼쳤다. 이에 본 장에서는 우선 하디스에 관해 개괄한 후 하디스에서 다루어지는 여성 관련 내용을 비평하고, 또 구체적으로 여성 관련 개별 하디스를 주제별로 분류하여 살펴보고자 한다.

1. 하디스(Hadith)란 무엇인가?

코란은 무슬림들에게 삶에 대한 기초적 규범을 제공하고 있으나 실제적인 삶에서 구체적인 인도가 필요한 다양한 문제에 관해 답을 제공하고 있지는 못하다. 이러한 경우 초기 무슬림들은 예언자의 관행이나 관습, 즉 순나(Sunnah)를 따라 문제를 해결하였다. 예언자의 순나 외에도 예언자와 동시대를 살았던 교우들의 관행이나 관습도 이들에게 본보기가 되었다. 예언자의 삶과 관련된 아주 사소한 것까지 수집하여 전달하는 계층이 생겨났고, 예언자의 생전에는 물론 사후에도 그의 말이나 행동을 전하는 것이 무슬림들 사이에서 유행하였다. 결국 하디스(Hadith, 전승)라는 새로운 학문이 생겨나 다양한 문제에 관한 초기 무슬림들의 관행에 공식적 진술을 더해 주었다.

하디스란 이러한 예언자의 관행이나 말, 인가, 침묵을 통한 인정, 혹은 교우들의 말이나 행동을 의미한다. 일반적으로 '하디스'란 '전승'의 의미로 사용되지만 문자적으로는 '사건을 직접 듣거나 목격하여 다른 사람에게 전달하는 말'을 의미한다. 하디스는 또한 '대화' 혹은 '새로운'(hadith) 것을 이야기하는 것을 의미하기도 한다. 다시 말해 특정한 관행이나 말을 기록하거나 혹은 타인의 말이나 행동을 확인하는 것이 곧 하디스이다.

'하디스'와 예언자의 관행이나 관습을 의미하는 '순나'는 근본적인 차이가 없다. 하디스와 순나 모두 예언자에 의해 확립된 도덕적, 종교적, 사회적 규범을 다루고 있기 때문이다. 다만 순나는 예언자와 교우들에 의해 실천된 관행을 의미하고 하디스는 이러한 관행을 기록한 것이라는 차이가 있다. 즉 하디스란 무슬림들이 따르고 실천해야 하는 규범이 된 순나를 확인하고 정당화시키는 방편이라 할 수 있다. 그러나 일부에서는 순나에 의해 확인되지 않은 많은 하디스가 발견되기도 한다. 이에 일부 학자들은 하디스보다 순나가 더 우월하다고 평가하기도 한다.

1) 하디스의 전승과 기록

(1) 예언자의 교우들(Sahabah)과 계승자들(Tabi'un)

예언자 무함마드가 계시를 받은 것은 610년부터 632년까지 22년 동안 지속되었다. 예언자 무함마드는 특정 사안이 생길 때마다 계시를 받아 그 문제를 해결할 수 있었다. 그는 예언자이자 동시에 입법자였으며 또한 판사로 활동하면서 이슬람 공동체를 성공적으로 운용할 수 있었다. 그러나 예언자 사망 이후 코란은 팽창하는 이슬람 제국의 변화 속에서 새롭게 해석되어야 하는 상황을 맞이하게 되었다.

예언자의 언행을 직접 듣거나 목격하였던 예언자의 교우들은 이슬람 세계가 확장되자 새로운 정복지에서 거주하면서 신도들뿐만 아니라 급속히 증가하는 개종자들에게 종교적, 법적 문제를 해결해 주는 역할을 하였다. 교우들 가운데 일부는 지방 통치자가 되거나 판사, 즉 까디(qadi)로 임명되었다. 또 다른 일부는 예언자와 가깝게 지냈다는 이유만으로 유명세를 타서 많은 제자들을 불러 모으기도 하였다. 예언자와 동시대를 살면서 그와 의사결정을 공유했던 사람은 약 3천 명 정도 가량¹으로 알려져 있다.

예언자의 교우들은 하디스를 전달할 때 종종 자기 견해를 덧붙이기도 하였다. 교우들의 의견이나 견해는 '아사르'('Athar, 흔적) 혹은 '카바르'(Khabar, 소식)라 불렸다. 코란과 예언자의 가르침, 그리고 개인적 경험에 바탕을 둔 교우들의 아사르 혹은 카바르는 예언자의 하디스와 더불어 여러 하디스 모음집이나 저서에 기록되었다.

예언자의 교우 가운데 대표적 인물로는 정통 칼리프 아부 바크르('Abu Bakr), 우마르('Umar), 우스만('Uthman), 알리('Ali)를 들 수 있다. 1대 칼리프 아부 바크르는 몇 개의 하디스, 혹은 20여 개의 하디스를 전했다고 알려져 있으며 150여 개에 달하는 그의 아사르는 여러 저서에서 발견된다. 2대 칼리프 우마르는 60개의 하디스와 200여 개의 카바르를, 3대 칼리프 우스만은 9개의 하디스와 몇 개의 아사르를, 4대 칼리프 알리는 몇 개의 하디스와 수많은 아사르를 남긴 것으로 알려져 있다.²

또 다른 교우 가운데 코란 학자로 알려진 예언자의 사촌 압둘라 븐 압바스('Abdullah bn 'Abbas)는 217개의 하디스를 전승함으로써 메카 지역의

---

1   Salma Saad, *The Legal and Social Status of Women in the Hadith Literature*, p.10.

2   앞의 책, p.10.

권위를 대변하였다. 칼리프 우마르의 아들 압둘라 븐 우마르('Abdullah bn 'Umar) 역시 270개 정도의 하디스를 전승하였으며 대부분의 다른 교우들과는 달리 메디나 지역의 권위를 대변하였다. 예언자 가문의 관행과 관련된 많은 하디스를 전한 아나스 븐 말리크('Anas bn Malik)는 메디나 시절 예언자 곁에서 10년 동안 종으로 헌신한 결과 267개의 하디스를 전할 수 있었다. '하디스의 아버지'로 불렸던 아부 후라이라('Abu Hurayrah)[3]는 446개의 하디스를 전승하였다. '아부 후라이라' 즉 '거짓말쟁이'라는 별명처럼 그는 지나치게 많은 하디스를 전한 것으로 비난받았다. 압둘라 븐 마스우드('Abdullah bn Mas'ud) 역시 코란과 하디스에 정통했던 권위자이다. 그는 메디나에서 예언자와 가까이 지내면서 예언자를 위해 헌신했던 것으로 알려져 있다.

교우들의 학문적인 활동은 그 직계후손들, 즉 계승자들(Tabi'un)에 의해 이어졌다. 메카와 메디나, 쿠파와 바스라, 푸스따뜨[4]와 같은 우마이야 제국의 병영도시에서 계승자들은 코란의 명령을 어떻게 해석하고 이행해야 하는가를 전달하였다. 교우들에 비해 수적으로 많았던 계승자들 역시 통치자, 판사, 학자로 활동하였다. 이들은 예언자의 순나에 따른 삶을 살았던 이슬람 초기 공동체에 관한 이야기를 퍼트렸다. 이 시기의 순나는 예언자의 행동뿐만 아니라 정통 칼리프에 의해 인도되었던 초기 이슬람 공동체의 바람직한 행동 모두를 의미하는 것이었다.[5]

예언자와 동시대를 살았던 교우들과 그 후손인 계승자들은 신자들의 삶을 인도하는 것이 자신들의 임무라고 생각하였다. 이들이 바로 이슬람 학자, 즉 울라마 계층을 처음으로 형성하였으며, 이들 가운데 많은 제자

---

3 그의 저서 『법학자들의 보고』(Kanz al-'Ulama')에는 3만 2천 개의 하디스와 더불어 자신의 '아사르'도 담겨 있다. 그는 종종 예언자의 하디스를 자신의 '아사르'와 섞기도 하였다. 이로 인해 일부 서구 학자들은 그의 권위를 인정하지 않았다.

4 오늘날의 카이로 지역.

5 Susan A. Spectorsky, 위의 책, p.5.

를 거느리던 사람들은 법학자가 되기도 하였다. 이후 우마이야 시대의 칼리프들은 법적 논쟁이나 법정에서 중요한 역할을 수행하였다. 시아파와 같은 반대 세력이 등장하자 칼리프와 이슬람 학자들 사이에서는 팽팽한 긴장감이 형성되었고, 권력에 반대하는 학자들은 중앙정부의 임명직이나 후원을 받을 수 없었다. 이러한 긴장감은 압바스조 통치하에서 더욱 고조되었다. 결국 칼리프와 지방 통치자들이 판사, 즉 까디에 대한 임면권을 장악하자 이슬람 학자들은 정치권력에 예속되는 상황에까지 이르게 되었다.[6]

(2) 하디스의 전승과 기록

하디스의 전승과 관련해서는 예언자와 접촉이 많았던 사람일수록 더 많은 하디스를 전할 수 있었다. 예언자의 아내였던 아이샤, 꾸라이쉬 부족 출신의 교우 아부 바크르와 우마르, 10년간 예언자의 종으로 일했던 아나스 븐 말리크,[7] 예언자의 사촌 압둘라 븐 압바스 등은 하디스를 처음으로 전한 전언가들이다. 예언자의 교우 아부 후라이라 역시 정통한 하디스를 포함하여 약 3천 500개에 달하는 하디스를 전달하였다.[8]

예언자의 부인들의 경우 예언자의 사적 생활을 가장 잘 알고 있었기 때문에 이 영역에서 많은 하디스를 남길 수 있었다. 그 가운데서도 대부분의 하디스 모음집이 아이샤의 권위에 의존할 정도로 아이샤는 하디스 분야에서 독보적인 위치를 차지하였다. 아이샤가 전한 지식은 예배, 단식, 혼인, 순례 등 다양하다. 혼인, 혼납금, 의상, 월경 등 여성과 관련된 주제는 대부분이 아이샤의 입을 통해 전승되었을 정도이다.[9] 아이샤를 제외한 다

---

6 앞의 책, p.6.

7 헤지라 95년 103세의 나이로 사망하면서 많은 하디스를 후대에 전할 수 있었다.

8 'Abd ar-Rahman I. Doi, *Shari'ah Islamic Law*, p. 92.

9 D.A. Spellberg, *Politics, Gender, and Islamic Past*, pp. 52-54.
아이샤가 전한 수천 개가 넘는 하디스 가운데 부카리와 무슬림의 하디스 모음집에는 각각 54개와 68개의 하디스만이 담겨 있다. 한편, 이븐 한발의 하디스 모음집에는 아이샤가 전한 200개가 넘는

른 부인들은 하디스를 전승하는 데 아이샤만큼 열성적이지 않았으며 그들에 의해 전승된 하디스는 73개에 불과하다.[10]

초기 전언가들은 대부분의 경우 하디스를 구두로 전달하였다. 하디스를 암기하고 있던 교우들과 계승자들, 그리고 그 후손들이 사망하자 이를 기록할 필요성이 생겨났다. 그 밖에 하디스가 기록된 근본적 이유는 크게 두 가지가 있다. 첫째, 이슬람 세계가 확장되어 거대한 제국을 형성하게 되자 신자들은 코란 외에 새로운 환경과 관습을 고려한 새로운 종교적 권위를 필요로 하게 되었다. 이에 당시 신자들로부터 높은 평가를 받고 있던 예언자의 관행이 코란 다음으로 부각된 것이다. 둘째, 위조된 하디스가 생겨나 올바른 하디스를 위협한 것도 하디스가 기록된 주요 이유였다. 사실 위조된 하디스라는 것은 일부 사람들이 자신들의 신학적 견해를 확산할 목적으로 만들어낸 일종의 경건한 사기행위와 같은 것이었다. 당시 하디스는 특권과 이익의 상징이었다. 예언자와 관련하여 어떠한 맥락에서든 조상의 이름이 언급되는 것은 가문의 대단한 명예가 되는 것이기 때문에 하디스가 위조되기도 하였다. 예언자가 사망한 후 여러 당파 사이에서는 치열한 권력투쟁이 일어났다. 권력투쟁의 와중에서 당파적 이익을 위해 날조된 하디스가 등장하기도 하였다. 한편, 이슬람 공동체에 영웅숭배 사상이 팽배해지면서 예언자의 삶을 둘러싼 여러 기적적인 사건이 위조되기도 하였다.[11]

이러한 환경에서 떠돌던 모든 하디스를 수집하여 위조된 하디스를 제거하고 올바른 하디스를 기록하려는 움직임이 생겨났다. 예언자가 사망한 지 100년이 지난 8, 9세기경 우마르 븐 압둘 아지즈('Umar bn 'Abdul 'Aziz) 칼리프 시대에 바크르 븐 무함마드(Bakr bn Muhammad)의 책임하에 모든 하

하디스가 담겨 있다.

10 Salma Saad, 위의 책, pp.11-12.

11 Ram Swarup, *Understanding the Hadith*, p.6.

디스를 수집하라는 명령이 떨어지면서 하디스 기록에 대한 전기가 마련되었다. 사실 예언자는 하디스가 기록될 경우 무슬림들이 코란과 혼돈할 것을 우려했던 것으로 전해진다. 1, 2대 정통 칼리프 아부 바크르와 우마르 역시 하디스의 기록을 탐탁하게 여기지 않았으나 결국 3대 칼리프 우마르 시대에 하디스의 기록이 허용되었다. 그리고 하디스학은 우마이야 시대에 본격화되었고 압바스 시대에 황금기를 맞게 되었다.[12]

하디스의 초기 전언가들과 수집가들은 최초 필사본을 집대성한 교우들이었고 후대의 하디스학 역시 남성들에 의해 주도되었다. 이들은 메디나, 메카, 이라크, 이집트, 시리아 등지를 여행하면서 학자들은 물론 일반인들로부터 올바른 하디스를 수집하였다. 이슬람에서 신의 지식을 구하기 위해 여행을 떠나는 사람은 천국을 준비하는 것으로 인식되었다. 이들은 신앙과 지식이 깊은 법학자들이었다. 예언자가 사망한 지 100년이 지난 후 무함마드 이스마일 알 부카리(Muhammad Isma'il al-Bukhari, 810-870), 무슬림 븐 알 핫자즈(Muslim bn al-Hajjaj, 819-875), 아부 이사 무함마드 알 티르미지('Abu 'Isa Muhammad al-Tirmidhi, 824-892), 아부 다우드 알 시지스타니('Abu Dawud al-Sijistani, 817-888)와 같은 걸출한 하디스 학자들이 등장하여 하디스를 평가하는 작업을 수행하였다.

이들 가운데 부카리는 하디스의 정통성을 파악하기 위한 정교한 규범을 마련한 것으로 유명하다. 그는 하디스 전언가 계보에 언급된 4만여 명 가운데 2천 명만을 정통한 전언가로 받아들였다.[13] 그리고 수집한 약 60만 개의 하디스 가운데 7,275개를 선별하여 『부카리의 정통 하디스』(Sahih al-Bukhari)라는 하디스 모음집으로 집대성하였다. 무슬림 븐 알 핫자즈의 하디스 모음집 『무슬림의 정통 하디스』(Sahih Muslim)는 그가 수집한 30만 개의

---

12 앞의 책, pp.4-5.
13 앞의 책, p.6.

하디스 가운데 9,200개만을 선별한 것이다. 아부 다우드는 수집한 50만 개의 하디스 가운데 4천 800개를『수난』(al-Sunan, 관행)에 실었다. 부카리의 제자였던 아부 이사 알 티르미지는 하디스를 수집하기 위한 긴 여행 끝에『자미으 알 티르미지』(al-Jami' al-Tirmidhi)를 집필하였다. 그 밖에 아흐마드 알 나사이('Ahmad al-Nasa'i)의『수난』(al-Sunan), 이븐 마자(Ibn Majah)의『수난』(al-Sunan)[14]이 수니파 6대 정통 하디스 모음집(al-Sihhah al-Sittah)으로 간주되었다. 1천 개가 넘는 하디스 모음집이 생겨났으나 결국은 다 사라지고 6개의 정통 하디스 모음집만이 살아남았다. 이 가운데서도 부카리와 무슬림의 하디스 모음집이 '두 개의 정통한 것'(al-Sahihayni)이라고 불리며 최고의 하디스 모음집으로 인정받았다.

2) 하디스의 내용과 형식

하디스란 구체적으로 예언자와 관련된 관행, 예언자가 특정한 주제에 관해 이야기한 것, 그가 삼간 것이나 침묵으로 승인을 한 것, 그가 있는 가운데 일어난 사건 등을 의미한다. 그 밖에도 예언자가 판결한 소송이나 결정, 예배나 일상생활과 관련된 모든 행동, 신성이나 천사 혹은 내세 등에 관해 공식적으로 답한 내용 등을 포함한다. 결국 하디스는 예언자가 구현하고자 하는 가족제도 및 개인 간의 관계, 그리고 무슬림 공동체가 가야 할 길을 다루고 있다. 그 밖에도 하디스는 당시의 군사적, 정치적 상황에 대한 기록일 뿐만 아니라 예언자의 전기적 내용까지 포함하고 있다는 점에서 이슬람 초기 역사의 축소판이라 할 수 있다. 하디스는 구체적으로 다음 세 가지 방법에 기초하고 있다. 첫째, 예언자의 구두 가르침으로 예언

---

14 이븐 마자의 하디스 모음집은 올바르지 않은 하디스가 많이 포함된 것으로 비난받았으며 일부 학자들은 그의 저서 대신에 말리크 븐 아나스의『무왓따』(al-Muwatta')를 '6개의 정통한 하디스 모음집'에 포함시키기도 하였다. Salma Saad, 위의 책, p.13.

자는 중요한 사안에 대해 세 번씩 반복해서 말하는 관행을 따랐다. 그리고 교우들이 그 사안을 정확하게 익혔는가를 확인하곤 하였다. 둘째, 왕, 통치자, 부족장 등에게 쓴 다양한 서한을 통한 가르침이 있다. 셋째, 세정의식 우두(wudu'), 예배, 순례, 단식 등을 수행하는 방법을 예언자가 직접 실연함으로써 보여준 가르침이 있다.[15]

하디스가 다루는 주제는 복잡하고 다양하다. 하디스는 우선 유일신 알라, 현세와 내세, 지옥과 천국, 최후심판, 신앙, 예배, 자카트, 단식, 순례 등 종교적 주제에 관한 예언자의 견해를 담고 있다. 또한 하디스는 성전 지하드, 전리품, 범죄와 형벌, 음식과 음료, 의상과 장신구, 사냥과 희생, 시인과 점쟁이, 여성, 노예, 선물, 상속, 혼납금, 몸단장, 세정, 목욕, 꿈, 기독교, 의학, 맹세와 서약, 유증, 그림, 개, 도마뱀, 개미 등에 관한 내용도 포함하고 있다.

예언자의 생전부터 신자들은 그가 즐겨 입는 의상이나 헤어스타일, 목욕이나 세면 방법, 몸단장, 즐겨 먹는 음식, 성관계를 비롯한 부부 관계 등 그의 생활 관습 일체를 모방하려고 노력했다. 이븐 한발(Ibn Hanbal)[16]은 예언자가 생전 수박을 먹었다는 것을 알고 있으면서도 그가 어떻게 수박을 먹었는지에 대해 알지 못한다는 이유로 평생 수박을 먹지 않았던 것으로 전해진다.[17] 그 결과 코란보다는 순나 즉 하디스가 무슬림들의 인식과 관행, 그리고 이슬람법에서 보다 중요한 원천으로 작용하였다.

초기에 교우들은 저마다 암기하거나 기록한 하디스를 간직하고 있었고 이러한 하디스는 다른 사람에게 전승되었다. 이것이 바로 전언가 계보가 생성된 이유이다. 얼마 되지 않아 하디스는 원문 마튼(Matn)과 전언가 계보 이스나드('Isnad)로 구성되었다. 원문 마튼은 예언자가 행동한 것, 말한

---

15 'Abd ar-Rahman I. Doi, 위의 책, pp.78-79.

16 'Ahmad bn Hanbal, 780-855.

17 Ram Swarup, 위의 책, p.4.

것, 혹은 침묵으로 승인한 것에 관한 내용을 담고 있다. 원문 마튼은 해당 원문을 전승한 권위 있는 전언가 계보인 이스나드 뒤에 나온다. 전언가 계보는 가장 최근에 해당 하디스를 전언한 사람으로 시작된다. 그 사람은 믿을 만한 다른 사람으로부터 들어야 하고, 그 사람 또한 좀 더 나이가 많은 또 다른 사람으로부터 들은 것이라야 한다. 이러한 방식으로 원문의 대상이 되는 사람이나 혹은 그것을 처음 이야기한 사람으로까지 거슬러 올라간다. '예언자가 말씀하시길'이라는 표현과 함께 전언가 계보 이스나드가 끝난 후 해당 원문 마튼이 등장한다: "아브단이 우리에게 말하길, 야지드 븐 주라이가 우리에게 전하길, 히샴이 우리에게 말하길, 이븐 시린은 예언자가 다음과 같이 말한 것을 직접 들은 아부 후라이야로부터 듣고 우리에게 전하길 '만약 깜박 잊고 실수로 먹고 마셨다면 단식을 완성해야 한다. 알라만이 그에게 먹고 마실 것을 주시기 때문이라.'" 이렇듯 하디스는 일반적으로 직접 화법으로 되어 있다: "A는 B가 말했다고 하면서 내게 말했다. C는 다음과 같이 말하면서 내게 알렸다. D는 E가 말한 것을 언급했다. 나는 F가 신의 사도에게 묻는 것을 들었다…"

　하디스 모음집의 종류로는 전언가 계보에 처음으로 등장하는 전언가의 이름 순서에 따라 정리한 '무스나드'(Musnad)와 주제별로 정리한 '무산나프'(Musannaf)가 있다. 수니파 무슬림들은 앞서 언급한 6개의 정통 하디스 모음집 '무산나프'를 가장 정통한 것으로 인정하고 있다. 이러한 모음집은 세정, 예배, 금식, 자선, 순례 등의 종교의식과 관련된 종교적 규범을 앞부분에서 다루며 그 다음으로 매입과 매수, 혼인과 이혼, 상속, 복지, 불법행위 등의 사회적 규범 무아말라트를 다루고 있다. 6개의 정통 하디스 모음집은 그 내용이 비슷하지만 완전하게 일치하지는 않는다.

3) 하디스에 대한 평가

(1) 코란과 하디스

하디스는 코란의 전체 메시지를 해석하는 데 중요한 역할을 하였다. 코란이 텍스트를 제공하는 한편, 하디스는 콘텍스트 즉 문맥을 제공한다는 것이다. 사실 코란은 하디스의 도움 없이는 읽기가 어렵다. 모든 코란 구절은 하디스가 제공하는 콘텍스트가 있다. 즉 하디스는 코란 계시에 피와 살을 제공함으로써 계시의 세상적 동기를 보여준다고 할 수 있다. 그 결과 순나, 혹은 하디스는 '숨겨진 계시'(wahy khafi)라는 별명을 얻기도 하였다.[18] 또한 "가장 훌륭한 설교는 유일신 알라의 책에 구현되어 있고, 가장 훌륭한 인도는 예언자 무함마드의 인도이다."라는 하디스도 있다.[19] 무슬림들에게 하디스는 행동으로 구현된 코란, 즉 예언자의 삶을 통해 구체화된 계시로 간주된다. 코란에서 신은 예언자 무함마드를 통해 이야기하지만 순나에서 신은 그를 통해 행동한다는 것이다.

한편, 이맘 샤피이(al-Shafi'i)[20]는 "내게서 나온 것이라 간주되는 것과 알라의 성서와 비교하라. 알라의 성서와 일치하는 것은 내가 말한 것이고 알라의 성서와 일치하지 않는 것은 내가 말한 것이 아니다."라는 하디스를 전하고 있다. "내 말은 알라의 말씀을 폐기하지 못하나 알라의 말씀은 내 말을 폐기한다."라는 하디스도 있다.[21] 코란과 배치되는 하디스를 무시하라는 이러한 예언자의 명령에도 불구하고 많은 이슬람 법학자와 신학자들은 하디스의 중요성을 지나치게 강조하기도 하였다.

하디스의 중요성을 강조한 법학자와 신학자들 가운데는 이맘 샤피이를

---

18 'Abd ar-Rahman I. Doi, 위의 책, pp.74-75.
19 Ram Swarup, 위의 책, p.42.
20 Muhammad bn Idris al-Shafi'i.
21 Mohammad Ali Syed, *The Position of Women in Islam*, p.5.

손꼽을 수 있다. 다양한 코란 구절[22]을 근거로 샤피이는 신의 의지를 예언자의 의지와 동일시하였다. 샤피이에 따르면 두 가지 유형의 계시가 있는데 하나는 신의 말씀 코란이고 또 다른 하나는 예언자의 말씀 하디스라는 것이다. 샤피이는 더 나아가 신이 예언자 무함마드를 계시의 전달자와 해석자로 임명하였다고 주장하였다. 샤피이의 이러한 주장은 다음의 하디스에 근거한다: "나는 알라께서 명령한 어떤 것도 전달하지 않은 적이 없다. 나는 알라께서 금지한 어떤 명령도 전달하지 않은 적이 없다." 그러나 샤피이 역시 하디스가 코란의 내용을 폐기할 수 있다고 주장하지는 않았다.[23]

샤피이는 코란과 관련하여 하디스를 다음 세 가지 유형으로 분류하였다. 첫째, 코란에 나와 있는 텍스트를 예언자가 확인한 코란 관련 하디스, 둘째, 코란의 텍스트가 추상적 언어로 언급한 것을 하디스가 구체적 의미로 이야기한 것, 셋째, 코란이 침묵하고 있는 주제에 관해 언급한 것이 그것이다. 이슬람 법학자들은 앞의 두 가지 유형에 대해 동의하고 있다. 예컨대 코란에 나와 있는 예배의 의무에 대해 하디스가 예배의 방법을 상세하게 언급하는 식이다.[24] 그러나 일부 학자들은 세 번째 유형, 즉 코란에 언급되어 있지 않은 문제를 예언자가 판단하였다는 데에는 동의하고 있지 않다.

샤피이의 견해를 일반화시켜 일부 법학자들은 코란이 하디스를 폐기할 수 있듯이 예언자의 하디스도 신의 계시의 일종이므로 코란의 내용을 폐기할 수 있다는 견해를 제시하였다. 이들은 "나는 계시를 받았으며 계시와 동등한 하디스도 받았다."라는 거짓 하디스를 인용하기도 하였다. 이븐 카시

---

22 "내 스스로 그것을 바꿀 것이 없다고 말하라 나는 계시된 것만을 따를 뿐이라 내가 주님을 거역하여 그 날의 벌을 받을까 두렵도다"(코란 10장 15절) "너희들의 친구(예언자 무함마드)는 길을 잃고 방황하지도 유혹받지도 않았으니 그는 자기가 원하는 대로 말하지 않으며 그것은 오직 그에게 내려진 계시니라"(코란 53장 2-4절)

23 Mohammad Ali Syed, 위의 책, pp.6-7.

24 앞의 책, p.7.

르[25]는 "순나는 코란보다 우위를 차지하나 코란은 순나보다 우위를 차지하지 않는다."라는 극단적인 주장을 펴기도 하였다.[26]

이렇듯 코란과 하디스는 상호 밀접한 연관관계를 맺고 있으며 이에 대한 평가도 학자들마다 분분하다. 그러나 이슬람에서 코란이 가장 중요한 경전이라는 데에는 의심의 여지가 없다. 하디스의 중요성을 주장하는 학자들조차도 하디스가 코란의 내용을 폐기할 수 있다는 데에는 동의하지 않는다. 다만 코란의 내용이 무슬림들의 일상생활을 인도하는 데 한계가 있기 때문에 무슬림들의 인식과 관행 속에 그리고 후에 발달한 이슬람법에서 코란과 더불어 하디스가 중요한 원천으로 작용한 것은 사실이다.

(2) 하디스 비평

역사적으로 하디스의 중요성이 부각되자 신학자들과 무으타질라파는 하디스가 코란의 수준에서 논의될 것을 우려한 나머지 하디스를 거부하는 운동을 벌이기도 하였다. 후에 골드치어(Goldziher)를 위시한 서구 이슬람 학자들도 하디스 전체를 거부하는 비평적 관점을 견지하였다. 하디스와 순나는 예언자 사후 100년이 지나서야 기록되었고 예언자에 관해 언급한 대부분의 하디스도 동시대 사람들이 아닌 후대의 계승자들에 의한 것이므로 신뢰할 수 없다는 것이다.[27] 사실 가장 정통한 것으로 인정받고 있는 부카리와 무슬림 븐 알 핫자즈의 정통 하디스 모음집에서조차 상호 모순되는 전승이 많으며, 특히 여성의 사회적 지위나 권리와 관련하여 상식에서 벗어나는 예외적인 하디스가 존재하는 것이 사실이다. 일부 하디스가 시간이 지남에 따라 변형되거나 왜곡되었다는 사실은 이슬람의 양대 종파 수니파와 시아파가 다른 형태의 하디스 모음집을 가지고 있다는

---

25 영향력 있는 하디스 학자이자 법학자, 코란 주석가, 역사가이다.

26 Mohammad Ali Syed, 위의 책, p.7.

27 Salma Saad, 위의 책, p.18.

사실에서도 잘 드러난다.

거짓 하디스의 문제는 역사적으로 전 시기에 걸쳐 무슬림 법학자와 신학자들의 주의를 필요로 하였다. 하디스 학자들은 올바른 하디스의 선별을 위해 다양한 방법을 사용하였다. 그리고 올바른 하디스 선별 작업을 위해 전언가 계보 이스나드와 원문 마튼과 관련한 하디스 비평이 생겨났다. 이스나드의 비평 원칙으로는 모든 전승이 끊이지 않는 전언가 계보를 통해 원래 전언가까지 거슬러 올라가야 한다는 점이다. 또한 전언가들은 훌륭한 성품을 지닌 성실한 사람이어야 하며 좋은 기억력과 높은 지성과 심성을 지닌 자들이어야 한다는 조건이 있다.

마튼, 즉 하디스의 원문과 관련해서 원문은 코란 텍스트나 코란의 가르침 혹은 이슬람에서 기본적으로 합의된 원칙에 배치되어는 안 된다는 것이 대전제였다. 또한 하디스의 원문은 이성이나 자연법, 혹은 상식에 어긋나서는 안 되며, 이미 권위를 인정받은 다른 하디스와 배치되어서도 안 된다. 예언자의 위상에 관해 이슬람의 신앙과 맥을 같이하지 않는 내용을 담고 있거나 혹은 예언자가 말했을 것으로 여겨지지 않는 부적절한 표현을 담고 있는 하디스의 원문 역시 의심스러운 것으로 간주되었다.[28]

하디스 학자들은 전언가 계보가 완벽한지, 텍스트에 숨겨진 결함은 없는지, 교우와 계승자들, 계승자들의 계승자들(Tabi'u al-Tabi'ina)에 의해 인정되는지 여부에 따라 모든 하디스를 세 가지 등급으로 분류하였다. 첫째, 다양한 검증 끝에 정통한 것으로 선언된 '정통한'(Sahih) 하디스, 둘째, 정통한 하디스에는 미치지 못하지만 올바른 전승으로 인정된 '좋은'(Hasan) 하디스, 셋째, 크게 신뢰할 수 없는 '약한' 하디스가 바로 그것이다.

하디스 비평 기준에 따라 이븐 알 자우지(Ibn al-Zawji)는 심지어 부카리와 무슬림의 하디스 모음집에도 위조된 하디스가 담겨 있다고 비평하였

---

28 'Abd ar-Rahman I. Doi, 위의 책, pp. 86–88.

다. 헤지라 4세기 하디스 수집가 다르꾸투니(Darqutuni)는 '두 개의 정통 하디스 모음집'에 포함되어 있는 하디스 가운데 약 200개의 '약한' 하디스를 언급하기도 하였다. 부카리는 무슬림을 비난하였고 무슬림 역시 부카리를 표절자, 혹은 하디스를 모독한 사람이라고 비난하였다는 점은 매우 흥미롭다. 부카리는 무슬림이 인용하지 않은 434명의 전언가들을 인정한 반면, 무슬림은 부카리가 인정하지 않은 635명의 전언가들의 전언을 인용하고 있다. 부카리는 전언가 계보에서 무슬림보다 엄격한 비평 규칙을 적용한 것으로 알려져 있다. 예컨대 부카리는 전언가 계보에 연속적으로 언급되는 두 전언가가 반드시 서로 만난 적이 있어야 한다고 보는 반면, 무슬림은 그 두 전언가가 동시대인이거나 만났을 가능성에 대한 증거가 있는 것만으로 충분하다고 보았다.[29]

이맘 말리크(Malik)[30]는 하디스 전언가가 일상에서 거짓말에 연루되어 있다거나 혹은 해당 문제를 전할 수 있는 자격이 없으면서 전달했을 경우 이들의 전승을 받아들이지 않았다. 아부 자흐라('Abu Zahra) 역시 개인이나 집단의 명분을 위해 예언자의 입을 통해 거짓말하는 사람들이 많다고 보고 이들을 세 부류로 분류하였다. 첫째, 물질적, 이념적 이익을 위해 예언자가 말하지 않은 것을 말했다고 전언하는 사람들, 둘째, 하디스 원문은 그대로 둔 채 전언가 계보를 위조한 사람들, 셋째, 자신들이 듣도 보도 못한 사람들을 만났다거나 혹은 그들로부터 하디스를 들었다고 주장하는 사람들이다. 한편, 이븐 하자르(Ibn Hajar)는 하디스가 코란이나 이미 인정받은 정통한 하디스, 혹은 이슬람 사회에서 합의된 견해나 상식에 배치될 경우 인정할 수 없다는 입장을 취했다. 근대 개혁주의자 무함마드 알리(Muhammad 'Ali) 역시 부카리를 포함한 모든 하디스 학자들의 모음집이 무결하다고 볼 수 없다는

---

29 Mohammad Ali Syed, 위의 책, p.8.
30 말리크 븐 아나스.

입장을 보였다. 여성 이슬람학자 파띠마 메르니시 역시 전언가 계보 이스나드에 있는 전언가들의 기억력이나 신뢰성에 의심을 하면서 소위 정통 하디스라 불리는 6개의 모음집도 엄격한 검증이 필요하다고 주장하였다.[31]

2. 하디스와 여성[32]

하디스의 진위에 대한 논란은 하디스학의 핵심을 이루고 있으며 여성관련 하디스의 진위에 대한 논란 역시 예외일 수 없었다. 하디스가 집대성될 당시 각 하디스에 대한 평가 및 선별작업이 이루어지기는 하였지만 앞서 언급한 대로 정통 하디스 모음집에서조차 신뢰할 수 없는 여러 하디스가 존재하는 것이 사실이다. 특히 하디스의 수집과 기록이 최종적으로 남성들에 의해 이루어지면서 하디스에는 코란의 정신에 위배되는 반여성적인 내용이 담기기도 하였다. 이에 본장에서는 하디스에 기록된 여성에 대한 부정적인 시각과 그에 대한 평가를 시도하고, 무슬림 여성의 본보기로 간주되는 예언자의 부인들이 하디스 속에 어떻게 등장하는가를 살펴보고자 한다.

1) 반여성적인 하디스와 그 평가

코란의 여러 구절이 여성과 관련하여 많은 논란을 불러일으킨 것처럼

---

31 Mohammad Ali Syed, 위의 책, pp.9-12.

32 본 연구의 기초자료인 하디스 모음집은 인터넷 사이트 http://sunnah.com를 참고하였음을 밝혀둔다. 이 사이트는 6대 정통 하디스 모음집인 부카리, 무슬림, 나사이, 아부 다우드, 티르미지, 이븐 마자의 하디스 모음집뿐만 아니라 『40개의 예언자의 하디스』(40 Hadith Nawawi), 『리야드 알 살리히나』(Riyad al-Salihina), 『알 아답 알 무프라드』(al-'Adab al-Mufrad) 등의 하디스 모음집 전문을 아랍어와 영어로 제공하고 있다. 또한 이 사이트는 주제어, 어휘, 문장 등을 통한 '검색' 기능을 제공하고 있어 이를 통해 다양한 하디스 모음집에서 특정한 주제가 어떻게 다루어지는지를 손쉽게 검색할 수 있다.

하디스 모음집에도 여성에게 적대적인, 그리고 어떤 경우 코란의 기본 정신에 위배되는 여러 하디스가 담겨 있어 논란의 대상이 되었다. 이슬람 중기 동안 여성들은 공적 영역으로부터 완전히 소외되어 하디스학과 이슬람 법학, 신학 등은 남성들의 전유물이 되었다. 즉 하디스의 수집과 최종적인 기록은 남성들의 손에 달려 있었기 때문에 더군다나 하디스가 남성중심사상이 팽배하였던 9세기에 마무리되었다는 점에서 하디스 모음집에는 여성에게 적대적인 내용이 많이 포함될 수밖에 없었다. 특히 일부 신뢰할 수 없는 예언자의 하디스는 여성의 권리를 제한하기 위한 목적으로 혹은 남성의 우월성을 강조하기 위한 목적으로 악용되었다. 이렇듯 여성에게 편협적인 하디스를 살펴보면 아래와 같다:

- 지옥 주민의 다수는 여성이다

지옥 주민의 다수가 여성이라는 하디스는 부카리의 모음집과 무슬림의 모음집, 그리고 티르미지의 모음집에서도 다수 발견된다. 많은 경우 비슷한 내용이 반복적으로 등장하는데 그 대표적인 것을 살펴보면 아래와 같다:

"내가 천국을 보니 대다수의 주민이 가난한 자들인 것을 보았노라. 내가 지옥을 보니 대다수의 주민이 여자들인 것을 보았노라."(B5198)[33]

"천국에서 사는 사람들 가운데 여자는 소수를 형성할 것이다."(M6600)[34]

우선 여성이 지옥 주민의 다수를 이루고 있다는 위의 하디스는 코란의

---

33 'B'는 부카리의 하디스 모음집을 의미한다.
34 'M'은 무슬림의 하디스 모음집을 의미한다.

가르침 혹은 이슬람에서 기본적으로 합의된 원칙과 배치되어서는 안 된다는 하디스 비평 원칙에 따라 정통한 하디스로 인정하기 어렵다. 코란은 여러 구절[35]에서 남녀 신도들 모두에게 동등한 행위에 대한 동등한 보상을 약속하고 있기 때문이다. 다음 하디스로 미루어 이러한 유형의 하디스는 종종 남편을 저주하고 남편에게 감사할 줄 모르는 이성과 신앙심이 부족한 여성들을 훈계할 목적으로 예언자가 말했던 것으로 해석할 수 있다:

"'여자들이여, 자선을 하고 많은 용서를 구하시오. 내가 지옥 주민들 가운데 다수인 당신들을 보았기 때문이오.' 그들 가운데 한 현명한 여성이 말했다. '알라의 사도시여, 우리가 왜 지옥의 다수가 된 겁니까?' 이에 예언자가 계속해서 말하길 '당신들은 저주를 너무 많이 하고 남편에게 감사할 줄도 모르기 때문이오. 난 당신들(여성들)을 제외하고는 그렇게 이성이 부족하고 신앙심이 없으며 (동시에) 현자의 지혜를 훔치는 자를 보지 못했소. 당신들은 때로 밤(그리고 낮)에 예배도 드리지 않으며 라마단 달에는 단식도 준수하지 않고 있소. 그것은 바로 신앙심이 부족하기 때문이오.'"(M142)

이 하디스가 신뢰할 만한 인물인 압둘라 븐 우마르에 의해 전달되었다 할지라도 그리고 부카리의 정통 하디스 모음집에 담겨 있다 할지라도 정통 하디스에서 배제시켜야 한다는 것이 무슬림 학자들의 중론이다.[36] 부카리 스스로도 자신의 하디스 모음집에 오류가 없다고 주장하지는 않았다. 부카리는 원문 마튼의 신빙성은 떨어지나 전승가 계보 이스나드에 결함이 없다는 이유로 정통한 하디스로 인정할 수 없는 다수의 하디스를 그

---

35 코란 33장 35절, 16장 97절, 40장 40절 참조.
36 Mohammad Ali Syed, 위의 책, p.22.

의 모음집에 포함시켰다.

• 여자는 흉조이다

여자는 말과 거주지와 더불어 흉조가 된다는 하디스는 부카리, 무슬림, 나사이의 정통 하디스 모음집에 여러 차례 등장한다. 그러한 하디스는 주로 압둘라 븐 우마르, 사흘 븐 사으드(Sahl bn Sa'd), 자비르(Jabir)에 의해 전승되었다. 그 대표적인 하디스는 아래와 같다:

"흉조가 될 수 있는 세 가지 것이 있으니 그것은 여자와 말과 거주지이니라.""(B2858)

"어떤 것에 악운이 있다면 그것은 말과 거주지와 여자이니라."(M5528, M5529)

아이샤는 이 하디스를 예언자가 전했다는 것을 부인하였다. 예언자가 자힐리야 시대의 사람들이 그러한 미신에 사로잡혀 있었다고 이야기하는 가운데 이 하디스가 와전된 것이라고 아이샤는 주장하였다. 아흐마드 븐 한발은 아내가 아이를 가질 수 없거나 혹은 부정한 짓을 하거나 혹은 공격적일 경우 남자는 아내와 이혼할 수 있는 방법이 있다고 언급하였다. 또한 나쁜 이웃을 두거나 집이 좁을 경우 집을 옮길 수 있으며 말도 마음에 들지 않을 경우 팔아치울 수 있다고 언급하면서 이러한 믿음은 미신에 불과하다고 주장하였다. 덧붙여 아흐마드 븐 한발은 "조건 없이 천국에 들어가는 무슬림들은 미신에 사로잡혀 있지 않은 자, 남의 소문을 떠벌이지 않는 자, 도둑질하지 않는 자이니라"라는 또 다른 하디스를 전하고 있다.[37]

---

37 앞의 책, p.22.

부카리는 이 하디스를 자신의 정통 하디스 모음집에 포함시키면서 이 하디스에 대한 논박이나 혹은 이와 모순되는 이형(異形)을 제공하지 않았다. 하디스에 담긴 특정한 주제에 관해 신도들이 충분한 정보를 얻어 입장을 취할 수 있도록 하나 혹은 그 이상의 이형을 제공하는 것이 일반적인 원칙이라는 점에서 이 하디스가 위조되었을 가능성이 있다는 것이다.[38]

한편, 위의 하디스는 "예언자에게 여성 다음으로 소중한 것은 말 외에는 없느니라."(N3941)[39]라는 하디스와 그 의미가 상충된다는 점에서 올바른 하디스로 인정하기 어렵다. 의미가 상충되는 또 다른 하디스가 존재할 때 해당 하디스를 정통한 것으로 인정할 수 없다는 것이 정통 하디스의 일반적인 비평 기준이기 때문이다.

• 여성은 피트나(유혹, 무질서, 내란)이다

여성이 '피트나'를 가져온다는 것은 이슬람 중기 종교문헌뿐만 아니라 '천일야화'와 같은 문학작품 속에도 예외 없이 등장한다. 이 시기에 집대성된 하디스 모음집도 예외는 아니어서 여성을 피트나의 주체로 보는 시각이 담겨 있다:

"난 남자들에게 여자보다 더 해로운 불행의 씨앗을 남겨두지 않았다."
(B5096)

"그러니 여자의 유혹을 피하라. 진실로 이스라엘 사람들의 첫 번째 시련은 여자로 인한 것이었노라."(M6606)

---

38 앞의 책, p.23.
39 'N'은 나사이의 『수난』을 의미한다.

"지옥 주민 가운데는 두 종류가 있는데 그 하나는 황소 꼬리와 같은 채찍을 가지고 사람들을 채찍질하는 사람과 옷을 입었음에도 불구하고 벗고 있는 듯한 여성들이다. 그들은 (잘못된 길로) 미혹되어 낙타의 등처럼 머리카락을 높게 올려 다른 사람들을 유혹하느니라. 이러한 여성들은 천국에 들어가지 못하며 아주 멀리까지 퍼지는 천국의 향기를 맡지 못할 것이니라." (M6840)

여성이 남성을 미혹할 수 있다는 이러한 하디스에는 남녀 차별이 노골적으로 드러나 있다. 이 하디스 역시 남편이 아내에게서 안락과 마음의 평안을 얻는다는 코란의 정신에 위배되는 것으로 정통 하디스 비평 기준에서 벗어나 있다:

"알라께서 너희를 한 영혼에서 창조하시고 그로부터 너희 배우자를 두어 함께 거주하게 하시니…"(코란 7장 189절)

"알라께서 너희 자신들로부터 너희들을 위해 배우자를 창조하셨고 함께 거주하게 하시니…"(코란 30장 21절)

이러한 유형의 하디스는 위와 같은 구절을 담고 있는 코란의 정신에 위배될 뿐만 아니라 전승가 계보 이스나드에서도 기억력과 신뢰도에 문제가 있는 것으로 평가받고 있다.[40]

9세기 이슬람 문헌에서는 여성을 종종 '유혹, 무질서, 내란'을 의미하는 피트나로 묘사하고 있다. 9세기 이슬람 사회는 정치적으로 안정되어 중앙집권이 강화됨으로써 가부장제 역시 강화되었던 시기였다. 또한 이 시기

---

40 Mohammad Ali Syed, 위의 책, p.23.

는 타 문화로부터 여성혐오적인 시각이 유입된 시기이기도 하다. 따라서 이 시기에 집대성된 정통 하디스에도 이러한 시각이 스며든 것은 자연스런 결과라 할 수 있다. 역사적으로 예언자의 부인 아이샤가 이슬람 세계에서 일어났던 최초의 내란 '낙타전투'[41]를 일으킨 것은 이러한 시각을 확고히 하는 데 일조한 것으로 보인다.

• 여자의 존재는 예배를 방해한다

예배를 드리기 위해 예배방향 끼블라(Qiblah)를 향했는데 그 앞에 개나 당나귀, 여자가 지나갈 경우에 이미 드린 예배가 취소된다는 하디스는 이슬람 세계에서 혐오의 대상으로 알려져 있는 개와 당나귀의 지위로 여성의 위상을 떨어트리는 결과를 가져왔다.

"여자와 당나귀와 개는 예배를 방해한다. 그러나 안장의 뒤쪽과 같은 것은 이들로부터 예배를 보호한다."(M1034)

"너희 가운데 누군가 예배를 하려고 서 있는데 낙타 안장 뒤쪽과 같이 높은 물체가 앞에 있다면 그 예배는 보호된다. 그러나 그 앞에 낙타 안장 뒤쪽과 같은 높은 물체가 없다면 그 예배는 여자와 당나귀, 검은색 개에 의해 무효가 된다.(N750)

이 의심 가는 하디스를 듣고 아이샤는 여성들이 개나 당나귀와 비교되는 것에 불쾌해 하면서 자신이 예배방향으로 누워 있는 가운데 예언자가 예배를 드리곤 했다고 언급하였다. 예배방향으로는 다른 물체가 무한정으

---

41 예언자의 부인 아이샤가 칼리프 알리에 대항하여 낙타전투를 일으킴으로써 이슬람 세계는 내분에 빠졌다. 이슬람 중기의 문헌, 특히 시아파 문헌은 아이샤의 낙타전투 참여를 이슬람 교리에 대한 도전으로 기록하고 있다.

로 개입될 수 있다는 점에서 이 하디스는 정통한 것으로 인정하기 어렵다. 부카리는 자신의 모음집에서 아이샤가 논평한 것을 인용한 까심(al-Qasim)의 전언을 언급하였다:

"까심은 아이샤가 다음과 같이 말한 것을 전했다. 아이샤가 말하길, '당신들이 우리(여자)를 개나 당나귀와 동등하게 다루는 것은 언짢소. 내가 예언자와 예배방향 사이에 누워 있는 동안에도 예언자가 예배드리는 것을 확실하게 보았소. 그가 예배 도중 엎드리는 자세를 취할 때 내 발을 밀곤 하였고 난 발을 오므리곤 하였소.'"(B519)

예언자가 예배를 드리는 가운데 그 앞에 개와 당나귀와 여자가 지나갔으나 개의치 않고 예배를 인도하였다는 다음의 하디스는 앞의 하디스와 정면으로 배치된다:

"나는 바뜨하에서 예언자를 보았다. 빌랄(Bilal)[42]이 세정을 하고 난 후 남은 물을 가져오자 사람들이 그에게 몰려갔다. 나도 그것을 조금 얻은 후 창을 땅에 꽂았다. 그러자 예언자는 앞에 당나귀, 개, 여자가 지나가는 가운데 사람들의 예배를 인도하였다.(N137)

심지어 예언자는 월경을 하고 있는 아내가 메카 방향으로 옆에 누워 있는 가운데서도 예배를 근행하였다는 하디스도 전해진다:

"내가 월경을 하는 동안 보통 그의 곁에서 잠을 자고 있는 가운데 예언자는 예배를 드리곤 하였다. 엎드리는 동작을 하면서 그의 옷깃이 나를 스

---

42 예언자의 종.

치곤 하였다."(B518)**⁴³**

이러한 유형의 하디스는 마치 여성의 사회적 활동에 제약을 보내고 있는 듯하다. 그러나 예언자는 처녀들과 월경하는 여성들이 히잡을 착용할 경우 종교 축제일에 외출하는 것도 허용하였다. 단 월경하는 여성은 예배 장소 가까이 가지 말라는 조건을 달았을 뿐이다:

"하프사가 덧붙였다. 움무 아따야가 도착하자 그에게 물었다. '당신은 그런 일에 관해 들어본 적이 있나요?' 움무 아따야는 경건하게 대답했다. '그래요. 내외를 하는 사춘기 소녀들과 나이든 처녀들과 월경하는 여성들이 종교 축제에 참석하는 것을 예언자께서 허락하셨어요. 그러나 예언자께서는 월경하는 여성들이 예배장소 가까이 가는 것을 금지하셨어요."(B324)

순례 중인 여성이 월경을 할 때 카바 돌기를 제외한 모든 의식을 수행할 수 있다는 아래의 하디스는 여성에게 사회적, 종교적 영역의 참여를 허용한다는 점에서 앞서 언급된 하디스의 정통성을 약화시키는 또 다른 증거가 될 수 있다:

"아이샤가 말했다. 우리 모두는 순례를 하기 위해 메카로 향했다. 그곳에 도착하기 전 난 월경을 시작했다. 내가 울고 있을 때 예언자가 다가와 물었다. '무슨 일이냐?' '월경을 해요.'라고 대답하자 예언자가 말했다. '그것은 알라께서 아담의 딸들에게 명한 것이니라. 머리를 풀고 빗질을 해라. 그리고 순례자들이 보통 행하는 모든 의식을 수행해라. 다만 네가 깨끗해질 때까지 카바 돌기는 하지 마라.' 아이샤가 말했다. '그리고 예언

---

43 예언자의 부인 마이무나(Maymunah)의 전승.

자께서는 아내들을 대신하여 암소를 희생하셨습니다.'"(B305)

• 여성은 지도자가 되어서는 안 된다

아부 바크라('Abu Bakrah)가 전한 아래의 하디스는 여성이 국가 지도자가 될 경우 그 민족은 멸망한다는 내용을 담은 것으로 여성의 정치참여를 막기 위한 종교적 근거로 폭넓게 인용되어 왔다:

"아부 바크라가 말하길, 예언자 무함마드에게 들었던 것이 낙타전투의 날에 내게 도움이 되었다. 예언자 무함마드는 페르시아 사람들이 키스라 (페르시아 왕)의 딸을 왕위에 앉혔다는 소식을 듣고 말했다. '여자에게 자기 일을 맡기는 민족은 흥하지 못하리라.'"(B9077)

"키스라가 멸망하자 예언자가 말했다. '그들은 누구를 지도자로 앉혔소?' 그들이 말했다. '그의 딸입니다.' 그러자 예언자가 말했다. '자기 일을 여자에게 맡기는 민족은 결코 흥하지 못하니라."(T2431)[44]

여성의 정치참여에 반대하는 사람들은 예언자가 이 하디스를 통해 무슬림들에게 여성을 지도자로 앉혀 멸망을 자초한 페르시아인들의 예를 따르지 말도록 충고하였다고 주장한다. 그러나 이 하디스는 특별한 경우, 즉 예언자 시대 페르시아 제국의 상황을 다루고 있다는 점을 고려할 필요가 있다. 이 하디스는 예언자가 페르시아 제국의 운명을 예언한 것 이상의 의미를 가지지 않기 때문에 이것을 모든 시대의 모든 여성들에게 일반화시킬 수 없다는 것이 이슬람 페미니스트들의 주장이다.[45]

44 'T'는 티르미지의 『자미으 알 티르미지』를 의미한다.
45 Haifaa A. Jawad, 위의 책, p.92.

또한 이 하디스는 코란의 내용과 모순된 것으로 인정하기 어려운 부분이 있다. 코란 속에는 고매한 식견과 지혜로 백성들을 통치하여 국가를 번영시킨 사바의 빌끼스(Bilqis) 여왕이 높이 평가되고 있다:

"저는 한 여성[46]이 그들(백성)을 지배하는 것을 보았는데 그에게는 모든 것이 주어졌고 위대한 옥좌도 있었습니다 저는 그와 그의 백성이 알라가 아닌 태양을 숭배한다는 것을 알았습니다 사탄이 자기 일을 그럴듯하게 보이게 하여 그들을 올바른 길로부터 차단하였고 그 결과 그들은 인도받지 못하고 있습니다"(코란 27장 23-24절)

여기서 이 여성에게 잘못된 것은 여자로서 나라를 다스린 데 있는 것이 아니라 바로 잘못된 신앙에 있었다. 이 지혜로운 여인은 후에 솔로몬을 만나 자신의 죄를 뉘우치고 백성들과 함께 이슬람에 귀의하였다는 것이 코란의 내용이다.[47]

이 하디스의 위조 가능성과 관련하여 우마르 아흐마드 우스마니('Umar 'Ahmad 'Usmani)는 이 하디스가 낙타전투 이전에는 존재하지 않았다는 점을 지적하였다. 이 하디스를 전한 아부 바크라는 아이샤가 알리에 대항하는 낙타전투가 시작되었을 때에야 비로소 이 하디스를 기억해냈다. 즉 아부 바크라가 이 하디스를 일찍이 기억하지 못했다는 사실은 낙타전투의 맥락에서 이 하디스가 위조되었을 가능성이 있다는 의미이다.[48]

• 여성은 이성이 부족한 인격체이다

여성이 남성에 비해 이성이 부족한 인격체라는 다음의 하디스는 오늘

---

46 사바의 빌끼스 여왕을 가리킴.
47 코란 27장 44절.
48 Asghar Ali Engineer, *The Rights of Women in Islam*, p.77.

날까지 일부 이슬람 국가에서 여성이 특정한 분야에서 활동할 수 없도록 만든 원인이 되었다:

> "'난 당신들(여성들)보다 이성과 신앙심에서 더 부족한 사람을 본 적이 없소. 신중하고 예민한 남자가 일부 당신들로 인해 방황하게 될 수 있소.' 여자가 물었다. '알라의 사도시여, 우리가 이성과 신앙심에서 부족한 것이 무엇입니까?' 그가 말했다. '한 명의 남자 증인이 두 명의 여성 증인에 해당되는 것이 그 증거가 아니겠느냐?' 그들이 긍정을 하자 예언자가 말했다. '그것이 바로 여성의 이성이 부족한 증거이니라. 여성은 월경을 하는 중에 예배나 단식도 하지 않는 것이 사실이 아니냐?' 여자가 그렇다고 대답했다. 예언자가 말했다. '그것이 바로 신앙심이 부족한 증거이니라.'"(B304)

여성은 이성이 부족하여 남성과 똑같은 몫의 증인이 되지 못한다고 한 하디스는 코란 2장 282절에 근거하고 있다. 그러나 코란 구절에서의 증인은 채무계약과 같은 재정문제와 관련된 경우에만 해당된다. 사실 이 코란 구절은 특정한 상황에서 남성들이 증언할 수 없을 경우 그 대안으로 두 명의 평범한 여성[49]을 남성 한 명과 같이 인정하라는 의미이다. 따라서 이 구절을 근거로 여성이 남성보다 덜 이성적이라는 하디스는 여성 고유의 능력을 부인한다는 점에서 정통한 것으로 받아들이기 어렵다.[50]

일부는 이 하디스가 위조된 것이거나 약한 하디스라고 주장하였다. 사실 이 하디스는 상식에 어긋날 뿐만 아니라 코란의 메시지와도 일치하지 않기 때문이다. 이 하디스는 칼리프 알리가 말한 것을 이븐 아사키르(Ibn 'Asakir)가 전한 다음 하디스와도 배치된다:

---

49 재정문제에 관해 경험이 없는, 혹은 월경이나 출산 후에 일시적인 불안감을 겪을 수 있는 여성을 의미한다.

50 조희선, 위의 책, p.187.

"여성을 존중하는 사람은 스스로 존중받는 자이고, 여성을 모욕하는 사
람은 스스로 비천한 자이다."[51]

아울러 이 하디스는 이슬람 역사에서 여성들이 종교적, 이성적 분야에
서 주도적인 역할을 수행했다는 여러 기록과도 상치된다. 예언자의 첫 부
인 카디자(Khadijah)는 예언자적 임무를 믿고 따른 첫 무슬림 신도였으며,
하프사(Hafsah)는 아부 바크르의 명령에 따라 만들어진 코란의 첫 번째 필
사본을 간직한 여성이었다. 또한 아이샤는 코란 주석가이자 하디스 전승
가로 예언자가 "내가 받은 계시에 대한 지식의 반은 모든 교우들에게서
얻고 나머지 반은 아이샤에게 취하라"라고 말했을 정도로 이슬람 역사에
서 중요한 인물이었다.

이렇듯 여러 하디스 모음집에는 코란의 메시지나 역사적 사실, 혹은 상
식에서 벗어나는 여성 관련 하디스가 담겨 있는 것이 사실이다. 이러한 하
디스 가운데 일부는 위조된 사실이 밝혀지기도 하였으나 그 진위와 관계
없이 여러 하디스 모음집에 실리면서 여성에 대한 부정적인 시각을 낳는
데 일조하였다. 하디스가 집대성되었을 당시 남성 중심적인 사회적 시각
은 이러한 하디스의 확산을 도왔다. 또한 이러한 반여성적인 내용을 담은
하디스는 후에 이슬람법에서 여성의 지위가 낮게 자리매김 되는 데 일조
하였다.

2) 하디스에 나타난 '신자들의 어머니'

예언자 부인들의 지위나 중요성은 예언자의 것과는 비견될 수 없다. 그
러나 예언자 부인들에 대해 코란이 설정해 놓은 특별한 지위나 예언자의

---

[51] Asghar Ali Engineer, 위의 책, p.80.

임무를 돕는 조력자로서의 역할, 그리고 일상생활의 세세한 부분까지 예언자와 함께하였다는 사실은 이들을 생전에서조차 공동체의 다른 여성들보다 높게 자리매김 되도록 만들었다.

하디스는 여러 가지 독특한 방법으로 예언자의 부인들을 조명하고 있다. 그것은 바로 예언자의 부인들이 상호 모순되는 다양한 성품을 가진 인물로 등장한다는 의미이다. 부인들은 올바른 성품의 완벽한 예로 등장하는가 하면, 비이성, 탐욕, 반항의 전형으로 등장하기도 한다. 하디스에 등장하는 다양한 이미지의 예언자의 부인들은 기능적인 구심점의 역할을 한다. 즉 중세 이슬람 학자에 의해 기록되고 전승된 이미지는 일반 여성에게 부과할 필요성이 있는 패러다임인 동시에 여성의 본성에 대한 성서적 정당화이기도 하다. 예언자 부인들에게 가해진 규제와 관련된 코란의 계시는 모든 무슬림 여성들에게 적용되는 한편, 코란의 계시가 바로잡고자 하였던 예언자 부인들의 인간적인 약점은 보통 여성들의 일반적인 약점으로 부각되었다.[52]

그 결과 하디스에는 이러한 예언자의 부인들에 대한 '칭송일색'의 이야기뿐만 아니라 질투와 시기, 욕심, 음모에 사로잡힌 '보통' 여성의 모습도 그려져 있다. 인간적인 약점에 사로잡힌 예언자의 부인들은 여성의 본성에 대한 당대 사람들의 시각을 반영할 뿐만 아니라 예언자의 부인들을 둘러싼 정치적, 사회적 배경을 내포하고 있다. 그러나 결국 시간이 지남에 따라 무슬림들의 정서는 예언자 가문의 여성들을 본받아야 할 모델로 바라보기에 이르렀다. 본장에서는 무슬림 여성의 본보기로 간주되는 예언자의 부인들이 하디스 속에 어떻게 그려지고 있는가를 살펴보고자 한다.

---

52 Barbara Freyer Stowasser, 위의 책, p.106.

(1) 보통 여성으로서의 예언자의 부인들

하디스에서 예언자의 가솔에 대한 많은 서술들은 예언자 부인들의 질투, 정치적 음모 등에 관한 상세한 내용을 담고 있다. 이러한 보고들은 예언자의 부인들을 옹졸하고, 욕심 많고, 뒤통수 치고, 예언자의 관심에 목말라하는 인물로 소개한다. 이러한 꼴사나운 행동은 부인들에 대한 예언자의 불편부당함을 둘러싼 많은 하디스에서 보다 분명하게 드러난다.

아이샤는 예언자의 첫 부인 카디자가 사망하였음에도 불구하고 그에 대한 심한 질투를 했던 것으로 알려져 있다. 그 결과 카디자에 대한 아이샤의 질투를 담은 많은 하디스가 등장한다:

"예언자와 혼인하기 오래전에 죽었던 카디자에게 그랬던 만큼 난 다른 부인들을 질투하지 않았다…"(B3118)

"카디자의 자매 할라 빈트 쿠와일리드(Hala bint Khuwaylid)가 예언자의 집에 들어갈 것을 요청하였다. 이러한 행동은 예언자에게 카디자를 떠올리게 하였다. 이 일이 예언자를 감동시키자 예언자는 '오, 할라!'라고 소리쳤다. 난 질투가 나서 예언자에게 물었다. '무엇이 당신으로 하여금 꾸라이쉬 부족 출신의 가장 나이 든, 그리고 오래전에 이미 죽은 이빨 빠진 노파를 생각나게 하는 겁니까?! 알라께서 그 자리를 더 좋은 것으로 채워주셨음에도 불구하고!'"(B3821)

사실 예언자는 아내들을 공평하게 다루는 데 세심하게 신경을 썼던 것으로 전해진다. 그는 보통 오후 예배를 끝내고 부인들의 방을 하루에 한 번씩 방문하였다. 각 부인은 정해진 기간 동안 예언자와 함께하거나 밤을 보내기도 하였다. 이것은 부인들의 권리이자 질투를 해서라도 지키고자 하였던 특권이었다. 또한 이것은 원할 경우 자신의 경쟁자에게 양도할 수 있는 특혜이기도 하였다. 사우다(Sawda')는 나이가 들자 아이샤에게 자신의 날을 양보하기도 하였다. 만약 새로 혼인한 부인과 더 긴 시간을 가지길 원할 경우 예언자는 다른 부인들에게도 똑같은 권리를 부여하였다. 그러나 가끔 예언자가 특정한 부인에게 이러한 권리를 포기하도록 요구하기도 하였다. 한 부인이 예언자에게 "만약 내가 선택할 수만 있다면 난 어느 누구에게도 내 우선권을 사용하도록 허락하지 않을 것입니다."(M3499)라고 말하기도 하였다. 한번은 아이샤 차례의 밤에 예언자가 기독교 여인 마르얌(Maryam) 혹은 하프사의 방에 들른 것이 발각되자 아이샤는 예언자에게 강력하게 항의했고 그 이후에 부인들과의 별거가 선언되었다. 아이샤는 시기와 질투로 종종 예언자의 동정을 훔쳐보거나 미행을 했던 것으로 전해진다.[53]

예언자가 자이납(Zaynab)에게 자주 들리자 아이샤와 하프사는 예언자에게 거짓말을 공모하기도 하였다:

"아이샤가 말하길 예언자는 자이납 빈트 자흐쉬의 거처에 머물며 꿀을 먹곤 하였다. 하프사와는 나는 예언자가 우리에게 왔을 때 '마가피르[54] 냄새가 나는데 그걸 드셨나요?'라고 묻기로 입을 모았다. 예언자가 우리 가운데 한 명에게 오자 그렇게 물었고 이에 예언자가 대답했다. '아니오, 자이납 빈트 자흐쉬 집에서 꿀을 먹었소. 그러나 난 이런 일을 다시는 반복하지 않겠소.' 그러자 '예언자여, 알라께서 허락한 것을 당신은 왜 스스로 금하느뇨?'라는 계시가 내려왔다."(N3958)

예언자의 가정에 새로운 부인의 등장은 다른 부인들의 질투를 가져왔

53 조희선, 위의 책, p.49.
54 지독한 나쁜 냄새가 나는 고무풀.

다. 움무 살라마('Umm Salamah)가 예언자와 혼인하자 아이샤는 몹시 걱정하였으며 전쟁 포로 주와이리야(Juwayriyah)의 미모를 보았을 때도 마찬가지였다. 카울라 빈트 하캄(Khawlah bint Hakam)은 예언자에게 스스로를 위탁한 여성들 가운데 한 명이었다. 그러자 아이샤는 그에 대한 질투심을 다음과 같이 표현하였다:

"'여자가 스스로를 남자에게 위탁하는 것을 부끄럽게 생각하지도 않는단 말인가?' 그러자 예언자에게 혼인에 관한 코란 33장 50-51절이 계시되었다. 이에 아이샤가 말했다. '예언자시여, 당신의 주님은 언제나 당신의 욕망을 향해 서둘러 움직이시는군요!'"(B5113)

상당수의 하디스는 부인들이 음식이나 선물이 분배되는 방식에 불만을 가졌다고 전하고 있다. 신자들은 대부분의 경우 선물 사다까(Sadaqah)를 예언자가 아이샤의 집에서 보내는 날에 그의 집으로 보내곤 하였다. 이에 다른 부인들이 예언자의 딸 파띠마(Fatimah)를 보내 자신들의 몫을 요구하였으나 예언자는 파띠마에게 "나와 아이샤와의 사랑을 위해 아이샤를 사랑하도록 하여라."라고 딸을 타일렀다. 이에 파띠마는 당황하였고 아이샤에 대해 다시는 예언자에게 이야기하지 않을 것이라 맹세하였다. 그러자 다른 부인들이 함께 움무 살라마에게 몰려가 말했다:

"'움무 살라마여, 맹세코, 예언자가 아이샤의 집에서 보내는 날에만 사람들이 예언자에게 선물을 보냅니다. 아이샤처럼 우리도 그런 혜택을 받고 싶습니다. 예언자가 있는 곳이면 어디든, 그가 어떤 부인과 함께 있든지에 상관없이 사람들이 선물을 보내도록 예언자께서 명령하라고 전해줄 수 있어요?!' 움무 살라마가 예언자에게 가서 이 사실을 전한 후 돌아와 말했다. '당신들이 이른 것을 말하자 예언자께서 내게 등을 돌리셨소. 그가 다시 나를 바라보았을 때 내가 같은 요구를 반복하자 다시 내게 등을 돌리셨소! 그가 한 번 더 나를 바라보았을 때 내가 세 번째로 그것을 언급하자 예언자께서 말씀하셨소. '움무 살라마, 아이샤로 인해 내게 상처를 주지 마시오. 맹세코 어떠한 신성한 계시도 아이샤를 제외한 어떤 여자와 잠자리를 함께하는 동안 내려온 적이 없소!'"(B3775)

메디나 초기 예언자에게 기금이 부족해지자 돈 문제로 예언자 가문에 불화가 자주 발생하였다. 한번은 아부 바크르와 우마르가 예언자를 찾아갔다. 그리고 슬픈 기색으로 앉아서 침묵을 지킨 채 아내들에게 둘러싸여 있는 무함마드를 보았다. 예언자가 두 장인에게 말했다:

"'당신들이 보시다시피 아내들이 내 주위를 에워싼 채 더 많은 돈을 요구하고 있습니다.' 이때 아부 바크르가 일어나 아이샤에게 다가가 그녀의 목덜미를 후려쳤다. 이에 우마르도 일어나 하프사를 손바닥으로 때렸다."(M3506)

귀족 가문 출신 움무 살라마는 자신이 질투가 많은 것을 알고 처음에 예언자의 청혼을 받아들이길 주저하였다. 예언자는 신이 그러한 감정을 보살필 것이라며 움무 살라마를 설득하였다. 그럼에도 불구하고 움무 살라마의 질투는 여러 경우에 폭발하였다. 한번은 예언자와 동행하여 여행을 하고 있을 때 예언자가 움무 살라마의 날에 카이바르(Khaybar) 전투에서 전리품으로 받은 젊은 유대인 포로 사피야(Safiyah)에게 접근하였다. 움무 살라마는 예언자와 사피야 모두에게 진노하였다. 움무 살라마는 자신이 무시당한 것에 격분하여 '알라의 예언자인 당신께서 저의 날에 유대인의 딸과 이야기하는군요'라고 예언자에게 대들었다. 많은 다른 전승 역시 예언자의 부인들이 유대인 아내에 대해 비슷한 우월감을 가졌다고 전하

고 있다.[55]

　마지막으로 예언자 부인들의 질투는 예언자의 첩이었던 콥트교도 마르얌을 둘러싼 가정적, 공적인 사건과 관련된 이야기의 주요 주제로 등장하였다. 마르얌은 '선택의 구절'(33장 28-29절)뿐만 아니라 비밀을 지키지 않는 여인에 대한 질책을 담고 있는 코란 구절(66장 1-5절)에 대한 주석에도 등장한다. 코란의 주석은 끊임없이 기독교인 첩에 대한 부인들의 질투 때문에 예언자 가문에 불화가 야기되었다고 강조하고 있다. 이러한 전언은 다른 몇 가지 차원에서 이해할 수 있다. 아들 이브라힘을 두었던 마르얌은 '피부가 희고 아름다우며, 머리카락이 곱슬머리'였기 때문에 예언자의 사랑을 받았다고 전해진다. 예언자는 후에 '이브라힘 어머니의 다락방'이라고 불리는 곳에 거처를 마련해 주고 자주 그녀를 방문하였다. 이 다락방에서 마르얌은 아들 이브라힘을 낳았다. 한 의심 가는 전승은 이브라힘이 예언자의 아들이 아니라 마르얌과 함께 다락방에 피신하였던 한 콥트인의 아들이라고 전하고 있다. 예언자가 사촌 알리를 보내 그 남자를 처형하도록 명령하였으나 알리는 그 남자의 페니스가 없는 것을 보고 그냥 돌아왔다. 예언자는 후에 이브라힘이 자신의 아들이라는 천사의 말을 듣고 마르얌을 자유민으로 격상시켰다고 또 다른 하디스는 전하고 있다. 이러한 하디스들은 예언자의 위상에 손상을 입히려는 메디나 사람들의 위선적 음모일 수 있다. 이는 또한 기독교 외국인 여성에게서 예언자의 아들이 태어남으로써 미래의 공동체에 야기될 문제에 대한 두려움의 표현이기도 하다.[56]

(2) 칭송일색의 예언자의 부인들

　예언자 부인들의 인간적 결함에 관한 전승을 담고 있는 하디스 모음집

---

55 Barbara Freyer Stowasser, 위의 책, pp.110-111.

56 앞의 책, pp.112-113.

은 부인들의 삶에 더해진 기적적인 사건들도 포함하고 있다. 이 경우 언제
나 예언자가 함께 등장하며 예언자와의 관계로 인해 부인들이 기적적인
경험이나 능력을 갖는 것으로 표현된다. 이러한 유형의 하디스 가운데 예
언자의 첫 부인이었던 카디자와 관련된 것이 있다. 한번은 카디자가 메카
여성들이 몰려들곤 했던 한 우상을 기리는 연례행사에 참석하였다. 그러
자 그 우상이 '아흐마드'('Ahmad)라는 예언자가 신의 사자로 나타날 것이
며 그의 부인이 될 수 있는 어떤 여성이라도 그렇게 해야 한다고 말하는
예언을 들었다. 카디자는 이러한 기적적인 사건에 관한 이야기를 듣고 예
언자와 혼인하기로 결심하였다는 것이다.[57]

또 다른 하디스는 카디자를 예수의 어머니 마리아와 비교하고 있다:

"임란의 딸 마리아는 당대의 여성 가운데 가장 빼어난 여성이었고 카디
자도 가장 빼어난 여성이니라."(B3432)

그리고 이러한 카디자에게는 보석으로 만들어진 천국의 궁전이 보장되
었다:

"내가 압둘라 븐 아부 아우파에게 말했다. '알라의 사도께서 카디자에게
천국의 기쁜 소식을 전해주셨습니까?' 그가 말했다. '그렇습니다. 예언자
께서는 보석으로 만들어진, 아무런 소음이나 고통이 없는 천국의 궁전에
관한 기쁜 소식을 알려주셨습니다.'"(M5968)

아이샤는 직접 전한 여러 하디스를 통해 자신이 다른 부인들보다 우위
에 있다는 사실을 여러 차례 강조하였다:

---

57 앞의 책, p.113.

"예언자가 말하길, 다른 여자들에 대한 아이샤의 우위는 여러 음식 가운데 사리드(tharid)⁵⁸의 우위와 같으니라. 많은 남자들이 완벽한 경지에 이르렀으나 어떤 여성도 임란의 딸 마리아, 아이샤, 파라오의 아내를 제외하고는 그러한 경지에 이르지 못했느니라."(B3433)

카디자와 아이샤는 천사와 인사를 나눈 것으로 격상되어 있다. 그러나 카디자나 아이샤 모두 천사와 직접 인사를 나눈 것은 아니고 예언자 무함마드가 천사가 전한 인사말을 전해주는 간접적인 형태를 통해서였다:

"아부 후라이라가 말하길, 예언자는 천사가 다음과 같이 말했다고 전했다. '저기 카디자가 음식이 담긴 접시와 마실 것을 담은 컵을 가지고 당신에게 오고 있소. 그녀에게 알라로부터의 인사를 전하시오…'"(B7497, 3820)

"아이샤가 말하길, 한번은 알라의 사도가 내게 말했다. '아이샤, 저기 천사 가브리엘이 당신에게 인사를 하고 있소.' 내가 말했다. '그에게 평화와 알라의 자비와 축복이 있길, 당신께서는 제가 보지 못하는 것을 보시는군요.'"(B3768)

특히 예언자는 아이샤와 함께할 동안에만 계시를 받았다는 점에서 부인들 가운데 아이샤를 우위에 두고 있다:

"움무 살라마여, 아이샤에게 상처를 주는 것으로 날 괴롭히지 마오, 알라께 맹세코 신성한 계시는 아이샤를 제외한 다른 아내의 이불 밑에 있는

---

58 고기와 빵으로 만든 죽과 같은 요리.

동안 내게 내려온 적이 없소."(B3775)

예언자의 부인들은 자신들의 혼인이 신에 의해 오래 전에 예정된 것이
라고 주장함으로써 자신들의 혼인에 신성을 더하고 있다. 특히 아이샤는
자신이 혼인하기 전에 이미 예언자의 꿈에 나타났다고 자랑하였다:

"아이샤가 말하길, 예언자가 그녀에게 말했다. '당신은 내 꿈에 두 번이
나 나타났소. 실크 조각에 싸여 있는 당신의 모습을 보고 있는데 누군가
내게 말했소. 이 아이가 바로 당신 아내입니다. 실크 조각을 들추자 난
그 아이가 당신이라는 것을 알았소.' 내가 말하길 '만약 그것이 알라에게
서 온 것이라면 그대로 이루어질 것입니다.'"(B3895)

예언자의 또 다른 부인 사우다는 아직 전남편과 혼인상태에 있을 때
자신의 목에 발을 얹어 놓는 예언자의 꿈을 꾸었다고 전했다. 움무 하비
바('Umm Habibah)는 남편과 함께 아비시니아에 피신해 있을 당시 남편의
얼굴이 망가지는 꿈을 꾸었다. 다음날 그녀는 남편이 이슬람을 떠나 기독
교로 개종한 사실을 알게 되었다. 움무 하비바의 남편은 술을 많이 마셔
일찍 사망하였고 그녀는 어느 날 자신을 '신자들의 어머니'라고 부르는
목소리를 들었다. 그리고 이튿날 아비시니아의 황제 네구스(Negus)로부터
예언자가 그녀에게 청혼편지를 보냈다는 사실을 전해 들었다. 비슷한 꿈
이야기는 유대인 출신의 사피야에 대해서도 전해진다.[59]

자이납 빈트 자흐쉬의 경우 예언자의 종 아나스 븐 말리크가 그녀의
혼인식을 준비하고 있을 때 신의 축복으로 음식이 두 배로 늘어나 71명

---

59 Barbara Freyer Stowasser, 위의 책, p.114.

혹은 72명을 먹일 수 있었다는 이야기가 전해진다.[60] 자이납 역시 아이샤만큼이나 자신의 혼인에 신성을 부여하였다. 특히 예언자와 혼인하던 날 히잡의 구절이 계시된 것에 대해 자이납은 큰 자부심을 느낀 것으로 전해진다:

> "아나스 븐 말리크가 말하길, 자이납 빈트 자흐쉬는 예언자의 다른 아내들에게 자랑하곤 했다. '알라께서 하늘로부터 그와 나를 혼인시켰소. 그리고 히잡의 구절은 나와 관련해서 계시되었소.'"(N3252)

하디스는 예언자의 모든 부인들이 천국에서도 그의 배우자가 될 것임을 확인하고 있다. 아이샤가 내세에서도 예언자의 아내가 될 것이라는 내용을 담은 하디스에는 다음과 같은 것이 있다:

> "알리가 전투를 독려하기 위해 암마르와 하산을 쿠파 사람들에게 보냈을 때 암마르가 그들에게 말했다. '난 아이샤가 이 세상과 저 세상에서 예언자의 아내라는 사실을 알고 있습니다. 그러나 알라께서는 당신들을 시험하고 계십니다. 당신들이 알라를 따를지 혹은 아이샤를 따를지를.'"
> (B3772)

예언자가 하프사와 이혼하자 그녀가 천국의 아내가 될 것이라며 하프사를 되돌리라는 천사의 명령이 예언자에게 들렸다. 심판의 날에 예언자 가솔의 일원으로 부활하기 위해 사우다는 예언자에게 자신과 이혼하지 말 것을 간청하기도 하였다. 그녀는 천국에서 예언자의 부인이 되길 희망하며

---

60 앞의 책, p.114.

현세에서 남편으로 혹은 남자로서의 예언자를 아이샤에게 양보하였다.[61] 천국에 있는 예언자와 처음으로 합류한 부인은 자이납 빈트 자흐쉬였다. 예언자는 자신이 죽은 후 '가장 긴 손을 가진' 부인을 처음 만나게 될 것이라고 예언하였다. 가장 긴 손을 가졌다는 것은 자선을 많이 하였다는 것을 의미하며 그 주인공인 자이납 빈트 자흐쉬가 예언자의 뒤를 따라 사망하였다:

> "아이샤가 말하길, 예언자의 몇 아내가 그에게 물었다. '우리 가운데 누가 먼저 당신을 따라가게 될까요?' 그가 말했다. '가장 긴 손을 가진 자이니라.' 그러자 아내들은 막대기를 가지고 자신들의 손을 재기 시작하였고 사우다의 손이 가장 긴 것으로 드러났다. (자이납 빈트 자흐쉬가 칼리프 우마르 시대에 그들 가운데 가장 먼저 사망하자) 우리는 손의 길다는 것이 자선의 상징이라는 것을 깨달았다."(B1420)

이러한 유형의 하디스는 영감적인 특성을 가지고 있다. 예언자의 부인들은 천국에서도 함께할 수 있는 예언자의 영원한 배우자로 격상되어 있다. 이러한 칭찬일색의 전기 자료에도 보통여성으로서의 예언자의 부인들과 비슷한 유형성이 있다. 이러한 자료들은 예언자의 부인들을 격상시키고 있으나 일상적인 방법이 아닌 기적과 같은 방법을 사용하고 있다는 점이다. 이러한 전승은 분명 정치적 의도를 가지고 특정한 정치적 인물을 부각시키기 위해 혹은 격하시키기 위해 이용된 측면이 있다. 그러나 세월이 지난 후 정치적 의도는 잊힌 채 이러한 하디스들은 예언자의 부인들을 기상천외한 기적적 경험과 연관시켜 묘사하고 있다.

---

61 앞의 책, pp.114-115.

(3) 귀감 및 선례로서의 예언자의 부인들

많은 수의 하디스는 예언자의 부인들을 신을 위해 헌신하는 경건함과 정직함을 지닌 귀감으로서 묘사하고 있다. 예언자의 부인들은 종종 이슬람적 규범과 가치를 뿌리내리고 지키기 위해 투쟁하는 인물로 묘사되고 있다. 사실 부인들의 개인적 행동거지, 의상, 의례, 예배와 관련된 하디스는 그 의도하는 바가 규범적이라는 점에서 초법적 텍스트로 읽히고 있다. 이러한 하디스들은 후에 이슬람법에서 허용되거나 금지되거나 혹은 중립적 가치를 가지는 행동으로 분류되는 기준을 제공하였다.

예언자의 부인들의 행동은 우선 코란의 계시(33장 32-34절)를 통해 규제되었다. 예언자의 부인들은 계시에 의해 다른 여성들과는 구별되어 일정한 규율과 규제 속에서 살아야만 했다. 또한 예언자의 하렘에 대한 강한 규제가 계시(33장 30-31절)를 통해 내려졌다. 예언자의 부인들은 다른 사람들과는 달리 자신의 행동에 따라 두 배의 처벌을 혹은 두 배의 보상을 받는 독특한 지위를 누리게 되었다. 아울러 '선택의 사건'으로 예언자의 부인들에게는 '신자들의 어머니'(33장 6절)라는 칭호와 더불어 여러 금기사항이 계시되었다. 예언자의 부인들이 신자들의 어머니가 된다는 사실은 이슬람 신자들이 예언자의 부인들과 혼인할 수 없다는 간접적인 명령에 해당된다.[62]

코란의 계시에 나타난 예언자 부인들에 대한 규제는 정숙, 히잡, 격리를 다루는 하디스에서 더욱 분명하게 드러난다. 여기서 예언자의 부인들은 정숙, 히잡, 격리의 귀감으로 그리고 새롭게 부과된 코란의 규범을 보다 엄격하게 지켜야 하는 인물로 묘사된다. 사실 하디스는 코란의 텍스트와 더불어 일반 무슬림 여성들에게 내려졌던 규제 이상으로 예언자 부인들을 격리시키는 관행을 확립하였다. 예언자가 카이바르 원정 후 메디나로

---

62 조희선, 위의 책, p.50-51.

돌아올 때 포로 사피야를 자신의 옷으로 머리부터 발끝까지 가린 채 낙타에 태우고 돌아온 것은 그 좋은 예이다.

예언자의 집을 방문할 경우 예의를 지킬 것과 예언자의 부인들에게 무언가를 요구할 때는 가림새, 즉 히잡을 두라는 내용을 담은 히잡의 구절(33장 53절)은 후에 모든 무슬림 여성들의 격리를 정당화하는 구실로 이용되었다. 우마르는 예언자의 부인이 히잡을 쓰도록 예언자에게 여러 번 촉구하기도 하였다:

> "우마르가 말하길, 내가 말했다. '알라의 사도시여, 좋은 사람들뿐만 아니라 나쁜 사람들도 당신을 찾아옵니다. 그러니 당신께서 신자들의 어머니(부인들)에게 히잡을 쓰도록 명령할 것을 제안합니다.'"(B4837)

아이샤는 예언자의 손자인 하산(Hasan)과 후세인(Husayn) 앞에서도 스스로를 격리시킨 것으로 전해진다. 심지어 앞을 보지 못하는 남자 이스학(Ishaq) 앞에서도 아이샤는 자신을 가린 것으로 유명하다.[63] 순례의 관행에도 격리가 이루어졌다:

> "이븐 주라이즈가 말하길, 이븐 히샴이 남자와 함께 카바 돌기를 수행하고 있는 여성들의 행동을 금지하자 아따가 그에게 말했다고 우리에게 전했다. '예언자의 부인들은 남자들과 함께 카바 돌기를 수행하곤 했는데 당신이 어떻게 그것을 금지시킬 수 있소?' 내가 말했다. '그것은 히잡을 착용하라는 명령이 있기 전입니까 혹은 그 이후입니까?' 아따가 맹세를 하며 말했다. '난 히잡의 명령이 있은 후에 그걸 보았소.' 내가 말했다. '부인들이 어떻게 남자들과 섞일 수 있소?' 아따가 말했다. '부인들은 결

---

63 Barbara Freyer Stowasser, 위의 책, p.116.

코 남자와 섞이지 않았소. 아이샤는 따로 카바 돌기를 하였고 남자들과는 결코 섞이지 않았소. 예언자의 부인들은 변장을 하고 밤에 나와 남자들과 함께 카바를 돌곤 하였소. 카바로 들어갈 때 부인들은 남자들이 나올 때까지 밖에서 기다렸소.'"(B1618) ◦

예언자 부인들의 행동은 매우 이상적인 귀감으로 격상되어 있다. 예언자의 부인들은 서로 상대방의 올바른 처신, 헌신, 자선행위를 칭찬하였다. 아이샤는 자이납 빈트 자흐쉬가 자신에 필적할 만한 지위를 가지고 있다고 칭찬을 아끼지 않았다:

"아이샤가 말하길, 예언자의 부인들은 자이납 빈트 자흐쉬를 알라의 사도에게 보냈다. 그녀는 알라의 사도가 보시기에 나와 같은 지위에 있던 아내였다. 난 자이납보다 종교적으로 헌신적이고, 알라를 두려워하고, 솔직하고, 책임감 있고, 친족 간의 유대를 강화하고, 자선을 베푸는 데 관대한 여성을 본 적이 없다."(N3944)

아이샤는 자주 단식을 하였으며 얼마 되지 않는 자신의 먹거리를 다른 사람들에게 기부하는가 하면, 낡은 옷 몇 벌로 청빈한 생활을 유지한 것으로 전해진다. 특히 자이납 빈트 자흐쉬는 자신의 모든 재산뿐만 아니라 칼리프 우마르가 보내주는 개인연금조차 포기한 것으로 알려졌다.[64]

이슬람 정복 이전의 토착적인 가부장적 구조는 이슬람 중기 이후 도시의 중산층과 더불어 유지되고 강화되었다. 따라서 예언자 부인들의 미덕을 칭송하는 하디스들은 일부 빼어난 여성들에 대한 기억을 의미하기도 하지만 중세 이슬람 학자들에 의해 만들어진 무슬림 여성의 이상적인 본

---

64 앞의 책, p.117.

보기를 의미하기도 한다.

3. 주제에 따른 하디스 속의 여성[65]

하디스 속에는 여성과 관련된 많은 주제들이 담겨 있다. 본장에서는 하디스에 담겨 있는 대표적인 여성 관련 문제를 주제별로 분류하여 소개함으로써 다음 장에 언급될 이슬람법 샤리아와의 비교를 위한 준거로 활용하고자 한다. 사실 여성 관련 하디스의 내용은 코란 속에 나와 있는 관련 규범에 비해 매우 현실적이고 실제적인 적용 사례를 보여준다. 하나의 사안에 대해 다양한 견해, 혹은 충돌되는 견해가 하디스에는 존재하며 이러한 하디스의 사례들은 코란만큼이나 중요하게 이슬람법 제정에 커다란 영향을 미쳤다. 따라서 여성과 관련된 다양한 하디스를 비평적 관점이 아닌 서술적 관점에서 살펴보는 것도 의미 있는 작업이 될 수 있을 것이다. 이는 해당 하디스의 진위를 떠나 그러한 하디스가 기록되어 전달되었다는 것 자체가 하디스가 생겨난 시대 사람들의 생각이나 관행, 혹은 특정한 법학파의 해석 등이 전달되었다는 것을 의미하기 때문이다.

1) 혼 인

(1) 종교적 의무로서의 혼인

코란과 마찬가지로 여러 하디스에서 예언자는 혼인이 종교적 의무라는

---

65 여기서 인용된 하디스는 따로 주석이 없는 경우 Ram Swarup의 *Understanding the Hadith*와 Nicholas Awde의 *Women in Islam*에서 재인용하였음을 밝혀둔다. 무슬림의 하디스는 총 4권으로 이루어진 *Sahih Muslm, English Translation* (by Abdul Hamid Siddiqi, 1973-1975)이 원전이고, 부카리의 하디스는 총 9권으로 이루어진 *The Translation of the meaning of Sahih al-Bukhari*(ed. Muhammad Muhsin Khan, 1973) 가 원전이다.

사실을 강조하였다. 예언자는 아내를 부양할 수 있는 능력이 있을 경우, 그리고 거처할 집이 있는 경우 반드시 혼인하라고 명령하였다. 혼인이 남성의 부도덕한 행위를 사전에 막을 수 있다는 것이다. 만약 혼인할 수 없는 경우 단식을 함으로써 육체적 욕망을 억제하도록 충고하였다.

"너희들 가운데 아내를 부양할 수 있는 자들은 혼인하라. 그것이 너희들로 하여금 나쁜 시선을 던지지 않게 해주고 부도덕함을 막아주기 때문이니라."(M3231)

"한 교우가 말했다. '난 여자와 혼인하지 않을 것이다.' 다른 사람이 말했다. '난 고기를 먹지 않을 것이다.' 또 다른 사람은 '난 침대에 눕지 않을 것이다.'라고 말했다. 이에 예언자는 스스로에게 물었다. '이러한 사람들은 대체 무엇 때문에 이런 말을 하는가? 난 예배를 지키기도 잠을 자기도 한다. 난 단식을 지키기도 그것을 연기하기도 한다. 난 여자들과 혼인도 하였다. 나의 순나, 즉 관행에서 멀어진 자는 나와 아무 상관이 없느니라.'"(M3236)

"젊은이들이여, 너희 가운데 집을 마련할 수 있는 자는 누구나 아내를 얻게 하라. 그것이 눈을 낮추어 정숙을 유지할 수 있게 하는 가장 좋은 방법이기 때문이라. 집을 마련할 수 없는 자는 단식하도록 하라. 단식이야말로 고환을 제거한 상태(wijah)로 만들 수 있는 방법이기 때문이니라."(B6/3)

예언자가 다음과 같이 말한 것을 아나스가 전했다:

"남자가 혼인할 때 그는 종교적 의무의 반을 완성하는 것이니 그로 하여금 나머지 반을 생각하면서 알라를 두려워하며 살도록 하여라."

"사이드 븐 주바이르가 이븐 압바스의 질문을 받았다: '당신께서는 혼인을 하였습니까?' 그러자 그는 '아니오.'라고 대답했다. 그러자 이븐 압바스가 말했다. '그럼 가서 혼인을 하시오. 우리 공동체 전체에서 아내가 가장 많은 사람(예언자를 의미)이 가장 훌륭한 자이기 때문이오.'"(B7/5)

예언자가 한 여자를 쳐다본 후 아내 자이납에게 왔다. 그리고 예언자는 무두질을 하고 있던 자이납과 성관계를 가졌다. 그리고 예언자는 교우들에게 가서 말했다:

"여자가 앞서 걸어가면 그녀는 악마의 모습으로 돌아온다. 그러니 너희 중 누군가 여자를 보게 되면 곧장 아내에게로 가라. 그것이 마음속에 있는 나쁜 생각을 쫓아버리기 때문이니라."(M3240)

(2) 혼인 연령

순나와 하디스를 통틀어 예언자가 여성의 혼인 연령을 규제하는 언급은 없다. 따라서 예언자가 권장하는 특정한 혼인 연령은 없다고 할 수 있다. 또한 하디스는 미성년자의 혼인을 불법이나 금지된 것으로 간주하지 않았다. 미성년자들 간의 혼인은 어린 신랑이 재산이 없거나 재산을 통제할 수 없는 경우라 하더라도 후견인이 대신해서 혼납금을 지불할 경우 유효한 것으로 간주된다.[66]

예언자 시대 메카에서는 신부가 성년에 이를 때까지 기다려준다는 조건으로 신랑과 신부의 후견인 간에 이루어지던 비공식적 혼인 약속이 용인되었다. 아이샤는 예언자와 혼인하기 전에 이미 주바이르(Jubayr)라 불리는 남자와 정혼한 상태였다. 이는 주바이르와 아이샤의 부모 간에 이루어

---

[66] Malik, *al-Muwatta'*(3/527); Salma Saad, 위의 책, p.49에서 재인용.

진 혼납금도 정해지지 않은 일종의 신사계약이었다. 부카리는 아이샤가 예언자와 혼인했을 때 여섯 살이었고 그녀가 아홉 살 되던 해에 성숙한 나이(sinn al-bulugh)가 되어 동거를 시작했다고 전하고 있다.[67]

한편, 아이샤는 자신의 혼인에 관해 상술한 바 있다:

"예언자는 내 나이 여섯 살 때에 나와 혼인했다. 우리 가족은 날 데리고 메디나로 가서 하리스 븐 카즈라즈(al-Harith bn Khazraj) 씨족과 함께 살았다. 그곳에서 난 병이 나서 머리카락이 모두 빠졌으나 후에 다시 머리카락이 적당하게 새로 돋았다. 친구들 몇 명과 시소놀이를 하고 있는데 어머니가 날 불렀다. 난 영문도 모른 채 어머니에게로 갔다. 어머니는 내 손을 잡고 한 집의 문 앞으로 데려갔다. 뛰어노느라 몰아쳤던 숨이 가라앉자 어머니는 약간의 물을 가져다 내 얼굴과 머리를 씻겼다. 그리고 나를 그 집안으로 들여보냈다. 그곳에서 난 메디나 조력자들('Ansar)의 몇몇 부인들을 보았다. 그들 모두는 내게 축복을 하고 행운을 빌어주었다. 어머니는 날 그 부인들의 손 위에 올려놓았고 그들은 앞으로 닥쳐올 일을 위해 나를 준비시키기 시작했다. 늦은 아침 예언자가 도착한 것을 보고 난 매우 놀랐다. 부인들은 나를 예언자의 손 위에 올려놓았다. 당시 내 나이 아홉 살이었다."(B5/152)

(3) 혼인 전 선보기

예언자는 혼인 전에 반드시 선을 보도록 장려하고 있다. 아나스 븐 말리크는 예언자가 혼인하기 전에 선보기를 장려하였다고 전했다. 아부 후라이라도 예언자가 안사르 여인과 약혼한 한 남자에게 해준 이야기를 인용하였다: "그녀를 선보아라. 안사르 사람들의 눈에는 뭔가가 있다." 예언

---

67 *Sahih al-Bukhari* (38/429); Salma Saad, 위의 책, p.48에서 재인용.

자는 신랑이 신부가 될 사람의 눈과 얼굴, 손을 볼 수 있다고 언급했다.[68] 여성의 '머리에서 발끝까지' 보는 것도 허용된다는 하디스도 있다.[69]

예언자의 시대에는 혼인 전 신부를 선보는 것이 일반적인 것은 아니었다. 그러나 예언자의 교우들 사이에는 신부의 얼굴과 손을 볼 수 있다는 공감대가 형성되었다. 만약 신랑이 직접 신부를 선볼 수 없을 경우 대신 누군가가 선을 보고 신부의 모습을 신랑에게 전해줄 수도 있다. 예언자는 한 여성과 약혼하기 위해 자기 대신 선을 볼 여자를 신부에게 보냈던 것으로 알려져 있다. 예언자는 "신부의 뒤꿈치를 보고 입 냄새를 맡아보아라."라고 말한 것으로 전해진다.[70]

한편, 신부가 신랑을 선보는 것이 합당한가를 언급하는 하디스는 없다. 즉 신랑에게 신부를 선보라고 장려하는 하디스는 많으나 여자가 신랑을 선보라고 장려하는 하디스는 발견되지 않는다.

(4) 적합한 신붓감

예언자는 젊은 여성, 아이를 가질 수 있는 여성, 자유민 여성, 경건한 여성을 좋은 신붓감으로 간주하였다:

"여자는 네 가지 것으로 혼인한다. 재산과 부, 고귀한 출생, 미모, 진실한 신앙이 그것이니라. 그러나 진실한 신앙을 가진 여자를 얻는 것이 좋으니라."(B7/18)

처녀와의 혼인이 바람직하나 상황에 따라 이미 혼인했던 여성과의 혼인도 무방하다는 하디스가 있다. 자비르 븐 압둘라(Jabir bn 'Abdullah)가 말

---

68 Salma Saad, 위의 책, pp.50-51에서 재인용.

69 Ram Swarup, 위의 책, p.71.

70 Salma Saad, 위의 책, p.51.

했다: "우리 아버지가 돌아가신 후 일곱 혹은 아홉 명의 딸을 남기셨다. 그래서 난 혼인한 경험이 있는 여성과 혼인했다. 그러자 예언자가 내게 물었다. '자비르, 넌 혼인했느냐?' 내가 대답했다. '그렇습니다.' 그러자 그가 물었다. '처녀냐 혹은 혼인한 경험이 있는 여자냐?' 내가 대답했다. '혼인한 경험이 있는 여자입니다.' 예언자가 물었다. '함께 웃고 놀고 농담할 수 있는 처녀와 왜 혼인하지 않았느냐?' 난 예언자에게 설명했다. '저희 아버님 압둘라가 돌아가시면서 여동생들을 남겼습니다. 전 동생들과 같은 아내를 맞이하기 싫었습니다. 그래서 동생들을 잘 돌봐주고 키워줄 여자와 혼인했습니다.' 예언자가 소리쳤다. '알라께서 이 일에 대해 네게 축복을 내리시길!'"(B7/213)

한편, 이교도 여성과의 혼인을 금지하는 여러 하디스가 있다. 특히 2대 칼리프 우마르는 기독교 여성과의 혼인에 대해 부정적 입장을 취했다. 우마르는 기독교나 유대교 여성과의 혼인에 관해 질문을 받을 때마다 다음과 같이 대답하곤 했다: "진실로 알라께서는 진정한 신자들에게 이교도(특히 다신교도) 여성을 불법화하셨다. 비록 예수는 알라의 종 가운데 한 명이지만 이교도 여성 가운데 '우리 주 예수'라고 말하는 여성보다 나쁜 경우를 난 알지 못한다."(B7/155)

(5) 혼인계약의 후견인과 증인

한 여성은 여러 남성들로부터 청혼을 받을 수 있으며 동시에 두 형제로부터도 청혼을 받을 수 있다. 그리고 여성과 그 후견인은 좋은 배필을 선택할 권리가 있다. 순나와 하디스에서는 유효한 혼인을 위한 후견인 왈리(wali)의 역할이 매우 중요하게 언급된다. 신부가 자유민이든 노예이든, 처녀이든 혼인한 경험이 있든 후견인의 동의 없이는 혼인계약이 이루어질 수 없다. 아이샤는 "후견인이 참견하지 않은 어떠한 혼인도 합법적이지

않다."라는 예언자의 말을 전하고 있다.[71]

신부의 아버지가 살아 있는 경우 그는 딸의 후견인으로서 우선권을 가진다. 신부의 아버지가 없을 경우 할아버지, 삼촌, 사촌, 조카, 형제, 심지어는 신부의 아들, 친척, 부족 구성원, 권위 있는 사람 가운데 누구라도 후견인이 될 수 있다. 예언자가 움무 살라마와 혼인할 때 후견인은 움무 살라마의 아들이었다. 후견인의 일반적인 조건으로는 평판이 좋고 정신이 온전한 무슬림, 성인, 남자, 자유민이다.[72]

혼인계약의 또 다른 조건은 두 명의 증인이다. 증인은 혼인을 공개적으로 만드는 역할을 한다. 증인이 없을 경우 신랑과 신부 사이의 성관계는 불법이 된다: "북을 쳐서라도 혼인을 알려라", "증인이 없는 혼인은 없다." 아이샤는 다음과 같은 예언자의 말을 전하고 있다: "후견인과 두 명의 정직한 증인이 없는 혼인은 있을 수 없다."[73] 후견인과 증인의 필요성과 관련된 하디스로는 아래와 같은 것도 있다: 이브라힘 알 나카이(Ibrahim al-Nakha'i)가 말하길 "혼인을 위한 최소한의 필요조건은 혼인할 남자, 혼인을 승낙하는 후견인, 그리고 두 명의 증인이다."

일반적으로 증인의 조건은 후견인의 조건과 같으나 여자도 혼인의 증인이 될 수 있다는 하디스가 있다. 그러나 여자가 혼인의 증인이 될 수 있는가에 대해서는 하디스마다 의견이 엇갈린다.[74]

(6) 신부의 동의 꾸불(Qubul)

혼인계약에 신부의 동의가 필요한지에 관해서는 하디스에 분명하게 나와 있지 않다. 그러나 예언자가 다음과 같이 말한 것으로 전해진다:

---

71 앞의 책, p.57.
72 앞의 책, pp.57-59.
73 Jamal J. Ahmad Nasir, *The Status of Women under Islamic Law and Modern Islamic Legislation*, p.61.
74 Salma Saad, 위의 책, pp.61-62.

"'미망인 혹은 이혼녀의 경우 본인들과 상의하기 전까지 혼인해서는 안된다. 처녀들의 경우 본인들의 동의가 있기 전까지 혼인해서는 안 된다.' 그러자 누군가 예언자에게 물었다. '처녀가 혼인에 동의한다는 것을 어떻게 알 수 있습니까? 처녀들은 언제나 부끄러워하니까요.' 그가 대답했다. '처녀의 동의는 침묵이니라.'"(B7/51)

이와 비슷한 것으로 "처녀일 경우 침묵으로 혼인에 동의해야 한다. 그러나 처녀가 아닐 경우 승낙의 의사를 분명하게 전달해야 한다."[75]라는 하디스가 있다. 예언자의 교우 아따('Ata')가 전한 하디스에 따르면, 예언자는 딸을 혼인시킬 때 딸이 커튼 뒤에 있다가 조용히 하고 있으면 혼인을 승낙하는 것으로 이해하고, 딸이 커튼을 때리면 혼인에 반대하는 것으로 이해하여 딸의 의사를 존중했다. 예언자가 딸 파띠마를 알리와 혼인시키기 전에 딸의 동의를 구했고 딸이 침묵하자 이를 승낙으로 간주했다고도 전해진다. 혼인 당시 파띠마의 나이가 정확하게 알려져 있지 않았지만 15세, 혹은 17세, 혹은 21세였던 것으로 추정된다. 파띠마가 처녀이긴 하였으나 미성년자는 아니었음을 의미한다.[76]

후견인이 처녀인 딸의 혼인을 강제(jabr)하던 관행을 예언자가 없애려고 하였다는 하디스도 있다. 부카리 하디스 모음집의 한 장은 "강요받은 혼인은 유효하지 않다"라는 제목이 붙어 있다.[77] 부카리의 한 하디스에 따르면 "아버지를 비롯한 어떤 후견인도 처녀이든 혹은 혼인한 경험이 있든 동의 없이 혼인을 강제할 수 없다."라고 되어 있다. 또한 여성 당사자의 동의 없이 후견인에 의해 강제된 혼인이 예언자에 의해 해지되었다는 하디스도

---

75 *Sahih Muslim*(9/1037); Salma Saad, 위의 책, p.52에서 재인용.

76 Salma Saad, 위의 책, p.53.

77 'Abd ar-Rahman I. Doi, 위의 책, p.208.

있다.[78]

이혼녀나 미망인의 경우, 심지어는 노처녀의 경우에도 처녀와는 달리 혼인을 수락하든지, 거부하든지, 취소하든지 할 수 있으며 심지어는 남편을 선택할 권리가 있다고 전하는 하디스도 있다. 그러나 처녀가 아닌 경우에도 후견인의 승낙은 여전히 필요하다. 예컨대 우마르는 딸 하프사를 아부 바크르 혹은 우스만에게 혼인시키려 하였으나 하프사와 혼인하고 싶어 하는 예언자의 의도를 알아차린 후 이들의 청혼을 거절하였다. 이 경우 하프사가 미망인이었음도 불구하고 우마르는 딸의 의사를 묻지 않았다. 이혼녀였던 예언자의 두 딸 루까이야(Ruqayyah)와 움무 쿨숨('Umm Khuthum)[79]이 우스만과 차례로 혼인하였을 때도 이들의 동의여부에 대한 아무런 언급이 없다.[80]

(7) 혼납금 마흐르(Mahr)

여러 하디스에서 혼납금 마흐르는 남편이 아내에게 반드시 지불해야 하는 의무행위라고 언급되어 있다. 혼납금이 혼인계약에 약정되어 있을 경우 그것은 반드시 지불되어야 한다. "부정직하게 마흐르의 지불을 연기하는 자는 간음한 자(zani)이다"라는 하디스도 있다.[81] 또한 마흐르 없는 혼인의 금지를 명령하는 아부 후라이라가 전한 하디스도 있다:

"내가 예언자께 물었다. '전 젊은 남자입니다. 불법적인 성관계와 같은 끔찍한 범죄의 유혹에 빠질까 두렵습니다. 그런데 제겐 여자와 혼인할 수 있는 방법이 없습니다. 이 일을 어떻게 해야 할까요?' 예언자는 침묵

---

78 Mohammad Ali Syed, 위의 책, pp.39~40.

79 두 딸 모두 아부 라합('Abu Lahab)의 아들과 혼인하였다가 이혼하였음.

80 Salma Saad, 위의 책, p.55.

81 앞의 책, p.63.

을 지킨 채 말을 하지 않았다. 내가 재차 물었으나 대답하지 않았다. 그에게 세 번을 묻자 마침내 그가 대답했다. '아부 후라이라, 너를 위해 기록된 것에 이미 잉크가 말랐느니라. 그러니 가서 거세를 하든지 혹은 그렇게 하지 마라!'"(B7/6-9)

예언자 시대 혼납금 마흐르의 지불은 혼인을 위한 필수조건으로 간주되었다. 예언자는 자기 몫의 전리품 '쿰스'(Kums)[82]에서 아내의 혼납금을 지불하기도 하였다. 신자 가운데 가난한 신랑이 혼납금을 지불하지 못할 경우 예언자가 대신 지불하기도 했다."[83] 최소한의 혼납금도 없을 경우 신랑이 신부에게 코란 구절을 가르치라고 명령한 하디스도 있다:

"한 여자가 예언자에게 자신을 헌신하겠다고 말했다. 이에 예언자가 답했다. '난 더 이상 여자가 필요하지 않소.' 그 때 한 남자가 일어나 말했다. '그녀를 저와 혼인시켜 주세요.' 예언자가 그를 돌아보며 말했다. '그렇다면 먼저 혼납금으로 옷을 주거라.' 그가 대답했다. '제겐 한 푼도 없습니다.' 예언자가 '그렇다면 무쇠반지와 같은 것이라도 주어라.'라고 말했다. 그 남자가 다시 예언자에게 아무것도 없다고 말했다. 그 남자는 외투도 걸치지 않은 채 허리에 천조각만을 두르고 있었다. 갑자기 그 남자가 천조각을 찢으며 마치 그것으로 혼납금을 주겠다는 시늉을 했다. 이를 보자 예언자가 소리쳤다. '지금 허리에 두르고 있는 천조각으로 도대체 무슨 짓을 하려고 하느냐? 네가 그것을 두르고 있으면 그 여자의 몸에 걸칠 것이 없고, 만약 그걸 여자에게 걸치게 하면 네가 입을 것이 없지 않느냐!' 그 남자는 한동안 아무 말도 하지 않은 채 앉아 있다가 일어

---

82 1/5을 의미하며 예언자는 전체 전리품의 1/5을 배당받곤 하였다.
83 *Sahih Muslim* (50/751); Salma Saad, 위의 책, p.63에서 재인용.

나 자리를 떴다. 예언자가 사람을 보내 그 남자를 데려와 물었다. '네가 코란에 관해 알고 있는 것이 무엇이냐?' '전 이런저런 장을 알고 있습니다.'라고 그 남자가 대답했다. 예언자가 다시 물었다. '넌 그걸 암송하고 있느냐?' '그렇습니다.'라고 남자가 답했다. '그렇다면 네가 암송하고 있는 코란 구절을 근거로 그녀와의 혼인을 허락하노라.'"(B6/502-4, B7/15)

예언자는 혼납금 마흐르의 액수를 정확하게 언급하지 않았다. 그리고 상한액이나 하한액에 대한 언급도 없다. 혼납금은 놋쇠반지, 약간의 보리, 심지어는 한 움큼의 대추야자도 될 수 있다고 전해진다.[84] 예언자는 대부분의 부인들에게 500디르함 이상을 지불하지 않았다. 움무 하비비[85]가 가장 높은 액수의 혼납금을 받은 것으로 대부분의 하디스는 전하고 있다. 그 액수는 약 4천 디르함으로 아비시니아 총독 네구스가 예언자에게 주는 선물로 대신 지불한 것이다.[86] 카이바르 공격 시 예언자는 여성과 아이들을 포로로 잡았다. 예언자의 부인이 된 사피야는 포로 가운데 한 명이었다. 사피야가 예언자의 전리품의 몫이 되자 예언자는 사피야와 혼인하였고 혼납금 대신 포로 신분에서 해방시켜 주었다.(B5/362)

(8) 혼인식

혼인식의 중요성을 언급하는 예언자의 말은 여러 하디스에 기록되었다. 예언자는 혼인식이 끝난 후의 잔치를 장려하기도 하였다. 또한 예언자는 어떤 사람의 초대라도 혼인식 초대를 거부해서는 안 되며 가난한 사람들도 혼인식에 초대하도록 명령하였다. 혼인식 잔치를 장려하는 것과 관

---

84 'Abu Dawud(687/317), Salma Saad, 위의 책, p.63에서 재인용.

85 꾸라이쉬 부족장으로 예언자의 가장 강력한 반대자였던 아부 수프얀('Abu Sufyan)의 딸, 아부 수프얀은 후에 이슬람으로 귀의해서 무슬림 전사가 되었다.

86 Salma Saad, 위의 책, p.64.

련하여 아이샤가 다음과 같이 전했다:

"아이샤가 한 신부를 안사르 출신의 남편에게 인도하고 있었다. 그러자 예언자가 아이샤에게 물었다. '아이샤, 너희들은 혼인식을 위한 여흥을 준비하지 않았느냐? 솔직히 혼인식 잔치는 안사르 사람들을 매우 즐겁게 할 수 있느니라.'"(B7/65)

혼인식 초대와 관련해서는 다음과 같은 하디스가 주로 인용된다:

"너희 가운데 누군가 혼인식에 초대받았다면 반드시 참석해야 하느니라."

"부자만이 초대되고 가난한 사람을 초대하지 않은 혼인식 잔치의 음식이야말로 가장 나쁜 음식이니라. 혼인식의 초대를 무시하는 자는 알라와 예언자를 무시하는 자이니라."(B7/74-6)

(9) 동등 카파아(Kafa'ah)

동등 카파아란 부부가 혈통, 사회계층, 부, 신앙 등에서 동등한 조건을 가져야 한다는 의미로 이와 관련된 하디스를 살펴보면 아래와 같은 것이 있다:

"우마르 븐 알 캇땁이 말하길 '우리 귀족 여성들의 사적인 부분을 동등한 위치에 있는 남성들을 제외하고는 누구에게도 허락하지 않노라.'"

"우바이드 븐 우마이르의 아들이 말하길 '키나나 부족 출신의 한 여성이

이라크의 마울라(mawla)[87]와 혼인하자 이 혼인의 유효성에 관한 논쟁이 일어났다. 이 문제가 우바이드 븐 우마이르에게 제기되자 그는 이 혼인을 유효한 것으로 판결하였다."

"카시르 븐 살트가 말하길, 한 아랍 여성과 혼인한 마울라가 칼리프 우마르 븐 압둘 아지즈 앞에 불려갔다. 칼리프는 '아부 카시르의 마울라는 그의 한계를 넘어섰다.'고 말했다."

"하산 알 바스리가 말하길, 난 혼인에서의 동등 카파아에 관해 이븐 아비 라일라에게 물었다. 그는 그것이 '신앙과 신분'이라고 답했다. 내가 그것이 '재산'을 의미하느냐고 묻자 그는 '아니오'라고 답했다."[88]

위의 첫 번째 하디스는 2대 칼리프 우마르 븐 알 캇땁의 것으로 이슬람 이전시대의 관행을 그대로 보여주고 있다. 서열이 높은 부족 출신의 여성은 서열이 낮은 부족 출신의 남성과 혼인할 수 없다는 것이 이슬람 이전의 관행이었다. 두 번째와 세 번째 하디스는 아랍 여성이 이슬람으로 개종한 非아랍인 남성과 혼인할 수 있는가에 대하여 하나는 긍정적으로 또 다른 하나는 부정적으로 답하고 있다. 신 앞에서 모든 인간은 동등하다[89]는 코란 구절의 가르침에도 불구하고 초기 아랍인 무슬림들은 非아랍인 무슬림에 대해 우월성을 가지고 있었다는 의미이다. 네 번째 하디스는 첫 번째 하디스와 마찬가지로 부족 서열의 동등성을 지적하는 것으로 혈통을 재산보다 중시하고 있다.[90]

---

87 이슬람으로 개종한 비아랍인.
88 Suzan A. Spectorsky, 위의 책, p.75.
89 코란 49장 13절.
90 Suzan A. Spectorsky, 위의 책, p.76.

(10) 금지된 혼인

코란에서처럼 하디스에서도 금지된 혼인에 관해 언급하고 있다. 무엇보다도 혼인한 상태에 있는 여성과의 혼인은 금지된다. 여기서 혼인한 여성이란 자유민 여성을 의미하는 것으로 그들은 '하람'(haram, 금지)이라 불린다: "안사르 출신의 칸사 빈트 키담(Kansa' bint Khidam)이 말하길, 그녀가 혼인 상태에 있을 때 부친이 그녀를 다른 남자에게 혼인시켰다. 이러한 상황에 혐오감을 느낀 칸사가 예언자에게 가서 불평하자 예언자는 그 혼인 계약을 취소하였다."(B7/52). 한편, 세 번의 취소할 수 없는 이혼을 했을 경우 전처가 다른 남자와 혼인하여 성관계를 가진 후 다시 이혼하지 않으면 전남편은 전처와 재혼할 수 없다(M3354-3356) 것도 금지된 혼인의 범주에 들어간다.

이미 정혼한 여자에게 청혼하는 것도 금지된다: "혼인 여부를 확인하기 전까지는 다른 무슬림 형제와 정혼한 여자에게 청혼하지 마라."(B7/56) 또 다른 하디스에는 다른 믿음의 형제보다 더 비싼 혼납금을 제시하는 것은 바람직하지 않다고 언급되어 있다: "신자들은 서로 형제이니 다른 형제보다 더 비싼 혼납금을 제시하는 것은 합법적이지 않노라. 형제가 청혼을 포기할 때까지 당사자인 여성에게 청혼해서는 안 된다."(M3294)

네 명 이상의 자유민 여성과 동시에 혼인하는 것도 금지된다. 그러나 노예나 첩은 예외이다. 아내의 고모나 이모와 혼인할 수 없으며 젖형제의 딸과도 혼인이 금지된다. 아내의 자매와도 아내가 생존해 있거나 아내와 이혼하지 않았을 경우 혼인할 수 없다.(M3412-3413) 예언자가 말하길, "어떤 여성과 그 여성의 고모와 동시에 혼인해서는 안 되며, 또한 그 여성과 그 여성의 이모와도 동시에 혼인해서는 안 된다."(B7/34) 이븐 압바스가 전하는 하디스에 따르면 네 명 이상의 아내는 허용되지 않으며 어머니와 딸, 자매와 혼인하는 것도 허용되지 않는다. 이븐 압바스는 코란

4장 23절[91]을 인용하면서 부계 쪽으로 금지된 일곱 유형의 여성들, 그리고 모계 쪽으로 금지된 일곱 유형의 여성들과 혈통 혹은 인척관계에 의해 혼인이 금지된다고 언급하였다.

압둘라 븐 자으파르('Abdullah bn Za'far)는 칼리프 알리의 딸 및 그의 전처와 동시에 혼인하였다. 이븐 시린(Ibn Sirin)은 둘 사이에 아무런 혈연관계가 없다는 이유로 이 혼인에 아무런 문제가 없다고 언급하였다. 알리의 아들 하산은 처음에는 이 혼인을 승인하지 않았으나 후에 이를 승인하였다. 알리의 손자 하산은 삼촌의 두 딸과 한날 동시에 혼인하였다. 자비르 븐 자이드(Jabir bn Zayd)는 이를 승인하지 않았으나 코란 4장 24절[92]에 비추어 이 혼인은 불법으로 간주되지 않는다.(B7/28)

혼인 당사자들이 출신이나 지위가 다를 경우, 즉 동등 카파아가 실현되지 않을 경우 혼인이 금지되기도 한다. 그러나 이 문제에 관해서는 상충되는 하디스가 존재한다. 말리크 븐 아나스는 저서 『무왓따』에서 동등 카파아는 종교적인 측면에서 고려될 뿐 사회적 계층을 고려하는 것은 아니라고 주장하였다. 그는 심지어 非아랍인 남성과 아랍인 여성 간의 혼인을 장려하기도 하였다.[93]

교환혼 쉬가르(Shighar) 역시 금지되었다. 이는 혼납금을 지불하지 않고 상대방의 딸이나 누이와 혼인하는 대신 자기 딸이나 누이를 상대방과 혼인시키는 것을 의미한다. "예언자는 교환혼 쉬가르에 종지부를 찍었다."(B7/34)라는 하디스가 전해진다.

순례 복장을 입었을 때도 혼인은 금지된다: "순례 복장을 입은 사람은

---

91 "너희 어머니들과 딸들, 자매들, 고모들, 이모들, 형제의 딸들, 자매의 딸들, 너희들에게 젖을 먹인 유모들과 젖 자매들, 너희 아내들의 어머니들, 너희 아내들이 데려와 너희들의 보호하에 있는 의붓딸들은 너희들에게 금지되었으나 만약 아내들과 잠자리를 하지 않았으면 그 의붓딸들과 혼인해도 죄가 되지 않나니 아들들의 아내들과의 혼인은 금지되며 두 자매와 동시에 혼인해서도 아니 되느니라 그러나 지나간 것은 예외니라…"

92 "그 외에 모든 여성들이 너희에게 허락되었으니…"

93 Salma Saad, 위의 책, p.73.

혼인을 할 수도 청혼을 할 수도 없다"라고 우사마 븐 앗판('Usamah bn 'Affan)이 예언자의 말을 인용하여 전했다.(M3281) 그러나 이는 예언자 본인의 관행과 충돌하는 하디스이다. 예언자는 "순례 복장을 한 상태에서 마이무나(Maymunah)와 혼인했기 때문이다."(M3284)

(11) 임시혼 무트아(Mut'ah)

임시혼 무트아는 이슬람시대 초기 예언자에 의해 허용되었으나 후에 폐기된 관행이다. 압둘라 븐 마스우드가 전하길, "우린 알라의 사도와 함께 원정길에 있었다. 당시 우리와 함께 한 여자들이 없었다. '우리 스스로를 거세해야 하는 것 아닙니까?'라고 우리가 물었다. 예언자는 그런 행위를 용납하지 않는 대신에 여자에게 옷을 혼납금으로 주는 조건으로 일정 기간 일시적 동거를 허용하였다."(M3243)

"자비르 븐 압둘라와 살라마 븐 알 아크와(Salamah bn al-'Akwa')가 말하길, 우리가 군대에 있는 동안 예언자가 우리에게 말했다. '난 네게 일시적 동거를 허락하노니 가서 해라!' 살라마 븐 알 아크와의 부친은 예언자가 말한 다음의 하디스를 전하고 있다. '남녀 간의 일시적 동거는 합의 시 삼일 동안 지속되어야 한다. 만약 더 지속하길 원하거나 혹은 헤어지길 원할 경우 그렇게 할 수 있느니라.' 일시적 동거가 당시 예언자와 함께했던 일부 사람들에게만 허락된 것인지 혹은 일반인들 모두에게 허락된 것인지에 대해서는 분명하지 않다. 알리는 '일시적 동거는 더 이상 허용되지 않는다.'라고 예언자가 분명하게 말했다고 전하고 있다."(B7/36)

"자비르가 전하길, '우린 대추야자 한 움큼과 약간의 밀가루를 혼납금으로 지불하고 임시혼 무트아를 계약하였다.'"(M3249) "우린 예언자 생전에 그리고 아부 바크르와 우마르 칼리프 시절에 임시혼 무트아의 혜택을 받았다."(M3248) "이야스 븐 살라마(Iyas bn Salamah)가 자기 부친의 말을 인용하여 전하길, '알라의 사도가 후나인(Hunayin) 전투가 끝난 후 임시혼 무트아를 한 자들을 징벌하고 그것을 금지시켰다.'"(M3251) "카이바르 전투에서 승리하던 날 예언자는 임시혼 무트아, 그리고 집 당나귀 고기를 금지시켰다고 알리 븐 아부 딸립이 전했다."(B5/372)

(12) 남편과 아내의 권리와 의무

남편과 아내는 상호 권리와 의무를 가지고 있다고 하디스는 언급하고 있다. 우선 남편은 아내에게 성적으로 접근할 권리를 가진다. 이는 코란 구절[94]에서도 확인되었을 뿐만 아니라 하디스에서도 여러 차례 언급된다: "만약 아내가 침대로 오라는 남편의 청을 거부하여 남편이 화가 난 채 밤을 보냈다면 천사들은 아침이 올 때까지 아내를 저주할 것이다."(B4/302) 부부간의 성관계와 관련하여, "만약 남편이 원한다면 (아내의) 뒤에서도 혹은 앞에서도 성관계를 할 수 있다. 단 하나의 구멍을 통해서만 성관계를 가져야 한다."(M3365), 그리고 "아내는 남편의 어떤 제안이라도 응하는 것이 의무이다."(M3366)라는 하디스도 있다.

한편, 남편은 아내를 부양해야 할 의무가 있다. 이와 관련하여 "무슬림 남자가 가족을 부양하면 내세에서는 자선을 행한 것으로 간주되느니라."(B3/424)라는 하디스가 있다. 또한 아이샤가 말하길, "힌드 빈트 우타이바가 예언자에게 가서 말했다. '제 남편 아부 수프얀이 너무 인색합니다. 아들과 저에게 필요한 것을 충분히 주질 않아 제가 몰래 남편의 돈을 가져가곤 합니다.' 예언자가 말했다. '너와 네 아들이 필요한 것을 합당하게 가져가거라.'"[95]

아내를 친절하게 대하라고 명령하는 하디스도 있다: "아내들을 친절하게 대하라. 여자들은 갈빗대에서 창조되었기 때문이니라. 진실로 이르노니 갈

---

94 "아내들은 너희들을 위한 밭이니 너희들이 원할 때 밭으로 가서 씨를 뿌려라."(코란 2장 223절)

95 Susan A. Spectorsky, 위의 책, pp.179-180.

빗대 가운데 가장 구부러진 곳은 위쪽이니라. 그것을 바르게 펴려고 하면 부러트릴 것이요, 만약 그대로 둔다면 원래 모습 그대로 구부러진 채로 남아 있을 것이니라. 그러니 여자들에게 친절하게 대하라."(B4/346) "너희 가운데 누구도 노예를 다루듯이 아내를 심하게 때려서는 아니 되느니라. 낮이 지나고 밤이 되면 아내와 성관계를 가질지도 모르지 않느냐."(B7/98, 100)

남편에 대한 아내의 권리를 언급하는 다음의 하디스도 있다: "예언자가 물었다. '네가 하루 종일 단식을 하고 밤새 예배를 드린다는데 그게 사실이냐?' 압둘라가 대답했다. '그렇습니다. 예언자님!' 예언자가 말했다. '사실이라면 그렇게 하지 마라. 난 단식도 하지만 단식을 깨기도 한다. 난 예배를 드리지만 잠을 자기도 한다. 네 몸은 너 스스로에 대한 권리가 있고 네 눈 또한 너에 대한 권리가 있다. 마찬가지로 네 아내도 너에 대한 권리가 있다.'"(B7/97)

아내는 남편의 뜻에 복종해야 한다는 명령도 하디스에 담겨 있다. 아내는 남편의 동의 없이 단식을 해서는 안 된다. 그리고 아내는 남편의 허락 없이 누구라도 집 안으로 들어서는 안 된다. 또한 남편의 허락 없이 아내가 남편의 재산을 사용할 경우[96] 그 절반은 반드시 남편에게 주어야 한다.(B7/92, 94) 아내의 재산과 관련해서 남편이 우선권을 가진다는 하디스도 있다: "이븐 마스우드의 부인이 와서 예언자와의 면담을 요구하였다. '예언자님, 자이납이 당신을 뵈러 왔습니다.' 예언자가 물었다. '어떤 자이납이냐?' '이븐 마스우드의 아내입니다'라는 답이 돌아왔다. '좋다. 그녀를 들여보내라.'라고 예언자가 말하자 그녀에게 들어오라는 허락이 떨어졌다. '예언자께서 오늘 사람들에게 자선을 하도록 명령하셨습니다.' 그녀가 예언자에게 말했다. '제게 약간의 보석이 있는데 그걸 자선하고 싶었습니다. 그런데 제 남편이 자기 자신과 아이들이 누구보다도 제 보석을 받을

---

[96] 아내가 자선을 하는 경우를 의미한다.

권리가 있다고 주장하고 있습니다.' 그러자 예언자가 대답했다. '당신 남편 이븐 마스우드의 말이 천번만번 옳다. 당신 남편과 아이들은 누구보다도 네가 자선으로 베풀려는 보석을 받을 권리가 있느니라!'(B2/213)

여러 하디스에는 남편이 아내를 다루는 방법에 관한 내용이 담겨 있다. 이러한 하디스에는 7세기 당시 남성중심 아랍사회에서 가능한 한 여성에게 많은 권리를 부여하고자 했던 예언자의 의지가 담겨 있다: "한번은 여행길에 여자들이 예언자와 동행하였다. 여행이 지체될까 염려한 낙타몰이꾼이 낙타를 빠르게 몰았다. 그러자 예언자가 말했다. '유리를 조심스럽게 다뤄라. 유리를 조심스럽게 다뤄라!'"[97] 아내의 반항 누슈즈에 대한 극단적인 처방으로 구타를 허용하는 코란 구절과는 달리 예언자는 아내 구타에 관해 부정적인 입장을 취했다. 예언자는 얼굴이나 몸에 상처가 나도록 여자를 때려서는 안 된다고 명령하였다. 다음의 하디스와 예언자의 생애를 둘러싼 여러 이야기를 살펴보면 예언자가 결코 구타를 장려하지 않았다는 사실이 드러난다: "이븐 사으드가 전하길 예언자는 아내 가운데 누구에게도 심지어는 노예에게도 손을 대 본적이 없다. 예언자는 늘 여자를 구타하는 것에 반대하였다." "이븐 사으드가 전하길 아내가 저지른 무질서를 불평하는 남자들의 이야기를 듣고 예언자가 말하길 '그래, 아내들을 때려라. 그러나 너희 가운데 가장 못된 자는 그러한 방법에 호소하는 자이니라. 홧김에 아내를 때리는 성질이 급한 남자를 난 참을 수 없느니라.'"[98]

---

97 여자는 값비싼 소중한 것이니 조심스럽게 대하라는 의미이다.
98 Mohammad Ali Syed, 위의 책, p.55.

2) 이혼

(1) 이슬람식 이혼

예언자는 순나식 이혼에 몇 가지 조건을 제시하였다. 우선 아내가 생리 중일 때 이혼을 금지하였다. 예언자 생전에 우마르[99]의 아들 압둘라가 아내의 생리 기간 중에 이혼하였다. 우마르가 이 사실을 알고 예언자에게 알리자 예언자는 다음과 같이 말했다: "아들에게 아내를 되돌리고 월경이 끝날 때까지 데리고 있으라고 이르시오. 아들의 아내가 다시 월경을 하고 그것을 끝냈을 때 아들이 원하는 바대로 동침하기 전에 이혼을 하든지 혹은 그대로 혼인생활을 계속할 수 있소. 이것이 바로 알라께서 말씀하신 이혼당하는 여성이 지켜야 하는 재혼금지기간 잇다에 관한 명령이오." 즉 예언자의 하디스에 따르면, 이슬람식 이혼이란 여자가 월경을 하지 않는 때에 그리고 재혼금지기간이 끝나고 성관계가 없었던 상황에서 하는 것이다. 그리고 이혼이 성립되기 위해서는 두 명의 남자 증인이 필요하다.(B7/129)

우마르의 아들 압둘라는 예언자의 명령에 따라 아내를 되돌렸다. "그러자 누군가 압둘라에게 물었다. '그것(아내의 월경 중에 한 이혼)도 한 번의 이혼으로 간주됩니까?' 압둘라가 대답했다. '물론입니다. 남편이 성적으로 혹은 지적으로 모자란 사람이 아니라면 어찌 달리 생각할 수 있겠소?' 압둘라가 덧붙였다. '그것도 이혼 절차의 한 단계로 간주됩니다.'"(B7/130) 즉 이 하디스는 아내의 월경기간 중에 한 이혼이라도 이슬람식 세 번의 이혼 가운데 한 번의 이혼으로 간주된다는 사실을 보여주고 있다.

우마르의 아들 압둘라는 자신의 이혼에 관해 질문을 받을 때마다 주장하곤 하였다. "만약 연이어 세 번의 이혼선언을 하게 되면, 아내는 다른 남자와 혼인한 후 이혼당할 때까지 하람, 즉 혼인 금지의 대상이 됩니다." 그

---

[99] 이 사건은 예언자 생전에 일어난 것으로 그가 2대 칼리프가 되기 전에 발생한 것이다.

는 덧붙여 말하길 "만약 한 번, 혹은 두 번 아내와 이혼하고 세 번째 즉 마지막 이혼을 공표하지 않았다면 그 이혼은 취소될 수 있습니다."(B7/188)

이혼 선언은 '난 당신을 이미 떠났소.', '난 당신을 멀리 보냈소.', '난 당신을 버렸소.' 등 이혼의 맹세를 의미하는 어떠한 표현도 무방한 것으로 인정되었다. 심지어 손짓이나 제스처에 의한 것도 이혼으로 인정하라는 하디스가 전해진다.

(2) 트리플 딸라끄(Triple Talaq)

트리플 딸라끄란 연속적으로 세 번의 이혼선언을 함으로써 취소할 수 없는 이혼이 되어 반드시 이혼이 이루어져야 하는 것을 의미한다. 이 경우 세 번의 연속된 월경이 끝날 때마다 각각 이혼선언을 해야 하는지 혹은 세 번의 이혼선언을 한꺼번에 해도 되는지에 대한 견해 차이가 있다. 그러나 예언자 시대에는 한꺼번에 세 번의 이혼선언을 하더라도 취소할 수 없는 이혼으로 간주되었다는 여러 하디스가 존재한다. 이렇듯 손쉽게 이혼선언이 가능했기 때문에 당시의 남성들은 끊임없이 아내와 이혼하고 새로운 여성과 혼인할 수 있었다. 예언자의 교우였던 압드 알 라흐만('Abd al-Rahman), 아부 바크르, 우마르는 첩 외에도 16명의 아내와 혼인한 것으로 알려져 있다. 알리의 아들이자 예언자의 손자인 하산은 70번[100]을 혼인함으로써 '이혼하는 자'라는 별명을 얻기도 하였다.[101]

(3) 재혼금지기간 잇다

예언자 무함마드가 부인들과의 갈등으로 모든 부인들과 한 달 동안 별거한 사건이 발생한 이후에 4개월의 재혼금지기간을 두라는 코란 2장

---

100 어떤 사람은 90번이라고 함.

101 Ram Swarup, 위의 책, p.78.

226절이 계시된 것으로 전해진다. 우마르의 아들 압둘라는 재혼금지기간에 관해 언급했다: "재혼금지기간이 끝나면 한 명의 아내 혹은 여러 명의 아내들을 되돌리거나 알라께서 명한 대로 이혼을 해야 한다." 그는 또 언급하길, "아내와의 이혼이 성사될 때까지 남편은 4개월 동안을 기다려야 한다. 이혼 절차가 종료될 때까지 남편은 반드시 이혼을 해야 하는 것은 아니다. 이는 우스만, 알리, 아부 알 다르다('Abu al-Darda'), 아이샤를 비롯하여 그 밖에 열두 교우들이 언급한 것이다."(B7/159) 즉 이혼을 위해서는 반드시 재혼금지기간 잇다를 지켜야 하고 그 기간 동안 이혼이 강제되는 것은 아니어서 언제든 아내를 되돌릴 수 있다는 것이다.

　폐경을 한 여성이나 임신 중인 여성과 관련하여 무자히드(Mujahid)가 언급하길, "만약 그들이 아직 월경을 하는지 혹은 폐경을 했는지에 대해 정확히 알지 못한다면 재혼금지기간은 3개월이다. 이는 월경을 멈춘 여성이나 월경을 해본 적이 없는 여성의 경우도 마찬가지이다."(B7/182)

(4) 재혼금지기간 잇다 동안의 처신

　사이드 븐 알 무사이얍(Sayyid bn al-Musayyab)은 말하길, "만약 아내와 한 번의 이혼을 하게 되면 남편은 아내의 집 혹은 아내의 방으로 들어갈 때 아내의 허락을 구해야 한다. 아내는 자신이 원하는 옷을 입거나 장신구를 착용할 수 있다. 부부에게 단칸방만 있을 경우 그 방을 커튼으로 분리시켜야 하며 남편이 방으로 들어갈 때 아내에게 인사를 해야 한다." 트리플 딸라끄를 당한 여성에 대해 하캄(al-Hakam)이 전한 것을 슈으바(Shu'bah)가 전하길, "세 번의 이혼을 당한 여성은 눈에 코홀[102]을 칠해서도 치장해서도 안 된다."[103]

---

[102] 여성들이 검은 눈가를 강조하기 위해 혹은 눈병이 났을 때 사용하는 검은 재.

[103] Susan A. Spectorsky, 위의 책, p.115.

한 번, 혹은 두 번의 이혼선언으로 아직 취소할 수 있는 이혼을 당한 여성은 부부의 집에서 거주하면서 남편으로부터 부양을 받을 수 있다. 이러한 여성들은 재혼금지기간 잇다 동안 언제든 남편에게 되돌아올 수 있으므로 혼인 상태에 있는 것과 똑같이 행동해야 한다. 그러나 완전하게 이혼한 것도 그렇다고 혼인 상태에 있는 것도 아닌 이러한 부부들은 적절한 물리적 거리를 두어야 한다는 것이 위의 하디스의 내용이다. 한편 트리플 딸라끄를 당한 여성이나 미망인의 경우 재혼금지기간 동안 몸치장을 삼가야 된다는 것이다.[104]

(5) 아내 되돌리기 라즈아(Raj'ah)

마으낄 븐 야사르(Ma'qil bn Yasar)의 누이가 이혼을 당한 후 재혼금지기간이 종료되자 전남편에게로 돌아갔다. 이에 마으낄은 누이를 재혼금지기간 동안 방치하였던 매형의 행위에 분개하며 말했다: "이 자는 누이를 가질 수 있을 때 멀리하더니 다시 누이와 재혼하려 하다니?!" 이에 예언자는 마으낄을 불러 코란 2장 232절[105]을 들려주었다. 그러자 마으낄은 분노를 접고 알라의 명령을 따랐다."(B7/188)

세 번의 취소할 수 없는 이혼을 한 이후에는 아내를 되돌릴 수 없다. 그 경우 아내가 다른 남자와 혼인하여 성관계를 갖고 난 이후에 이혼을 하였다면 재혼이 가능하다: "리파아 알 쿠라지(Rifa'ah al-Qurazi)의 아내가 예언자에게 와서 말했다. '남편과 저는 취소할 수 없는 이혼을 했습니다. 그 후 저는 압드 알 라흐만 븐 알 주바이르 알 쿠라지('Abd al-Rahman bn al-Zubayr al-Qurazi)와 혼인하였습니다. 그런데 지금 남편이 발기불능이라는 사실을 알게 되었습니다. 아직까지 남편은 저를 취하지 못했고, 저 역시 남편에게

---

104 앞의 책, p.116.

105 "만약 아내와 이혼을 하고 아내가 기간을 채웠을 때 그들이 상호 동의한다면 아내가 전남편과 재혼하는 것을 막지 마라…"

서 아무것도 취하지 못했습니다. 제가 전남편과 재혼해도 될까요?' 예언자가 대답했다. '그렇지 않느니라. 지금 남편과 첫날밤을 치러 혼인이 완성될 때까지는 그렇게 할 수 없느니라.'"(B7/136, 139)

(6) 아내가 요구하는 이혼 쿨으(Kul')

아내에게도 이혼할 수 있는 권리가 있는지 마스루끄(Masruq)가 아이샤에게 묻자 아이샤가 대답했다: "'예언자께서는 그러한 권리를 우리 부인들에게 주셨습니다. 지금 당신은 그것이 이슬람식 이혼 절차의 한 단계라고 생각하십니까?' 이에 마스루끄가 답했다. '만약 제 아내가 이혼을 원한다면 저는 아내가 단 한 번의 이혼을 하던지 100번의 이혼을 하던지 상관하지 않습니다.' 즉 아내가 선택하는 이혼은 이슬람식 이혼의 한 형태가 아니라는 의미이다."(B7/136)

2대 칼리프 우마르는 입법은 하지 않은 채 아내가 요구하는 이혼 쿨으를 허용하였다. 3대 칼리프 우스만은 머리 수건을 제외한 아내의 모든 것을 남편에게 위자료로 지불한다는 조건으로 쿨으를 허용하였다. 따우스(Tawus)는 코란 2장 229절의 마지막 부분 '그녀가 자유를 위해 그것(혼납금)을 되돌려 준다고 하더라도 두 사람에게 잘못이 없나니…'에 관해 다음과 같이 언급하였다:

> "이는 적대 관계에 있는 배우자들을 대신하여 알라께서 부부 관계를 규정한 것이다. 알라께서는 어리석은 자들처럼 말하지 않는다. '자나바(janabah)[106]가 있어도 전 당신을 위해 몸을 씻지 않을 것입니다.'라고 아내가 말하기 전까지 쿨으는 합법적인 것이 아니다."(B7/149)

---

[106] 성행위에서 비롯되는 신체적 오염을 의미하는 것으로 이러한 오염이 되었을 경우 다른 사람과 접촉하거나 예배를 드리기 전에 반드시 전신 목욕을 해야 한다.

사비트 븐 까이스(Thabit bn Qays)의 아내가 예언자에게 와서 말했다: "'전 남편의 성격이나 신앙에 대해 어떤 비난도 하고 싶지 않습니다. 그러나 저는 제 자신이 어떤 식으로든 非이슬람적이 되는 걸 원치 않습니다!'[107] 예언자가 물었다. '남편에게서 혼납금으로 받았던 과수원을 남편에게 돌려주겠느냐?' 그녀가 '예'라고 대답했다. 그러자 예언자는 사비트를 돌아보며 말했다. '과수원을 돌려받고 아내와 이혼하거라.'"(B7/149)

(7) 저주 리안(Li'an)

남편이 아내의 부정을 네 번 맹세하고 자신이 거짓말을 할 경우 신의 저주가 자신에게 떨어질 것이라 맹세하는 한편, 아내도 자신이 진실을 말하고 있다고 네 번 맹세를 하고 그렇지 않을 경우 신의 저주가 자신에게 떨어질 것이라 맹세하면 부부 관계는 종료된다.(M3553-3577)

"힐랄 븐 우마이야(Hilal bn 'Umayyah)는 자기 아내가 간음하였다는 혐의를 제기하였다. 그는 예언자에게 가서 자신에게 일어났던 일을 설명하였다. 그러자 예언자가 말했다. '실로 알라께서는 너희 가운데 누가 거짓말을 하고 있는지 잘 알고 계시니라. 그러니 너희 가운데 누가 회개하고 거짓말한 사실을 인정하겠느냐?' 그러자 그의 아내가 일어나 일어났던 일을 또 자기 나름대로 설명하였다. 저주 즉 리안을 시작한 사람은 바로 남편이라는 의미이다."(B7/172)

"아심 븐 아딜('Asim bn 'Adil)의 부족원 가운데 한 명이 자신의 아내가 다른 남자와 함께 있는 것을 보았다고 불평하였다. 그러자 아심이 대답했다. '난 이 문제에 대해 오직 언급을 할 뿐 판단할 순 없소.' 그리고 그를 데리고 예언자에게로 갔다. 그 남자는 예언자에게 자신의 아내와 함께 발견된 남자에 관해 이야기했다. 그 남자는 길고 부드러운 머리칼을 가진 창백하고 마른

---

[107] "제가 하루라도 더 현재의 남편과 혼인한 상태로 남아 있다면 매우 非이슬람적인 행동을 저지르게 될 것입니다"라는 것을 의미하는 간접적인 표현.

사람이었던 반면, 그가 자신의 아내와 함께 있었다고 주장한 남자는 검은 피부에 체격이 좋은, 그리고 짧은 곱슬머리를 가진 육감적인 남자였다. 예언자가 기도를 했다. '오, 알라시여, 그 해답이 자연스럽게 나올 수 있도록 도와주시옵소서.' 마침내 그 남자의 아내가 아이를 낳았다. 아이는 다른 남자에게 혐의를 두고 있는 남편을 닮아 있었다. 그러자 예언자는 부부 사이에 리안 절차를 시작하라고 명령하였다. 이 부부의 사례가 있은 후 리안 절차를 밟고 있는 부부가 이혼하는 것이 관행화되었다. 남편이 아이를 거부한다는 소식을 듣자 예언자는 여자에게 아이의 양육권을 부여하였다."(B7/180)

(8) 이혼녀의 부양

"파띠마 빈트 까이스(Fatimah bint Qays)는 남편이 집에 없는 가운데 남편에게 이혼을 당했다. 몹시 화가 난 파띠마는 예언자에게 갔다. 그러자 예언자는 "취소할 수 없는 이혼을 당한 여자는 거처나 부양의 몫이 없느니라."라고 말하고 그녀를 위해 다른 남편감을 찾았다. 두 적임자 아부 자흠('Abu Jahm)과 무아위야(Mu'awiyah)가 나타났다. 그러나 예언자는 첫 번째 남자는 '어깨에서 막대기를 내려놓지 않는 자'(아내를 때리는 사람을 의미)이며, 두 번째 남자는 가난하다는 점을 들어 그녀에게 양자 자이드(Zayd)의 아들 우사마('Usamah)를 남편감으로 추천하였다. 후에 2대 칼리프 우마르 시대에 남편은 재혼금지기간 동안 이혼당한 아내에게 부양비를 지급하라는 판결이 내려졌다. 그리고 단순한 여자 파띠마에 의해 예언자의 말이 잘못 전해졌다고 선포하였다. '우린 여자의 말 때문에 알라의 책과 예언자의 관행 순나를 포기해서는 안 된다.'"(M3524)

(9) 수유와 양육

이혼 후 자녀의 수유와 양육은 어머니의 의무이다. 주흐리(al-Zuhri)가 말하길, "알라께서는 이혼한 여성이 아이에게 해를 끼치는 것, 즉 '난 아이에게 젖을 주지 않을 거야.'라고 말하는 것을 금지하셨다. 어머니는 아이들을 위한 가장 적합한 자양분을 제공할 수 있고 누구보다도 아이에게 부드럽고 친절하게 대하기 때문이다. 알라께서는 남편으로 하여금 아이의 어머니에게 양육비를 지불하도록 명령하였으므로 아이에게 젖을 주는 것을 거절해서는 안 된다. 남편은 전처로 하여금 새로 태어난 아이에게 젖을 먹이지 못하게 함으로써 해를 입혀서는 안 된다. 즉 다른 여성에게 아이의 수유를 부탁해서 전처를 괴롭히는 수단으로 이용해서 안 된다. 그러나 남편과 아내가 상호 합의하여 자격을 갖춘 적당한 여성에게 수유를 부탁하면 둘 모두에게 해가 되지 않는다. 만약 그들이 상호 합의에 따라 아이에게서 젖을 떼기를 원한다면 그것은 둘 모두에게 해가 되지 않는다."
(B7/209)

"한 여성이 예언자에게 와서 말했다. '알라의 사도시여, 제 자궁은 제 아들을 품고 있었으며 제 가슴은 아들의 젖이었으며 제 보살핌은 포옹이었습니다. 그런데 아이의 아버지가 저와 이혼한 후 아들을 제게서 빼앗아가려 합니다.' 예언자가 말하길 '재혼하지 않는 한 너는 아들에 대해 가장 큰 권한을 가지느니라.'"[108]

3) 미망인의 애도와 재혼금지기간

남편의 사망 시 미망인의 애도기간은 4개월 10일이라고 코란에 언급되어 있다. 남편이 사망했을 경우와 남편 이외의 사람이 사망했을 경우 다르게 적용되는 애도기간도 하디스에 언급되어 있다. 애도기간 동안 여자들은 화장이나 장식을 하는 것이 금지된다. 또한 지나친 울음이나 통곡과 같은 애도도 예언자에 의해 금지되었다. 한편, 예언자는 남편이 실종되었을

---

108 ʾAbu Dawud, *al-Sunan* (6:265); Susan A. Spectorsky, 위의 책, p188에서 재인용.

경우 아내의 재혼금지기간이 1년이라고 언급하였다.

움무 아띠야가 말하길, "죽은 자에 대해 3일 이상 애도하는 것이 금지되었다. 단 남편이 사망했을 경우는 예외로 그 때 우리는 4개월 10일을 애도해야 한다. 눈 화장 코홀을 한다든지 향수를 뿌린다든지 혹은 줄무늬로 염색한 것[109]을 제외하고는 염색된 옷을 입어서도 안 된다. 누군가 생리 후에 씻기를 원할 경우 가볍게 향수를 한 번 바르는 것은 허용된다. 우리(여성)는 특별한 경우 장례 행렬을 뒤따르는 것도 금지되었다."(B1/185)

미망인의 처신과 관련한 비슷한 또 다른 하디스가 있다: "움무 살라마가 말하길, 어떤 남편이 사망하자 아내의 눈에 갑자기 염증이 생겼다. 아내의 가족은 예언자를 찾아가 미망인이 눈에 코홀을 사용할 수 있는지를 물었다. 미망인의 눈의 상태가 매우 위험하고 심각했기 때문이다. 그러나 예언자가 대답했다. '이슬람이 오기 전에 너희 여성들은 남편이 죽은 후에 아주 혐오스럽게 옷을 입고 집에서 애도기간을 보냈느니라. 개가 지나가면 똥을 던지기도 하였느니라. 그렇게 해서는 아니 되느니라. 미망인은 4개월 10일 동안의 애도 기간이 끝날 때까지 코홀을 사용해서는 아니 되느니라.'"(B7/408)

여성들의 지나친 애도를 금지하는 하디스도 있다. 아이샤가 전하길, "방문 틈을 통해 들여다보니 자이드 븐 하리사(Zayd bn Harithah), 자으파르(Ja'far), 압둘라 븐 라와하('Abdullah bn Rawahah)의 사망 소식을 듣고 예언자가 슬퍼하며 주저앉아 있었다. 어떤 남자가 예언자에게 인사하러 들렀다가 자으파르의 아내들이 울고 있다고 예언자에게 전했다. 이에 예언자가 아내들로 하여금 울음을 그치라고 명령하자 그 남자는 예언자의 명령대로 하였다. 그러나 여자들이 울음을 그치지 않자 그 남자는 다시 예언자에게 와서 말했다. 예언자는 다시 아내들의 울음과 통곡을 멈추게 하라고 명령

---

109 예멘의 전통 의상에 들어간 검은색과 붉은색 줄무늬.

하였다. 그 남자는 다시 아내들에게 갔다가 돌아와서는 말했다. '아내들이 제 말을 전혀 듣지 않습니다.' 예언자가 대답했다. '그 여자들이 영원히 부끄럽게 되길!' 그러자 아이샤가 그 남자에게 말했다. '알라께서 당신을 아주 보잘 것 없게 만드시길! 알라께 맹세코 당신은 그 여자들의 통곡을 멈추게 할 수도 예언자의 불안을 멈추게 할 수도 없군요!'"(B2/221) "사람이 죽었을 때 혹은 큰 고통을 당했을 때 얼굴을 때리고 머리카락을 쥐어뜯으며 옷을 찢는 것은 예언자와 아무런 관련이 없다."(B2/215, 216)는 하디스도 있다.

남편이 전쟁에서 실종되면 아내는 1년 동안의 재혼금지기간을 지켜야 한다. "이븐 마스우드가 여자 노예를 데려와서 1년 동안 주인을 찾았으나 전쟁 중에 실종된 듯 그 주인을 찾지 못했다. 그러자 이븐 마스우드는 여기 저기 1디르함씩 자선행위를 하기 시작하였다. 그리고 말하길, '주여, 이 돈은 아무개(여자 노예의 주인)를 대신하는 것입니다. 그 주인이 돌아온다면 온전한 값을 치루겠습니다.' 이븐 마스우드가 덧붙여 말하길, '당신들이 우연히 얻게 될 어떤 것에 대해서도 이러한 행위를 해야 합니다.' 한편, 주흐리(al-Zuhri)는 감금된 장소가 알려진 한 죄수에 관해 말하길, '그의 아내는 남편의 재산과 소유물이 분배되기 전까지는 재혼해서는 안 된다. 남편에 대한 소식이 끊길 경우 그것은 전쟁 중에 남편이 실종된 경우와 비슷한 상황이다.' 이러한 해석은 예언자가 우연히 발견한 주인 없는 동물이나 그와 비슷한 경우에 관한 하디스에 기반하고 있다. 예언자는 돈과 같이 우연히 발견되는 물건에 대한 질문을 받고 말하길, '주인을 찾기 위해 최선을 다해라. 주인을 찾지 못하면 그 사실에 대해 1년 동안 광고를 해라. 그래도 주인이 나타나지 않으면 그것은 너의 것이 되느니라.'"(B7/161)

4) 상속

한 하디스는 상속과 관련된 코란의 계시 배경에 대해 설명하고 있다. 자비르가 말하길, "내가 살라마 부족과 함께 머무는 동안 병이 나자 예언자와 아부 바크르가 맨발로 나를 찾아왔다. 내가 무의식 상태에 빠져 있는 것을 발견하고 예언자는 약간의 물을 청했다. 예언자는 그것으로 세정을 한 후 약간의 남은 물을 내게 뿌렸다. 그러자 내 의식이 돌아왔고 난 예언자에게 물었다. '예언자님, 제가 죽을 경우 제 유산에 대해 어떻게 처리하라고 명령하실 겁니까?'라고 묻자 상속과 관련된 코란 4장 11-12절이 계시되었다. 예언자께서는 자존심이 있는 무슬림이라면 단 이틀 동안이라도 유서를 준비해 놓지 않고는 멀리 떠나서는 안 된다고 말씀하신 바 있다." (B4/1)

사람들이 모든 유산을 기부하는 것에 대해 예언자는 반대 입장을 표명하였다. 예언자는 유산의 일정 금액 이상을 딸을 비롯한 상속인들에게 물려주도록 명령하였다. 한 명의 딸을 둔 사아드 븐 아부 와까스(Sa'ad bn 'Abu Waqas)라 불리는 한 부유한 남자가 병이 들자 예언자에게 상속에 관해 질문했다. 그 남자는 자기 재산의 3분의 2를 가난한 사람에게 자선하고 싶다고 말했다. 그러자 예언자가 그를 꾸짖었다. 그 남자는 다시 자기 재산의 반을 자선하고 싶다고 말했다. 이에 예언자가 그를 다시 꾸짖었다. 그 남자가 다시 자기 재산의 3분의 1을 자선하고 싶다고 말하자 예언자가 대답했다. '그렇게 해도 되느니라. 그러나 여전히 자선으로는 너무 많은 액수이니라.' 그리고 덧붙였다. '네 상속인들을 부유하게 만드는 것이 그들을 가난하게 만들어 남들로부터 구걸하게 만드는 것보다 나으니라.' 이는 예언자가 자신의 외동딸 파띠마에게 유산의 반 이상을 넘겨주길 원했다는 것과도 맥을 같이한다.[110]

---

110 Malik, *al-Muwatta'* (3/763), 'Abu Dawud, *al-Sunan* (1076/176); Salma Saad, 위의 책, p.35에서 재인용.

두 딸에게 상속의 권리를 인정하는 또 다른 하디스가 있다. "사아드 븐 알 라비으(Sa'ad bn al-Rabi')라는 사람이 두 딸을 남기고 죽었다. 그러자 아이들의 삼촌이 모든 것을 빼앗아갔고 고아가 된 두 딸과 어머니에게는 아무런 유산도 남지 않았다. 이에 두 딸의 어머니가 예언자에게 가서 호소했다. 예언자는 삼촌에게 상속재산의 3분의 2를 두 딸에게 돌려주라고 명령했다."[111] 이는 코란이 허용한 상속분을 초과하는 것으로 예언자는 두 딸에게 코란의 상속분보다 많은 상속의 몫을 명령하였다.

앞의 내용과 상치되는 또 다른 하디스도 있다. 예언자가 말하길, "내 상속인은 내 유산 가운데 한 푼도 받지 못할 것이다. 내가 가진 모든 유산은 내 아내들의 부양비와 내 일꾼들의 식량으로 분배된 뒤에 자선으로 베풀어질 것이다."(B4/29) 이 하디스는 예언자의 딸 파띠마의 상속분을 고려하지 않았다는 점에서 본보기적 순나로 간주되지 않는다. 아이샤가 말하길, "예언자는 디나르나 디르함, 낙타, 염소 등과 같은 것으로 어떤 유증도 남기지 않았다."[112]고 말했다. 예언자의 딸 파띠마는 코란의 명령대로 상속받길 주장한 것으로 알려져 있다. 예언자의 유산은 파닥(Fadak)의 땅, 카이바르 전투에서 얻은 전리품의 5분의 1, 메디나의 사다까(선물 혹은 기부금)로 이루어져 있었다. 아부 바크르는 파띠마에게 '예언자가 모든 유산을 자선하라고 명령하셨다'라고 말하며 그녀의 상속분을 지급하지 않았다. 여자에게 땅을 상속하지 않았던 당시 메디나 지방의 관습에 따라 아부 바크르는 파띠마에게 예언자의 유산을 상속하지 않은 것으로 보인다. 파띠마는 아부 바크르가 상속분을 지급하지 않은 데에 불만을 품고 예언자의 사망 이후 6개월 만에 사망할 때까지 아부 바크르에게 말을 걸지 않았던 것으로 알려져 있다. 우마르가 아부 바크르로부터 칼리프 위를 계승하자 파띠마의

---

111 Ibn Majah, *al-Sunan* (2/909); Salma Saad, 위의 책, p.35에서 재인용.
112 'Abu Dawud, *al-Sunan* (1045/152); Salma Saad, 위의 책, p.35에서 재인용.

남편이었던 알리는 아내의 상속분을 주장했고 우마르는 카이바르 전투의 전리품, 파닥의 땅, 그리고 메디나의 사다까를 알리에게 양도하였다.[113]

자식들 모두에게 공정한 상속을 명령하는 하디스도 있다. "누으만 이븐 바시르가 말하길, 나의 어머니는 아버지에게 토지의 일부를 선물로 내게 주도록 요구했다. 이에 나의 아버지는 자신의 땅 일부를 내게 주었다. 그러자 나의 어머니가 '이 일에 관해 예언자가 증인을 서지 않고는 안심할 수 없어요!'라고 말했다. 나의 아버지는 당시 어렸던 내 손을 이끌고 예언자에게 가서 말했다. '이 아이의 어머니 빈트 라와하가 내 땅의 일부를 이 아이에게 선물로 주도록 요구하였습니다.' 예언자는 '네게 이 아이 말고 다른 아들도 있느냐?'라고 물었다. 아버지가 '그렇습니다.'라고 대답하자 예언자가 말하길, '나로 하여금 정의롭지 못한 일에 증인이 되게 하지 마라!'"(B3/497)

5) 신앙생활

(1) 여성의 모스크 출입

예언자는 여러 하디스에서 여성에게 모스크 출입을 허용하였다: "예언자가 말하길, '만약 너희 아내들 가운데 누군가 모스크에 가겠다고 너희에게 허락을 구하면 그를 막지 마라.'"(B1/459) "예언자가 말하길, '여자들이 밤에 모스크에 갈 수 있도록 허락해라.' 우마르의 한 아내가 모스크에서 새벽 예배와 밤 예배를 드리곤 하였다. 어떤 남자가 우마르의 아내에게 물었다. '당신의 남편은 질투심과 소유욕이 강해서 이런 행동을 달갑게 여기지 않을 터인데 왜 집 밖으로 나오는 겁니까?' 그러자 우마르의 아내가 대답했다. '제 남편이 왜 저를 막지 못한다고 생각하세요?' 그 남자가 말했

---

113 Salama Saad, 위의 책, pp.35-36.

다. '알라의 여종들에게 모스크의 출입을 막지 말라는 사도의 말씀 때문이 겠지요.'"(B2/10)

예언자는 모스크 안에서 여성 신도들에게 편의를 제공하기 위해 노력하였다. 예언자가 공중 예배를 마칠 때마다 여성 신도들은 먼저 일어나 자리를 뜨곤 하였다. 이에 예언자는 잠시 기다렸고 모든 남자들이 예언자를 따라 했다. 예언자의 이러한 행동은 여자 신도들이 남자 신도들보다 먼저 모스크를 빠져나갈 수 있도록 배려하기 위한 것이었다.(B1/443)

한편, 여성 신도는 모스크에 갈 수 있으나 모스크에 가기 전에 '향수를 뿌려서는 안 된다.'(M893) 그러나 남성 신도의 경우 향수를 뿌리는 것이 무방하다. 예배 시 남자들이 엎드린 자세에서 머리를 들어 올릴 때 여자들은 남자들보다 먼저 머리를 들어 올려서는 안 된다.(M883) 이 하디스는 당시 어려웠던 시절에 남자들이 적절한 옷을 입고 있지 않은 상태에서 여자들이 머리를 들기 전에 옷매무새를 바로 잡을 수 있는 시간을 갖게 하기 위한 배려에서 나온 것이다.

(2) 예배 및 예배 의식

예배를 비롯한 종교 의식은 규칙적으로 그리고 적당하게 하라는 것이 예언자의 명령이다: "아이샤가 다른 여성과 함께 있는 동안 예언자가 아이샤를 만나기 위해 왔다. 그리고 아이샤에게 물었다. '이 사람은 누구냐?' 아이샤가 '아무개'라고 대답했다. 그리고 아이샤는 지나치리 만큼 열정적인 그 여성의 예배 행위에 대해 이야기하기 시작했다. 그러자 예언자는 불만스럽게 소리쳤다. '네 능력에 맞게 그러한 행위를 도모해야 하느니라. 더 이상은 안 된다. 알라께서는 지치시지 않으나 너희 죽게 될 인간들은 곧잘 지치기 때문이니라. 알라께 드릴 수 있는 최대의 헌신 행위는 적당하게 그리고 규칙적으로 예배를 드리는 것이니라.'"(B1/36)

남녀가 지켜야 하는 서로 다른 예배 의식을 언급한 하디스도 있다: "어느 날 예언자가 부족 간의 일을 중재하는 문제 때문에 예배시간에 늦었다. 그러나 신도들은 예배가 빨리 시작되길 원했다. 예배를 인도할 예언자가 아직 도착하지 않자 대신 아부 바크르가 일어나 예배를 인도하기 시작했다. 예배 중간에 예언자가 돌아와 맨 앞줄에 자리를 잡았다. 예언자가 도착하자 신도들은 박수를 치기 시작했고 이에 아부 바크르가 뒤를 돌아봤다. 예언자는 아부 바크르에게 드리던 예배를 계속해서 인도하라고 손짓했다. 그러고 나서 예언자는 나머지 예배 의식을 떠맡았다. 예배를 끝내고 예언자는 뒤를 돌아보며 신도들에게 말했다. '신도들이여, 도대체 예배 중에 무슨 이상한 일이 일어났다고 박수를 치느냐? 박수를 치는 것은 여신도들이니라. 예배 중에 이상한 것을 발견한 사람은 누구든 '수브하날라흐'(Subhanallah, 알라께 찬미를)라고 말해야 하느니라. 이 말을 듣는 사람은 주위를 돌아보거나 미혹되지 아니 하느니라."(B2/173, 184) 또 다른 하디스에서도 예언자는 "예배 모임에서 이상한 것을 발견할 경우 남성 신도들은 '수브하날라흐'라고 말하고 여성 신도들은 박수를 쳐야 하느니라."고 충고하였다.(B2/165)

(3) 자 선

자선은 남성 신도뿐만 아니라 여성 신도에게도 의무이다: "무슬림이면 노예나 자유민, 남자나 여자, 젊은이나 늙은이 가릴 것 없이 모든 사람이 일정 무게의 대추야자나 보리를 단식종료제를 위해 자선해야 한다고 예언자가 명령하였다. 그리고 자선은 단식종료제에 참여하기 전에 해야 한다고 명령하였다."(B2/339)

"아스마가 예언자에게 다음과 같이 물었다. '남편 주바이르가 제게 준 것을 제외하고는 제게 아무런 소유물이나 재산이 없는데 그 일부를 자선할 수 있나요?' '그 가운데 어떤 것으로든 자선을 하면 되느니라. 인색하지 마라. 그럼 알라께서도 네게 인색할 것이니라.'"(B3/461)

"아이샤가 말했다. 예언자가 말씀하시길, '자기 집에서 상하지 않은 음식이나 남편의 소유가 아닌 음식을 자선할 때 더 큰 보상을 받게 될 것이니라. 남편은 가족을 위한 돈벌이를 하는 것으로 보상받을 것이고 음식을 제공하는 상인도 보상받을 것이니라.'"(B2/290)

자선의 경우도 상속과 마찬가지로 다른 사람보다는 주변의 가족이나 친척에게 먼저 베풀라는 것이 예언자의 명령이다: "이븐 압바스의 보호와 후원 하에 있던 꾸라이브(Qurayb)는 마이무나가 예언자의 허락 없이 여자 노예를 해방시켰다고 들은 내용을 전했다. 예언자가 마이무나와 함께 머무는 날이 왔을 때 마이무나가 예언자에게 물었다. '제가 데리고 있던 여자 노예를 해방시킨 것을 알고 계시나요?' '정말 그렇게 했느냐?'라고 예언자가 물었다. 마이무나가 '그렇습니다.'라고 답했다. 그러자 예언자가 말했다. '여자 노예를 네 삼촌들 가운데 한 명에게 주었다면 너는 더 큰 보상을 받을 수 있었을 것이다!'"(B3/461)

다음 하디스 역시 남에게 하는 자선보다 가족의 부양이 먼저라는 점을 강조하고 있다: "아부 후라이라가 말하길, 어떤 남자가 예언자에게 와서 '전 망했습니다.'라고 말했다. '무슨 일이냐?'라고 예언자가 물었다. 그가 답하길, '제가 라마단 기간 동안 아내와 성관계를 가졌습니다.' '그렇다면 속죄의 의미로 노예 한 명을 해방시켜라.'라고 예언자가 말했다. '제겐 노예가 없습니다.'라고 그가 답했다. '그렇다면 두 달 동안을 연속해서 단식을 해라.' '전 그렇게 할 수 없을 것 같습니다.' '그렇다면 60명의 가난한 자들을 먹여라.' '전 아무것도 가진 것이 없어 그렇게 할 수도 없습니다.' 그러자 예언자는 대추야자 한 바구니를 가져오도록 명령한 후 물었다. '아까 그 남자는 어디 있느냐?' 그 남자가 대답했다. '여기 접니다.' 예언자는 대추야자 바구니를 그에게 건네주며 말했다. '이걸로 자선을 베풀도록 하라.' 그러자 그 남자가 재빨리 소리쳤다. '예언자님, 뭐라고요? 이걸 우리보다 더 어려운 사람에게 주라고요?! 진실로 당신을 보내신 분께 맹세코,

메디나의 두 산 사이에 우리보다 더 어려운 가족은 아무도 없습니다!' 예언자는 송곳니가 드러날 정도로 크게 웃으면서 말했다. '그렇다면 그걸 네가 가져가거라.'"(B7/214)

(4) 순 례

여성에게도 남자와 더불어 카바 돌기를 허용하라는 여러 하디스가 전해진다: "아따가 말하길, 이븐 히샴이 남자와 함께 여자가 카바 돌기를 수행하는 것을 금지하자 내가 그에게 말했다. '예언자의 부인들은 남자들과 함께 카바 돌기를 하곤 했는데 어떻게 당신이 여자들에게 그런 일을 하지 못하도록 막을 수 있나요?' '그 일은 히잡의 계시가 있고 난 이후인가요 혹은 그 전인가요?' '맹세코 나는 그 일이 히잡의 계시가 있고 난 이후에 있었던 것으로 알고 있습니다.' '부인들이 어떻게 남자들과 섞일 수 있었나요?' '부인들은 남자들과 섞이지 않았지요.' 아이샤는 가장자리에서 카바 돌기를 하곤 하였는데 남자들과는 섞이지 않았다. 한 여성이 아이샤에게 말했다. '신자들의 어머니시여, 당신께서 오셔서 우리가 흑석을 만지거나 입을 맞출 수 있도록 해 주세요.' '당신들 스스로 가서 하세요!'라며 아이샤가 거절했다. 예언자의 부인들은 남자들과 함께 카바 돌기를 할 때면 밤에 혹은 변장을 한 채 나가곤 하였다. 그러나 부인들이 카바 안으로 들어가고 싶을 때는 언제나 밖에서 기다렸다가 남자들이 나오고 난 후에나 들어갔다."(B2/399)

순례는 남성 신도들뿐만 아니라 여성 신도들에게도 의무행위가 된다는 것을 언급하는 하디스도 있다. 이는 여성들이 순례를 위해 집을 떠나는 것을 남성들이 금지해서는 안 된다는 의미이기도 하다: "아이샤와 다른 부인들이 여성들도 성전 지하드에 참여할 수 있는지를 묻자 예언자가 대답했다. '너희들에게 가장 좋은 지하드는 곧 순례이니라.'"(B4/83)

순례할 때의 복장 규정을 설명하는 하디스도 있다: "어떤 남자가 예언자에게 물었다. '이흐람(ʿIhram, 순례 시 복장)을 하려면 우리가 어떤 옷을 입어야 합니까?' 예언자가 답했다. '셔츠, 바지, 터번, 머리덮개, 샌들이니라. 샌들이 없는 경우를 제외하고는 가죽 부츠를 신어서는 아니 되느니라. 부츠를 신을 경우 그것을 발목 아래로 자르라. 또한 사프란으로 물들인 옷은 입지 마라. 여성들은 '니깝'(niqab, 얼굴 가리개)이나 장갑을 착용해서는 안 된다.'" (B1/476)

6) 여성의 사회 활동

(1) 여 행

여성이 마흐람(mahram)[114]과 동행하지 않고 혼자 여행하는 것을 금지하는 여러 하디스가 있다: "예언자가 말하길, '여자는 마흐람과 함께 하지 않으면 3일 이상 여행을 떠나서는 안 된다.' 또한 '알라와 최후심판의 날을 믿는 여성은 존중받을 만한 여성 보호자가 동반하지 않는 한 하루 낮과 밤을 보내는 여행을 떠나서는 안 된다.'"(B2/109)

또 다른 하디스에서 예언자가 말하길, "'어떤 여성도 마흐람 없이 여행을 떠나서는 안 된다. 어떤 남성도 마흐람이 없는 여성의 집을 방문해서는 안 된다.' 이 말은 듣고 한 남자가 일어나 예언자에게 물었다. '제 이름이 아무 아무 장소의 급습 대원 명단에 들어 있습니다. 그런데 제 아내가 메카로 순례를 떠나길 원합니다.' 예언자가 대답했다. '가서 아내와 같이 메카를 순례하도록 하라.'"(B4/154) 즉 지하드의 참여보다 아내를 혼자 여행하도록 내 버려두지 않는 것이 더 중요하다는 의미이다.

여행에서 돌아오는 남자가 갖춰야할 예절에 관한 하디스도 있다: "예언자가 말하길, '너희 가운데 누구라도 오랜 동안 집을 떠나 있다가 되돌아

---

114 남편이나 아들, 아버지, 형제, 삼촌과 같이 혼인을 할 수 없는 가까운 남자 친척 보호자를 의미한다.

올 경우 밤늦은 시각에 집으로 들어가서는 아니 되느니라.' 또 예언자가 말하길, '밤에 집으로 들어가지 마라. 아내가 헝클어진 머리카락을 빗질할 수 있도록, 그리고 남편의 부재중에 그대로 두었던 음모를 깎을 수 있도록[115] 하기 위함이니라.'"(B7/123, 125, 126)

(2) 여성의 사회 활동

앞서 언급하였듯이 예언자는 처녀들과 월경 중인 여성들이 히잡을 착용할 경우 종교 축제일에 외출하는 것을 허용하였다. 다만 월경 중인 여성의 경우 예배 장소에 가까이 가지 말라는 조건을 달았다: "하프사 빈트 시린이 말하길, 우린 늘 종교 축제일에 여자아이들의 외출을 금지하였다. 한번은 난 칼라프 부족의 성채에 머물던 한 여자를 만나러 갔다. 그 여자는 자기 시누이가 열두 차례나 예언자와 함께한 급습에 동행하였다고 말했다. 그녀가 말하길, '우린 아픈 사람을 간호하고 부상자들을 치료했습니다.' 한번은 그녀가 예언자에게 물었다. '알라의 사도시여, 우리 가운데 누군가 적절한 히잡을 착용하지 않고 종교 축제일에 참석하는 것은 나쁜 일입니까?' 예언자가 대답했다. '그 친구에게 히잡을 씌워야 하느니라. 여성들은 선행과 아잔[116]의 증인이 되어야 하느니라.'"(B7/120)

"사우다가 밤에 외출을 하자 우마르가 그녀를 알아보고 말했다. '당신이군요, 사우다! 맹세코 당신은 결코 우리 눈을 속일 수 없소!' 사우다는 이 말을 듣고 예언자가 있는 곳으로 돌아갔다. 방에서 저녁을 먹고 있던 예언자를 발견하고 사우다는 자신에게 일어났던 일을 예언자에게 알렸다. 그 순간 갑자기 예언자에게 계시가 내려졌다. 계시가 그치자 예언자가 말했다. '알라께서는 자연의 부름에 응답하기 위해 네가 밖으로 나가는 것을

---

115 혼인한 아내는 남편과의 성생활을 위해 음모를 깨끗하게 깎는 것이 관행이다.
116 예배를 알리는 소리.

허락하셨느니라.'"(B7/120)

예언자가 생전에 공개적인 장소에서 여자들과 만나 함께 이야기하고 함께 어울렸다는 것을 보여주는 여러 하디스가 존재한다. 그러나 예언자는 남자들이 여성의 집을 방문하는 것은 금지하였다: "안사르 출신의 한 여성이 예언자를 찾아오자 예언자는 그녀를 한쪽으로 데려가 말을 건넸다. '맹세코, 당신들 안사르 사람들은 내가 가장 사랑하는 사람들이오.'" (B7/118) 이 일화는 공개적인 장소에서 남녀가 함께 하거나 이야기하는 것이 문제가 되지 않는다는 예언자의 관행을 보여준다.

예언자가 스스럼없이 여자들과 어울렸다는 것을 밝혀주는 또 다른 하디스가 있다: "한번은 우마르 븐 알 캇땁이 예언자의 집에 들어가겠다는 허락을 구하였다. 그때 예언자는 목소리가 큰 꾸라이쉬 부족 출신의 여자들과 함께 있었다. 그 여자들은 예언자에게 뭔가 부탁을 하고 있었다. 갑자기 우마르의 목소리가 들리자 여자들은 서둘러서 히잡으로 몸을 가렸다. 우마르가 들어오라는 허락을 받고 들어가자 예언자는 웃고 있었다. 그러자 우마르는 놀리는 말투로 예언자에게 말했다. '알라께서 당신의 웃음을 지켜주시길 빕니다. 예언자님, 제 부모가 당신으로 인하여 만족할 수 있도록 해 주소서!' 이에 예언자가 말했다. '여기 나와 함께 있는 여자들의 반응 때문에 난 매우 놀랐소. 여자들은 당신의 목소리를 듣자마자 히잡으로 몸을 가렸소.' '이 여자들은 제가 왔을 때 그럴 것이 아니라 예언자와 함께 있을 때 그렇게 똑바로 해야 할 것입니다.'라고 우마르가 말했다. 그리고 우마르는 여자들을 돌아보며 말했다. '자기 자신에 대한 적들이여! 예언자가 아닌 내 앞에서 이런 행동을 하다니.' '당신은 예언자보다 더 거칠고 엄격하기 때문입니다.'라고 여자들이 대답했다. 이때 예언자가 소리쳤다. '그래, 우마르, 우리 한번 여기에 대해 이야기해 봅시다. 알라께 맹세코, 당신이 만약 산길을 혼자 걸어간다면 사탄조차도 당신의 얼굴을 마주치느니 다른 길로 돌아갈 것이오.'"(B8/70)

남자들이 여자의 집을 방문하는 것을 금지하는 하디스가 있다: "예언자가 말하길, '너희들은 여자들을 방문해서는 안 된다.' 그러자 안사르 출신의 한 남자가 물었다. '예언자님, 그럼 여자의 마흐람은 어떻습니까?' 예언자가 대답했다. '여자의 마흐람은 죽은 자이니라.'"[117](B7/117)

어떤 여성이 자기 남편이나 다른 남자들에게 특정 여성을 상세하게 묘사하기 위해 그 여성을 쳐다보거나 만지는 것을 금지하는 하디스도 있다: "어떤 여자가 자기 남편에게 들려주기 위해 마치 남편이 바라보듯이 어떤 여자를 바라보거나 만져서는 안 된다."(B7/121)

7) 여성의 월경과 위생

(1) 월 경

"아부 알 아리야가 말하길, 천국에는 월경, 소변, 가래가 없다."(B4/304) 이 하디스는 사실 여성의 월경이 소변이나 가래처럼 더럽다는 의미를 내포하고 있다. 유대교는 월경 중에 성관계를 금지시켰을 뿐만 아니라 입맞춤을 비롯한 다른 어떤 형태의 신체적 접촉도 금지한다. 그러나 유대교와는 달리 이슬람에서는 월경을 그다지 불결한 것으로 간주하지는 않는다. 여성의 월경과 관련된 내용을 담은 하디스를 살펴보면 아래와 같다:

"아이샤가 말하길, 예언자는 내가 월경 중일 때 내 무릎에 누워 코란을 암송하곤 하였다."(B1/179)

"움무 살라마가 말하길, 외투를 덮고 예언자와 함께 있을 때 내가 갑자기 월경을 시작했다. 난 슬며시 빠져나와 월경 복장을 갖춰 입었다. 그러자 예언자가 물었다. '월경을 하느냐?' 내가 '그렇습니다.'라고 대답했다. 예언자는 나를 불렀고 나와 예언자는 이불을 덮고 함께 누웠다."(B1/179)

---

117 즉 마흐람은 예외라는 의미이다.

"마이무나가 말하길, 알라의 사도는 월경 중에 있던 나와 함께 누워 있곤 하였다. 난 옷을 입고 있었다."(M58)

월경 중에 있는 여성이 다른 사람과 접촉할 수 있다는 것을 시사하는 하디스도 있다: "어떤 남자가 우르와('Urwah)에게 물었다. '월경 중인 여자가 제 시중을 들 수 있는지요? 오염 상태[118]에 있는 여자가 제 가까이 올 수 있는지요?' 우르와가 답했다. '그 답은 매우 간단합니다. 그들 가운데 누구라도 잘못을 저지르는 위험 부담 없이 제 시중을 들 수 있지요.' 그는 말하길, '아이샤가 내게 말하길, 난 월경 중에 예언자의 머리를 빗기곤 하였소. 난 월경 중에 예언자의 머리를 감기곤 하였소.'"(B1/178, 180) 이와 관련하여 아이샤가 전한 또 다른 하디스가 있다: "예언자는 내가 월경 중에 있을 때 나를 애무하곤 하였소. 예언자가 예배를 위해 은둔을 할 때면 모스크에서 내 방안으로 머리를 들이밀었고 난 예언자의 머리를 감기거나 빗기곤 하였소."(B3/136, 137)

(2) 월경 후 세정

"아이샤는 파띠마 빈트 아부 후바이쉬(Hubaysh)가 예언자에게 물었던 것을 전했다. '저는 깨끗하지 않습니다. 예배를 드려야 할까요 혹은 그만 두어야 할까요?' 예언자가 대답했다. '이 경우의 피는 정맥에서 나온 것이지 월경이 아니니라. 진짜 월경이 시작될 때 예배를 중지해라. 월경이 끝나면 몸에서 피를 닦고 예배를 드려라.' 이븐 압바스는 이러한 여성이 남편과 성관계를 가지는 것도 허용된다고 전했다."(B1/183, 194, 196)

"한 여성이 예언자에게 물었다. '월경으로 인한 피가 누군가의 옷에 묻었다면 어떻게 해야 합니까?' 그는 대답했다. '너희 가운데 누군가의 옷이 월경의 피로 더럽혀졌다면 손가락이나 손톱으로 그 마른 피를 없앤 후 옷

---

118 성관계 후 오염된 상태를 포함.

에 물을 뿌리고 예배를 드려라.'"(B1/183)

"아이샤가 말하길, 어떤 여자가 월경이 끝난 후의 세정에 관해 예언자에게 물었다. 예언자는 '머스크 향을 뿌린 천을 가져다 그걸 세 번 닦아라.'라고 말했다. 그리고 예언자는 당황하면서 고개를 돌렸다. 난 그 여자에게 예언자가 의도하는 바를 정확하게 설명해야 했다. '그것으로 핏자국을 닦아 내거라.'"(B1/186, 187)

(3) 성관계 후 세정과 목욕

하디스에는 월경 이후뿐만 아니라 산후, 혹은 성관계 후 오염된 상태를 제거하기 위해 목욕을 하라는 명령이 담겨 있다: "아이샤가 말하길, '알라의 사도께서는 성관계 후 목욕을 할 때면 손을 먼저 씻으신다. 예언자께서는 오른 손으로 왼 손에 물을 부어 은밀한 부분을 닦으신다…'"(M616)

"아이샤가 전하길, 알라의 사도가 성관계를 가진 후 음식을 먹거나 잠을 잘 때는 예배 세정[119]을 수행하였다."(M598) "밤새 몸이 깨끗하지 않은 상태가 되면 세정을 하고 잠을 청하라고 예언자가 우마르와 알리에게 충고하였다. 또한 성관계를 다시 할 경우에도 세정을 해야 된다고 아부 바크르가 말했다. '두 행동 사이에는 반드시 세정을 해야 한다.'"(M605)

"예언자가 질문을 받았다. '만약 잠든 상태에서 성적 분비물이 나오면 여자가 온 몸을 씻어야 합니까?' 예언자가 대답했다. '그렇다, 조금이라도 분비물이 있다면 그렇게 해야 하느니라.' 그가 다시 질문을 받았다. '신의 사도시여, 여자가 잠든 상태에서 성적 분비물이 나올 수 있습니까?' 그가 대답했다. '그렇다.'"(B1/97)

"한번은 움무 살라마가 예언자에게 가서 물었다. '여자가 성적인 꿈을 꿀 경우 목욕을 해야 하나요?' 예언자가 대답했다. '그것으로 액체가 나오

---

[119] 이슬람에서 예배를 드리기 위해 특정한 방법으로 몸을 씻는 행위.

면 목욕을 해야 하느니라.' 움무 살라마가 여성도 성적인 꿈을 꿀 수 있다고 예언자에게 말한 것을 알고 다른 부인들은 분개했다."(M610, 611)

8) 여성의 의상과 치장

여성들이 다양한 경우에 입는 의상과 관련된 여러 하디스가 있다. 우선 여성의 히잡을 언급하는 하디스로는 다음과 같은 것이 있다: "여성의 의상과 관련된 코란 24장 30-31절이 계시되자 아이샤가 말하길, '메디나로 처음 이주해 온 여성들은 허리까지 내려오던 옷을 잘라 히잡을 만들어 썼다.'"(B6/267) "우마르 븐 알 캇땁이 말하길, 나는 알라의 계시인 히잡의 구절에 대해 깊이 공감하고 있다. 내가 예언자께 말했다. '만약 알라께서 부인들에게 히잡을 쓰라고 명령하셨다면 그것은 좋은 의도를 가진 사람들뿐만 아니라 나쁜 의도를 가진 사람들도 부인들에게 말을 걸기 때문입니다.'"(B1/240, 242)

예배 시 여성의 복장과 관련하여 "아이샤가 말하길, 예언자는 양모로 된 장옷으로 온몸을 싸고 있는 일부 여성 신도들과 함께 새벽 예배를 드리곤 하였다. 그리고 나서 그 여성들은 자신들의 집으로 돌아가곤 하였는데 누구도 그녀들을 알아보지 못했다."[120](B1/225)

순례 시 여성의 복장에 관한 하디스로는 다음과 같은 것이 있다: "아이샤는 신성한 메카를 순례할 때 노란 색 옷을 입고 있었다. 아이샤가 말하길, '신성한 메카로 순례하는 여성은 얼굴의 일부를 가리는 '리삼'(litham)이나 두 눈만 빼고 온몸을 가리는 장옷 '부르까'(burqah)를 입어서는 안 된다. 또한 향수를 뿌린 옷도 입어서는 안 된다. 그러나 장신구를 착용하거나 어

---

[120] 이 문제와 관련하여 아부 다우드는 "대부분의 종교학자들은 여성들이 예배를 드릴 때 얼굴을 제외한 모든 신체를 가려야 하며, 손은 장갑이나 천으로, 발은 긴 드레스나 양말로 가리는 것이 낫다는 데 의견 일치를 보이고 있다. 이러한 결정은 예언자의 말에 따른 것이다"라고 언급하였다.

두운 색깔의 옷을 입거나 신발을 착용하는 것은 아무런 문제가 되지 않는다.'"(B2/358)

여성의 치장과 관련하여, "압둘라가 말하길, '알라께서는 문신하는 일에 종사하는 여성, 문신을 받는 여성, 털을 뽑는 여성, 매력적으로 보이도록 치아 사이에 틈을 만드는 여성들을 저주하셨다. 그들은 알라가 창조한 것을 훼손시키기 때문이다.' 움무 야으꿉이라 불리는 아사드 부족 출신의 한 여성이 이 이야기를 듣고는 압둘라에게 가서 도전하듯 말했다. '당신께서 그러한 유형의 여성들을 저주했다는 말을 들었소.' '알라께서 저주하여 코란에도 나와 있는 그런 여성들을 내가 저주 못할 이유가 있겠소?'라고 응수했다. 그러자 그녀는 '좋소, 그런데 내가 코란을 처음부터 끝까지 모두 읽어보았으나 당신이 주장하는 그 어떠한 것도 발견하지 못했소.' 압둘라가 말하길, '좋소, 만약 당신이 코란을 잘 읽어보면 그런 사실을 분명 발견하게 될 것이오. 알라의 사도가 너희에게 가져온 것은 취하고 너희에게 금지한 것은 그만두고.[121] 이 구절이 바로 알라께서 그러한 것을 금지한 것이오.' 움무 야으꿉이 '좋소, 난 당신의 아내가 그러한 것을 하는 것을 보았소.'라고 말하자 압둘라는 '그럼 가서 내 아내를 다시 보시지요.'라고 응수했다. 움무 야으꿉이 가서 압둘라의 아내를 보았으나 자기 말에 대한 근거를 찾지 못했다. 그러자 압둘라가 선언했다. '만약 내 아내가 그러한 것 가운데 어느 한 가지라도 했다면 난 아내와 잠자리를 갖지 않겠소.'"(B3/379)

여성의 가발쓰기를 금지하는 여러 하디스가 있다. "아스마('Asma)는 어떤 여성이 예언자에게 와서 다음과 같은 질문을 했다고 전했다. '예언자님, 제 딸이 성홍열(혹은 천연두)에 걸려 머리카락이 모두 빠졌습니다. 제 딸 아이를 시집보내고 싶습니다. 그 아이가 좀 나아보이도록 가발을 씌워도

---

121 코란 59장 7절.

되겠습니까?' '알라께서는 가발을 씌우는 사람과 가발을 쓰는 사람 모두를 저주하셨다.'라는 것이 예언자의 대답이었다."(B7/536)

"아이샤가 말하길, 안사르 출신의 한 여성이 딸을 시집보냈는데 그 딸의 머리카락이 점차 빠지기 시작했다. 그 여성이 예언자를 찾아가 말했다. '제 사위가 딸에게 가발을 씌워주도록 요구하였습니다.' 이에 예언자가 말하길, '아니다. 안 된다. 가발을 쓰는 여성은 저주를 받느니라.'"(B7/101)

가발쓰기와 관련된 또 다른 하디스가 있다: "무아위야 븐 아부 수프얀은 메카로 순례를 하던 해에 설교단에 서서 설교를 하다가 한 경호원의 손에 들려 있던 가발 타래를 잡고는 말했다. '메디나 사람들이여, 당신들에게는 현자도 없는 것이오? 난 예언자께서 이와 같은 가발을 금지시켰다고 들었소. 예언자께서는 이스라엘 여자들이 가발을 쓰는 풍습을 받아들였을 때 이스라엘 민족이 멸망했다고 말씀하셨소."(B4/449)

제3장

이슬람법 샤리아와 여성

이슬람법 샤리아는 혼인과 이혼, 양육, 친권, 상속과 같은 여성과 관련된 중요한 영역을 포함하고 있는 가족법의 영역을 담고 있다. 여성의 권리와 의무, 위상에 대한 내용뿐만 아니라 전통적 가족이나 사회 구조, 각 구성원의 역할과 책임, 가족의 가치 등이 이슬람법 샤리아에 규정되어 있다. 여러 논란에도 불구하고 코란과 하디스는 이슬람 초기에 무슬림 여성의 위치 향상에 크게 기여를 한 것이 사실이다. 그러나 이슬람법 샤리아에서는 코란과 하디스, 특히 코란에 나와 있는 남녀의 평등 정신이 도전받았고 이것이 오늘날 무슬림 여성의 위치에까지 영향을 미치고 있다. 이에 본장에서는 우선 이슬람법의 원천과 수니 법학파를 개괄한 후 이슬람법 샤리아 속에서의 여성문제, 특히 가족법 관련 문제가 어떻게 다루어지는가를 살펴보고자 한다.

1. 이슬람법의 원천과 수니 법학파

1) 이슬람법과 이슬람법의 원천

이슬람 세계가 지리적으로 팽창함에 따라 이슬람 공동체는 변화된 상황 속에서 '신의 의지가 어떻게 실현될 수 있는가'에 대해 고민하기 시작하였다. 코란은 엄밀한 의미에서 법전이 아니었으며 이슬람 공동체에서 문제가 생길 때마다 해결을 해 주던 예언자는 더 이상 생존해 있지 않았다. 이에 정통 4대 칼리프 시대와 이후 우마이야 시대에는 판사들이 법적문제를 해결하는 책임을 떠맡게 되었다. 우마이야 시대 통치자들과 법정

이 코란의 개혁 정신을 뿌리내리는 데 실패하였다는 생각은 8세기 이슬람 제국의 주요 도시에서 이슬람 법학파가 출현하는 계기가 되었다. 메카와 메디나, 쿠파, 바그다드 등지에서 신실한 무슬림들은 초기 지도자 이맘('Imam)을 중심으로 모여들어 이들의 추종자가 되었다. 그 결과 수니파에서는 아부 하니파('Abu Hanifah), 말리크 븐 아나스(Malik bn 'Anas), 무함마드 븐 이드리스 알 샤피이(Muhammad bn Idris al-Shafi'i), 아흐마드 븐 한발('Ahmad bn Hanbal)이 각각 하나피, 말리키, 샤피이, 한발리 법학파의 창시자가 되었다. 9세기부터 전통적 이슬람 사회에서 법을 해석하고 다듬을 수 있는 권한은 종교학자 울라마들에게 넘어갔다. 종교와 정치의 분립은 통치자들로 하여금 손쉽게 법을 공포하거나 재해석할 수 없도록 만들었다. 세월이 흐름에 따라 이슬람 제국의 흥망이 바뀌었어도 종교학자 울라마들과 통치자 간의 이러한 균형은 크게 변화하지 않았다.

(1) 샤리아(이슬람 신법)와 피끄흐(Fiqh, 이슬람 법학)

학자들은 어원학적으로 '샤리아'라는 단어가 '따라야 할 길' 혹은 '물웅덩이로 가는 길'을 의미한다고 보았다. '물웅덩이로 가는 길'은 사막에서 생명의 길을 의미한다. '길' 또는 '방법'으로서의 샤리아의 어원은 코란 구절 "내(알라)가 그대(예언자)를 바른 길(샤리아) 위에 두었으니 그것을 따르고 알지 못하는 자들의 유혹을 따르지 말라"(코란 4장 18절)에서 비롯되었다.

샤리아의 가장 엄격한 정의는 코란과 예언자의 관행, 즉 순나에 표현된 신법을 의미한다. 샤리아는 범죄, 정치, 경제와 같은 문제를 비롯하여 성관계, 위생, 음식, 예배, 예의범절, 단식과 같은 개인적인 문제를 포함한다는 점에서 종교법인 동시에 도덕적 코드라고 할 수 있다. 샤리아의 주제는 다양한 방법으로 정리되었다. 압드 알 라흐만 도이('Abd ar-Rahman I. Doi)는 그의 저서 『이슬람법 샤리아』에서 가족관계, 범죄와 처벌, 상속과 재산의 처분, 경제 시스템, 외부 관계 다섯 가지로 이슬람법을 분류하였다. 한편, 14세기 샤피이 법학파의 아흐마드 븐 나낍 알 미스리('Ahmad bn Naqib al-Misri)가 저술한 『여행자의 의지할 곳』('Umdat al-Salik)에 따르면 샤리아는 세정, 예배, 장례 예배, 세금, 단식, 순례, 무역, 상속, 혼인, 이혼, 정의로 분류되어 있다.[1]

샤리아적 정의의 중심 개념은 인간 간의 상호 존중이다. 이슬람에서 공정한 사회란 모든 구성원에게 이익이 되는 인간에 대한 존중을 지키는 사회를 의미한다. 신의 대리인으로서의 인간은 지구상에서 그 자체가 궁극이 되도록 대우받아야 한다는 것이다. 또한 샤리아는 인간의 자유보다는 인간의 복지에 우선권을 부여하고 있다. 다시 말해 이슬람의 법적, 사회적, 정치적 제도 뒤에는 모든 신자들이 어느 곳에 살든지 존중받아야 한다는 신의 인가가 있다는 것이다. 샤리아의 원칙을 요약해 보면 다음과 같다. 첫째, 사회의 보다 큰 이익이 개인의 이익보다 앞선다. 둘째, '고통을 경감시키는 것'과 '이익을 증진하는 것'이 모두 샤리아의 최상의 목표 가운데 하나이지만 전자가 후자를 앞선다. 셋째, 작은 손실을 경감하기 위해 큰 손실을 가할 수 없으며 큰 이익이 작은 이익을 위해 희생될 수 없다. 역으로 말하면 큰 피해를 막기 위해 작은 피해가 가해질 수 있으며, 작은 이익은 큰 이익을 위해 희생될 수 있다는 의미이다.[2]

한편, 피끄흐라는 것은 신법에 대한 인간적 해석으로 이슬람 법학을 의미한다. 피끄흐는 코란에 상술되어 있거나, 순나에 의해 추가되거나, 혹은 이슬람 법학자들의 판결이나 해석에 따라 이행된 샤리아의 확장이라 할 수 있다. 피끄흐를 연마한 사람은 파끼흐(Faqih)라 불린다. 역사학자 이븐 칼둔(Ibn Khaldun)은 피끄흐를 "의무행위(Wajib), 금지행위(Haram), 권장행위

---

1   위키페디아(wikipedia)는 샤리아를 '세정', '예배', '장례예배', '자선', '단식', '순례', '무역', '상속', '혼인'(일부다처), '이혼'(아이 양육), '정의', '법적 절차', '형벌', '배교', '음식', '음료와 도박', '관습과 행동', '의식', '복장'으로 분류하였다.
2   'Abd ar-Rahman I. Doi, 위의 책, pp. 31, 34.

(Mandub), 혐오행위(Makruh), 허용·행위(Mubah)와 관련된 법을 준수하는 개인의 행동과 관련된 신의 규범을 아는 지식"이라고 정의하였고 대부분의 법학자들도 이러한 정의에 동조하고 있다.

코란은 예배(salat) 전에 수행해야 하는 세정의식을 비롯한 많은 문제에 대해 분명한 가르침을 주고 있다. 그러나 무슬림들은 사는 동안 부딪히게 되는 다양한 문제에 관해 코란이 충분한 지침을 주고 있지 않다고 믿었다. 예컨대 코란은 매일의 예배와 라마단 달 동안의 단식(saum)의 필요성을 언급하고 있지만 이러한 의무가 구체적으로 어떻게 수행되어야 하는지에 대한 지침을 주고 있지 않다. 무슬림들은 이러한 지침을 예언자의 관행에서 찾았다. 따라서 코란과 순나는 대부분의 경우 샤리아의 기본 원천이라 할 수 있다. 그러나 어떤 사안의 경우 이슬람 초기 사회에서 그 전례를 찾을 수 없는 경우가 있었다. 이 경우 법학자들은 역사적으로 내려온 공동체의 합의 이즈마('Ijma')와 유추 끼야스(Qiyas) 등의 방법을 사용하였다. 이러한 다양한 방법을 통해 이르게 되는 결론은 샤리아보다 넓은 범주의 법을 구성하게 되는데 이것이 바로 피끄흐이다. 따라서 샤리아와는 달리 피끄흐는 신성한 것으로 간주되지 않으며 법학파들은 특정 사항이나 세부 사항에 대해 서로 다른 견해를 보이기도 한다. 이러한 다양한 견해는 결과적으로 이슬람의 다양한 법학파(madhhab)를 탄생시켰다.

이슬람의 주요 법학파로는 우선 수니파와 시아파, 그리고 이바디파로 분류할 수 있다. 수니파와 시아파는 다시 하부 종파로 나뉘고 이바디파는 분파 없이 하나의 법학파로 되어 있다. 주요 수니 법학파는 그 창시자의 이름을 따서 하나피 법학파, 샤피이 법학파, 말리키 법학파, 한발리 법학파로 불린다. 시아파는 분파의 이름을 따서 자으파리 법학파, 이스마일 법학파, 자이디 법학파로 나뉜다. 수니파와는 달리 시아파의 하부 종파들 간에는 견해 차이가 큰 것으로 알려져 있다. 현존하는 수니 법학파는 대부분의 법과 규정을 공유하고 있으나 각각 정통하다고 간주하는 관행의 차이,

혹은 유추나 이성에 의존하는 비중에 따라 세부 문제에서 입장 차이를 보이고 있다.[3]

샤리아와 피끄흐 모두에서 인간의 행동은 다섯 가지로 구별된다: 첫째, 의무행위(Fard 혹은 Wajib): 단식, 희사, 예배와 같이 반드시 수행해야 하는 행위로 수행할 경우 신의 보상이 있고, 수행하지 않을 경우 법적 처벌과 신의 처벌이 있다. 둘째, 권장행위(Mandub 혹은 Mustahabb): 예배할 때 신을 찬미하는 행위, 순례 후 메디나 방문 등과 같이 권장할 만한 바람직한 행위로서 수행할 경우 신의 보상이 있으나 그것을 하지 않아도 아무런 법적 처벌이나 신의 처벌이 없다. 셋째, 허용행위(Ja'iz 혹은 Mubah): 허용되는 행위로 법적으로 중립적이다. 그러나 이 행위가 신에 대한 복종을 의도한 것이라면, 예컨대 예배를 수행하기 위한 에너지를 얻기 위해 음식을 먹는 것, 그것은 권장행위의 수준으로 격상될 수 있다. 넷째, 혐오행위(Makruh): 승인되지 않는 행위로 법적 처벌이나 신의 처벌이 없다. 그러나 그것을 하지 않을 경우 신의 보상이 있다. 다섯째, 금지행위(Haram): 음주, 간음, 도둑질 같이 법적 처벌은 물론 신의 처벌을 받는 행위로 그것을 하지 않을 경우 신의 보상이 있다.

샤리아적인 차원에서 보면 의무행위란 샤리아가 그렇게 하도록 구속력을 가지고 요구하는 것, 권장행위란 샤리아가 그렇게 하도록 요구하나 구속력은 없는 것, 금지행위란 샤리아가 구속력을 가지고 그것을 하지 않도록 요구하는 것, 혐오행위란 샤리아가 그것을 하지 않도록 요구하나 구속력은 없는 것, 허용행위란 샤리아가 그것을 하도록 혹은 그것을 하지 말도록 요구하지 않는 것을 의미한다.

이러한 정의는 보상과 처벌의 용어로 정의하면, 의무행위란 그것을 할 경우 보상이 있고 그것을 하지 않을 경우 처벌이 있는 것, 권장행위란 그

---

[3] http://en.wikipedia.org/wiki/Fiqh(2013년 1월 20일 검색).

것을 할 경우 보상은 있으나 하지 않을 경우 처벌도 없는 것, 금지행위란 그것을 하지 않을 경우 보상이 있고 할 경우 처벌이 있는 것, 혐오행위란 그것을 하지 않을 경우 보상이 있고 할 경우에도 처벌이 없는 것, 허용행위란 보상도 처벌도 없는 경우를 의미한다.

앞서 언급하였듯이 샤리아와 피끄흐 간에는 미묘한 차이가 있기는 하나 일반적으로 두 용어는 모두 이슬람법을 의미하는 동일한 개념으로 간주된다. 이는 대중적인 무슬림 담화뿐만 아니라 이념적 배경을 가진 학자나 정치인들의 담화에서도 마찬가지이다. 그러나 이슬람주의자들이 샤리아라고 주장하는 것은 사실 피끄흐, 즉 인간이 실수를 범할 수 있는 법적 추정이나 추론을 의미한다는 것이 페미니스트들의 주장이다. 무슬림 페미니스트들은 샤리아를 가부장적으로 해석하는 피끄흐에 문제가 있는 것이지 신법 샤리아에는 문제가 없다고 주장한다. 피끄흐는 법학자들이 신성한 텍스트에 근거한다고 주장하는 올바른 규정('ahkam)뿐만 아니라 법학자들이 만들어낸 법학적, 해석학적 말뭉치도 포함한다는 것이다.[4]

(2) 첫 번째 원천 코란[5]

기본적으로 코란은 무슬림들에게는 초자연적인 대상이다. 코란의 계시는 신을 위한 것이 아니라 인간을 위한 신의 의지이다. 즉 코란은 "인간을 위한 선언이며 신을 경외하는 자들을 위한 안내서이자 경고이다."(코란 3장 138절) 따라서 계시된 법의 우선의 법원은 자연스럽게 코란이 된다. 코란은 엄격한 의미에서 법적 규범을 담고 있지 않다. 법적 규범과 관련된 코란의 구절은 주로 광범위하고 일반적인 도덕적 코드와 같다. 코란에서 법

---

4 Ziba Mir-Hosseini, 위의 책, pp.25-26.

5 코란은 무함마드가 예언을 받기 시작한 이래 22년 2달 22일 동안 예언자 앞에 놓인 문제를 해결하기 위해 계시되었다. 첫 번째 계시는 예언자가 41세 되던 해 라마단 달(이슬람력 9월) 15일 밤 히라(Hirah) 동굴에서 계시된 96장 1절에서 3절까지이다. 마지막 계시는 예언자가 63세 되던 해 순례의 달(이슬람력 12월) 9일에 계시된 5장 3절이다.

적 규범으로 간주할 수 있는 것은 80여개 구절에 불과하다고 주장하는 학자들도 있다.[6] 한편, 수유띠(al-Suyuti)는 코란에서 법적 함축성을 지닌 구절이 500개에 달한다고 주장하였다. 또 다른 학자들은 그 보다 더 많은 구절이 신의 명령과 관련이 있다고 주장하기도 하였다. 어쨌든 이러한 코란 구절은 인간의 삶의 모든 영역에서 '금지'(haram)와 '허용'(halal) 행위를 구별하기 위한 척도가 되고 있다. 코란이 '푸르깐'(al-Furqan, 표준, 기준, 척도)이라고 불리는 것도 이러한 이유에서이다. 무슬림들에게 코란은 인간에 의해 만들어진 법과는 달리 수정할 수 없는 신법인 것이다.

코란의 계시는 기본적으로 메카와 메디나에 설립된 이슬람 공동체의 필요에 부응하기 위한 것이었다. 코란은 공동체를 위한 이데올로기를 제공하면서 이슬람적 기준에 맞지 않은 기존의 관습에 수정을 가했다. 법 교리의 발전에 기여한 이러한 구절은 이슬람 공동체가 성장하였던 메디나에서 주로 계시되었다. 이러한 구절들은 오래된 부족적 관행을 수정하여 새로운 규범으로 대체하였다. 예컨대 알코올의 섭취는 아라비아반도의 오래된 관행으로 이슬람 초기에는 금지되지 않았다. 그러나 후에 술 취한 상태에서의 예배를 금지하는 코란 구절[7]이 계시되면서 알코올의 섭취는 금지행위로 굳혀졌다.

이슬람의 도래는 부족 공동체에서 신앙 공동체로의 전환을 가져왔다. 신자들 간의 형제애는 부족에 대한 충성도를 넘어섰으며, 이로 인해 가족 간의 유대 강화, 특히 여성의 지위 강화에 대한 관심이 높아졌다. 그 결과 코란이 담고 있는 개혁의 대상은 주로 혼인과 이혼, 상속과 관련된 것이다. 예컨대 혼인에서 코란은 아내만이 혼납금에 대한 권리가 있다고 선언함으로써 여성의 경제적 권한을 보장하고 있다. 또한 아내의 수를 네 명

---

6 John L. Esposito, *Women in Muslim Family Law*, p.3.

7 "신도들이여 너희가 말하는 것을 알 수 있을 때까지 취중에 있는 동안에는 예배를 가까이 하지 마라"(코란 4장 43절)

으로 제한함으로써 남성들의 무제한적 혼인의 권리에 제한을 가했다. 일부다처를 할 경우 남편은 모든 아내에게 공평하게 대해 주어야 한다는 조건을 제시하는 한편, 보통의 무슬림 남성이 모든 아내에게 공평하게 대하는 것은 불가능하다고 선언함으로써 코란은 바람직한 혼인제도로서의 일부일처제를 암시하고 있다. 이혼 분야에서도 그동안 관행화되었던 남편의 무제한적인 이혼권에 제한을 가하고 있으며 재혼금지기간 잇다를 둠으로써 마지막까지 가정을 보호하고 있다. 코란이 가져온 상속 분야에서의 개혁은 당시로서는 획기적인 변화였다. 남계친으로 상속되던 기존의 전통법에서 벗어나 여성들이 일정한 상속지분을 가지게 된 것은 여성의 지위 변화에 큰 몫을 하였다.

예언자의 교우들은 코란 구절 뒤에 숨겨진 의미를 찾아내는 데 온갖 노력을 기울였다. 그 결과 코란 주석학은 이슬람 공동체에 의해 이루어진 첫 번째 학문 활동이 되었다. 코란 구절에 대한 우선의 그리고 최선의 해석은 바로 코란 그 자체로 설명하는 것이었다. 예컨대 "모든 가축들이 너희들에게 허용되었으나 너희들이 순례 상태에 있을 때에는 사냥하는 것이 허용되지 않느니라"(5장 1절)라는 구절이 있다. 이 구절은 그 다음 구절에 비추어 해석할 때에서야 비로소 그 의미가 분명해진다: "죽은 고기와 피와 돼지고기와 알라의 이름으로 잡지 않은 것 목 졸라 죽인 것과 때려서 잡은 것과 떨어져서 죽은 것과 받혀서 죽은 것 다른 동물이 먹다 남은 것 우상으로 바쳤던 것 도박을 걸고 잡은 것은 너희에게 금지되느니라…"(5장 3절) 비슷한 방법으로 코란 계시 내용의 '무조건적'(mutlaq)인 것을 '제약된'(muqayyad) 것으로 '일반적인'('amm)인 것을 '특별한'(khass) 것으로 해석하는 것 역시 코란을 해석하는 방법 가운데 하나였다. 학자들은 이러한 방법을 통해 의미가 상호 충돌되는 코란 구절로 인해 생겨나는 문제를 해결하였다.[8]

---

8 'Abd ar-Rahman I. Doi, 위의 책, pp.49-50.

예언자 자신도 코란 구절 가운데 양의성을 가진 모호한 것을 분명하게 설명하는 한편, 다른 구절을 폐기시키는 구절과 다른 구절에 의해 폐기되는 구절을 구별하여 교우들에게 설명하곤 하였다. 어떤 경우 예언자의 침묵이나 교정 그 자체가 일종의 코란 주석으로 간주되기도 하였다. 코란 구절에 대한 예언자의 논평이나 비평(Tafsir Nabawi)은 부카리나 무슬림, 혹은 티르미지의 하디스 모음집에서 발견되고 있다.

예언자가 살아 있는 동안 교우들은 그에게 코란에 담긴 규정에 관해 질문을 하곤 하였다. 그 결과 교우들은 코란 구절이 계시된 다양한 이유('Asbab al-Nuzul)에 대해 알게 되었다. 그들은 또한 다른 구절을 폐기시키는 구절(Nasikh)과 다른 구절에 의해 폐기되는 구절(Mansukh)을 식별할 수 있었다. 예언자가 설명한 모든 것과 그가 침묵의 승인을 한 모든 것은 교우들에 의해 암송되었다. 새로 개종한 사람들과 예언자의 사망 이후에 태어난 사람들은 코란의 다양한 주제에 관해 예언자가 설명한 것, 또는 예언자가 침묵으로 승인한 것에 대해 교우들에게 질문을 하곤 하였다.

정통 4대 칼리프들 역시 초기 코란 주석학의 대가였다. 그들은 계시(wahy)를 직접 목격했을 뿐만 아니라 그 의미를 예언자에게 직접 들었기 때문이다. 예언자 시대에 인정받은 초기 코란 주석가들로는 압둘라 븐 압바스(687년 사망), 압둘라 븐 마스우드(653년 사망), 알리, 우바이 븐 카웁('Ubayy bn Ka'b, 640년 사망)이 있다. 그 가운데서도 압둘라 븐 압바스는 '코란 주석학의 아버지'라 불릴 정도로 이 분야에서 독보적인 위치를 차지하였다. 예언자 시대를 살았던 주석가들이 하나 둘씩 사망하자 교우들의 계승자들 가운데서 뛰어난 주석가들이 등장하였다. 이 시대의 계승자들은 자신들만의 방법으로 더 많은 코란 구절에 대한 주석을 시도하였다.

코란 주석에 대한 기록은 이미 예언자 시대에 시작되었기 때문에 어떤 것이 가장 오래된 것이라고 정확하게 이야기 할 수 없다. 그러나 많은 학자들은 따바리의 코란 주석을 가장 오래된 것으로 간주하고 있다. 하디스 수집가 부카리와 동시대를 살았던 따바리는 코란뿐만 아니라 예언자의 순나를 바탕으로 코란을 설명한 최초의 학자였다. 예언자 교우들의 설명을 바탕으로 코란에 주석을 달았던 따바리 이후 다양한 방법을 사용하여 쿠란을 주석하는 많은 후대의 학자들이 등장하였다.

(3) 두 번째 원천 하디스

샤리아의 첫 번째 원천 코란의 규정은 예언자의 순나에 의해 보다 자세하게 설명됨으로써 관행으로 정착되었다. 순나란 문자적으로 '길, 관행, 삶의 방식, 그리고 예언자가 행하고 말하고 승인했던 이상적인 행동이나 행동양식'을 의미한다. 따라서 순나는 코란 다음으로 중요한 샤리아의 원천으로 간주된다. 코란에도 순나를 이슬람의 법적 원천으로 받아들이라는 명령[9]이 담겨 있다.

순나는 코란의 메시지를 해석하는 데 그리고 이슬람식 삶의 방식을 구축하는 데 중요한 역할을 함으로써 앞서 언급하였듯이 '숨겨진 계시'라는 별칭을 얻기도 하였다. 코란은 무슬림들에게 삶에 대한 기초적 규범을 제시하고 있으나 현실적 인도가 필요한 다양한 문제에 대해 일일이 답하고 있지 않다. 이에 하디스가 생겨나 초기 무슬림들의 관행에 공식적 진술을 더해 주었다. 하디스학의 발전과 더불어 예언자의 삶과 관련된 아주 사소한 것까지 조사하고 전하는 계층이 생겨났다. 그들의 눈에 예언자는 추종하고 모방해야 할 이상형으로 비춰졌고 예언자의 순나는 모든 무슬림들이 추구하는 행동 모델로 인식되었다.

초기 무슬림들은 예언자의 관행을 엄격하게 준수하였다. 그들은 예언자가 말하거나 행한 것, 삼간 것, 침묵으로 승인한 것 등을 수집하기 시작하였다. 그 밖에도 예언자의 결정이나 판결, 예배나 일상의 거래, 신성이

---

9 "알라의 사도가 너희에게 가져온 것은 취하고 너희에게 금지한 것은 그만두고…"(코란 59장 7절)

나 천사, 내세 등에 대한 견해 등이 수집되었다. 하디스를 수집하는 작업은 후에 이슬람법의 확립과는 별도로 진행되었으나 결국 이슬람법의 형성에 크게 기여하였다.

예언자 사후 모든 사안은 코란이나 예언자의 판단 혹은 전언이 참조되었다. 예컨대 예언자의 딸 파띠마는 예언자로부터 상속을 받을 권리가 있다고 주장하였다. 그러나 아부 바크르가 "우리(예언자들)는 상속받지 못하고 우리가 남기는 것은 자선해야 하느니라."라는 하디스를 암송하자 누구도 이에 대해 논쟁하지 않았다. 이런 사건은 초기 공동체에서 일어나는 일상사가 되었고 예언자 전언의 정통성을 확인하는 기회가 되었다.[10] 그 결과 하디스의 신뢰성이 구축되는 한편 하디스가 널리 회자되기 시작하였다.

초기 주석가들 다음으로 등장한 학자들이 바로 이슬람 법학의 원칙을 수립한 말리크 븐 아나스, 아부 하니파, 샤피이, 아흐마드 븐 한발이었다. 이들의 노력으로 순나와 하디스의 수집과 편찬이 활발하게 진행되었다. 다양한 학자들에 의해 하디스의 정통성을 확인하거나 혹은 그 결함을 찾기 위한 규정이 만들어졌다. 이에 하디스는 이슬람법 체계의 발달에 중요한 요소가 되었다. 이맘 말리크 븐 아나스는 저서 『무왓따』를 통해 하디스뿐만 아니라 무슬림 1세대인 메디나 사람들의 관행에 의거해서 이슬람법의 기반을 마련하였다. 『무왓따』 이후 많은 저서가 뒤따랐으며 특히 아흐마드 븐 한발(855년 사망)의 『무스나드』(al-Musnad)가 돋보이는 저서로 기록되었다.

이맘 말리크의 『무왓따』와 아부 하니파의 『키탑 알 아사르』(Kitab al-'Athar) 등의 초기 전승 모음집은 주제별로 내용이 정리되었다. 실제 소송에서의 판결을 위해 전승 모음집이 필요했던 법학자들은 이러한 모음집에 근거하여 판결을 내리기도 하였다. 주제에 따라 하디스 모음집을 정리하던 후기

---

10 'Abd ar-Rahman I. Doi, 위의 책, pp.79-80.

하디스 학자들은 헤지라 3세기 중반까지 즉 하디스가 이슬람 공동체의 관행과 신앙에 중요한 역할을 할 때까지 이러한 방식을 고수하였다. 하디스 수집가들 혹은 전언가들의 최대 목표는 하디스에 근거한 법적 판결의 정통성을 확보하는 것이었다.

헤지라 3세기 후반에 만들어진 6개의 하디스 모음집이 점차 인정을 받게 되면서 후세대 무슬림들은 이를 표준적인 '6대 정통 하디스 모음집'으로 받아들였다. 하디스의 신뢰도를 측정하기 위한 방법은 전언가 계보 이스나드였다. 이스나드의 신뢰도에 따라 '정통한', '좋은', '약한' 등의 등급이 매겨졌다. 따라서 이스나드는 원문 마튼 만큼 중요한 것이 되었다. 그 결과 오래전부터 쿠파와 메디나를 대표하던 하나피 법학파와 말리키 법학파가 인정하던 하디스를 샤피이 법학파가 거부하기도 하였다. 그러한 하디스는 '무살'(Musal, 교우에 대한 언급 없이 한 명의 계승자나 계승자의 계승자들이 예언자에게 직접 들었다고 언급한 것), '마와끼프'(Mawaqif, 단 한 명의 교우가 진술한 것), '발라가'(Balaghah, '나는 예언자가 …라고 말하는 것을 들었다.'라고 전언가가 이야기 한 것)와 같은 것이었다. 이러한 엄격한 원칙에 따라 단 한 명의 교우에 의해 전해진 많은 하디스가 거부되거나 낮은 등급으로 전락하였다.[11]

하디스는 코란 다음으로 중요한 법원이기 때문에 하디스 비평은 엄격한 원칙이 요구되었다. 무슬림 3세대에 속하는 주요 법학자들은 후에 언급하게 될 유추 끼야스보다 하디스를 선호하였다. 일부 법학자들은 관련 하디스를 발견하지 못할 경우 법적 판결을 거부하기도 하였다. 말리크나 아부 하니파와 같은 법학자들은 예언자 가까이서 그의 관행을 따랐던 교우들의 관행을 주요 법적 권위로 받아들이는가 하면, 더 나아가 말리크는 메디나 사람들의 관행까지도 권위 있는 법적 증거로 사용하기도 하였다.[12]

---

11 앞의 책, p.86.
12 앞의 책, p.88.

법학자들은 코란과 배치되는 하디스가 올바른 하디스가 아니라는 사실을 종종 간과하였고 이는 이슬람법 발전에 부정적인 결과를 낳았다. 골드치어는 기존의 지역적 관습을 정당화하거나 혹은 법학자들의 의견을 지지하기 위해 하디스가 위조되었다고 주장하였다. 즉 보수적인 무슬림 법학자들이 법적, 사회적, 정치적 문제에 대해 자신들이 원하는 방향으로 합의를 이끌어내기 위한 이기적인 동기에서 하디스가 위조되었다는 것이다.

(4) 세 번째 원천 합의 이즈마('Ijma')

코란과 순나 외에도 샤리아에 정통한 학자나 법학자들의 합의, 즉 이즈마가 이슬람법에서 중요한 역할을 하였다. 이즈마란 법적 문제에 관한 무슬림 공동체의 합의를 의미한다. 이슬람의 다양한 법학파들은 이러한 합의가 무슬림 1세대만의 합의를 의미하는지, 혹은 3세대까지의 합의를 의미하는지, 혹은 무슬림 세계의 법학자 및 학자들 간의 합의를 의미하는지, 혹은 무슬림 세계 전체의 학자 및 비전문가 모두의 합의를 의미하는지에 대해 견해를 달리한다.[13] 고전적이고 표준적인 이즈마의 정의는 '특정한 주제에 관한 특정한 시대에 속한 법학자들 간의 만장일치의 합의'를 의미한다.

이즈마는 코란의 계시와 예언자 관행에서 비롯되었다. 코란 42장 38절과 3장 159절[14]은 일을 처리하는 데 상호 협의할 것을 명령하고 있다. 예언자는 신으로부터 직접 계시를 받았음에도 불구하고 슈라(shura), 즉 상호 협의하라는 명령을 받았다. 이는 "나의 공동체는 잘못된 것에 결코 합의하지 않는다."[15]라는 예언자의 하디스에 근거한다.

이즈마는 예언자 사망 이후 법적 사안에 대해 예언자가 인도할 수 없는

---

13 http://en.wikipedia.org/wiki/Ijma%27(2014년 12월 1일 검색).

14 "일을 상호 협의하며…"(코란 42장 38절), "일을 처리함에 그들과 상호 협의하라…"(코란 3장 159절)

15 al-Tirmidhi, Ibn Majah, 'Abu Dawud가 언급.

상황에서 관행화되었다. 이즈마는 문제를 해결하고 결정하는 과정에서 개인적 실수를 보완할 수 있는 자연스런 과정으로 인식되었다. 예언자에게도 상호 협의가 의무사항이었던 만큼 법학자들은 개인적, 사회적, 정치적인 모든 문제에서 상호 협의, 슈라에 의존해야 한다고 믿었다. 예컨대 코란은 알코올을 마신 사람에 대한 처벌에 관해서는 언급하지 않았다. 그러나 알리 븐 아비 딸립이 "술을 마신 사람은 술에 취한다. 술에 취한 사람은 헛소리를 한다. 헛소리를 하는 사람은 다른 사람이 간음을 저질렀다고 무고한다. 따라서 이런 자에게는 코란의 명령[16]에 따라 80대의 태형을 가해야 한다."라고 말하자 교우들이 이에 합의하였던 것으로 알려져 있다.[17]

지식을 가진 사람과 상호 협의하고 법적 추론 이즈티하드(Ijtihad)를 하는 것은 예언자 사후 이슬람 초기 공동체에서 주요 인물이 한 자리에 모이는 것이 가능했을 때 이즈마에 이르기 위한 일상적 행위였다. 정통 칼리프들은 새로운 문제가 제기될 때마다 예언자의 교우들과 협의하였다. 그러나 후기 울라마들은 특정 문제에 관해 한 장소에서 만나 합의하기도 하였으나, 서로 만나지 않은 상태에서 합의를 이루어내기도 하였다.[18]

법적 합의 이즈마는 현실적인 문제를 해결하기 위한 목적으로 이용되었다. 예컨대 상속 분야에서 어떤 사람이 자기 아버지보다 먼저 사망할 경우 그 아버지의 상속의 몫을 받는 할아버지는 자기 아들과 더불어 손자의 유산 상속에 참여하도록 합의되었으며, 할머니 역시도 그 유산의 6분의 1을 받도록 합의되었다. 이는 무기라 븐 슈으바(Mughirah bn Shu'bah)가 전한 예언자의 결정에 근거하고 있다. 또한 코란이 자기 어머니와 혹은 딸과의 혼인을 금지한 것을 근거로 자기 직계존속 할머니와 직계비속 손녀와도 아

---

16 "정숙한 여성들을 중상하면서 네 명의 증인을 대지 못하는 자들에게는 80대의 태형을 가하라…" (코란 24장 4절)

17 'Abd ar-Rahman I. Doi, 위의 책, p.99.

18 앞의 책, p.100.

무리 멀다고 하더라도 혼인이 금지된다고 합의되었다.[19]

이슬람 학자 울라마들의 합의 이즈마는 코란과 예언자의 순나, 즉 예언자의 말(Qawl al-Rasul)과 예언자의 행위(Fi'l al-Rasul)에 근거해야 한다. 예언자의 일부 행위는 일반인들에게 적용할 수 없는 예외적인 것일 수도 있다. 또한 합의는 예언자가 말로 혹은 침묵으로 승인한 것에 근거해야만 한다. 따라서 이즈마는 크게 구두로 이루어진 합의('Ijma' al-Qawul), 행동으로 표현된 합의('Ijma' al-Fi'l), 침묵 혹은 반대 의견을 제시하지 않은 합의('Ijma' al-Sukut) 세 가지로 이루어진다. 이 세 가지 모두 이슬람법에서는 유효한 것으로 간주된다.[20]

이맘 말리크와 아부 하니파 시대에는 이즈마를 재가할 수 있는 법학자들의 적격성이 논란거리였다. 아흐마드 븐 한발과 같은 일부 법학자들은 오직 예언자의 교우들만이 이즈마를 재가할 수 있는 위치에 있다고 주장하였다. 한편, 시아파 법학자들은 오직 예언자 가문의 사람들, 즉 알리와 파띠마를 계보로 하는 예언자 가문[21]만이 이즈마를 재가할 수 있다고 보았다. 그러나 이맘 말리크는 자기 시대와 그 이전 시대 메디나 사람들의 이즈마는 순나를 전달하는 데 우위를 가진다고 보았다. 말리키 법학파 역시 후기 울라마들의 이즈마를 중요한 것으로 받아들였다. 하나피 법학파는 한 걸음 더 나아가 말리키 법학파가 인정하는 후기 이즈마를 인정하는 것 외에도 법학파에 관계없이 자격을 갖춘 법학자 누구라도 이즈마를 재가할 수 있다고 보았다. 세 명이 충족되어야 이즈마가 가능하다고 보는 법학자들이 있는가 하면, 두 명이면 충분하다고 보는 법학자들도 있었다. 법학자들은 또한 예언자 교우들의 이즈마는 법학자들에 의해 폐기될 수 있다고 주장하기도 하였다. 이는 특정 시대의 법학자들이 합의를 이룬 문제

---

19 앞의 책, pp.100-101.
20 앞의 책, p.101.
21 '아흘 바이트'('Ahl al-Bayt).

가 후대 법학자들에 의해 거부될 수도 있다는 것을 의미한다.[22]

(5) 네 번째 원천 유추 끼야스(Qiyas)

이슬람법에서 끼야스란 연역적 추론 과정을 의미한다. 하디스의 가르침을 코란의 가르침과 비교함으로써 이미 알려진 규범을 새로운 환경에 맞게 새로운 규범으로 만드는 것을 의미한다. 여기서 코란의 규정과 순나, 이즈마가 새로 생겨나는 문제를 해결하기 위한 수단으로 사용된다. 그러나 이러한 것은 새로 발생한 문제가 선례 혹은 전형과 그 효력 발생 이유('illah)를 공유할 경우에만 가능하다.[23] 유추 역시 변화하는 사회적 필요와 요구에 부응하기 위한 방법이라는 점에서 이슬람법의 네 번째 원천으로 간주된다.

예언자가 유추 끼야스의 원칙을 따랐다는 전언이 있다. 한번은 예언자가 한 여성으로부터 연로한 아버지를 대신하여 순례를 할 수 있는지에 관한 질문을 받았다. 예언자는 그렇게 할 수 있다고 대답했다. 이는 아버지를 대신하여 딸이 채무를 갚을 수 있다는 것에 근거한 유추이다.[24]

예언자의 교우들 역시 유추를 통해 다양한 판결을 내리곤 하였다. 앞서 언급하였듯이 4대 칼리프 알리는 유추를 통해 술을 마신 사람에게도 간음을 무고한 사람에게 가해지는 80대의 태형이 주어져야 한다고 유추하였다. 그리고 교우들은 만장일치로 알리의 판단이 이슬람 공동체의 이즈마가 된다는 것에 의견을 모았다. 즉 이슬람법에서 코란과 순나의 명령에 반하지 않을 경우 논리적인 결론에 이르기 위해 유추를 사용하는 데는 아무런 문제가 없었다. 이슬람 초기 유추를 사용한 예로는 최소 혼납금을 정하는 문제도 있었다. 혼인 직후에 처녀성을 잃는 것과 도둑질 사이에 유추가

---

22 ʿAbd ar-Rahman I. Doi, 위의 책, p.102.

23 http://en.wikipedia.org/wiki/Qiyas(2014년 12월 1일 검색).

24 ʿAbd ar-Rahman I. 위의 책, p.111.

성립되었다. 즉 혼인 후 처녀성을 잃는 것은 처녀성을 도둑질당하는 것과 마찬가지라는 유추이다.[25]

이렇듯 이슬람 초기에도 유추가 사용되었으나 유추가 본격적으로 적용된 것은 아부 하니파에 의해서였다. 압바스 시대에는 논리학, 철학, 어원학, 언어학, 문학 등 외래의 다양한 학문이 유입되면서 이를 이슬람 법학에 적용하려는 시도가 있었다. 이슬람의 중심에서 멀리 떨어진 지역에서 온 무슬림들은 자신들이 가져온 고유문화나 철학적 사고방식, 종교적 유산이나 법적 유산까지도 이슬람에 접목시키고자 하였다. 이러한 상황에서 아부 하니파는 이슬람법에서 이탈하려는 경향을 막기 위해 유추를 적극적으로 사용하였다.

한편, 이맘 말리크는 남편이 실종된 후 판사가 남편의 사망을 판결한 후에 재혼을 하였으나 그 남편이 되돌아온 경우에 유추에 따라 판결하였다. 그는 이 경우를 이혼당한 여성의 재혼, 즉 남편이 아내를 되돌렸으나 아내가 이 사실을 모른 채 다른 남자와 재혼한 경우로 유추하였다. 첫 번째 경우는 미망인으로서 재혼금지기간 잇다를 지켰고 두 번째 경우는 이혼녀로서의 재혼금지기간 잇다를 지켰기 때문에 두 경우 모두 혼인 상태가 합법적이라는 판결이다.[26]

원칙적으로 유추에 반대하였던 샤피이는 유추가 코란이나 순나, 이즈마에 근거할 경우에만 이슬람법의 원천으로 인정하였다. 법학자들은 일반적으로 유추의 조건을 다음과 같이 제시하였다. 첫째, 유추는 코란이나 순나에서 해결책을 찾을 수 없을 경우에만 의존한다. 둘째, 유추는 이슬람의 원칙에 위배되어서는 안 된다. 셋째, 유추는 코란의 맥락에 위배되거나 혹은 예언자의 순나와 충돌해서는 안 된다. 넷째, 코란이나 하디스 혹은 이

25 John L. Esposito, 위의 책, p.6.
26 'Abd ar-Rahman I. 위의 책, p.111.

즈마 가운데 어느 하나에 근거한 정확한 것이어야 한다.[27]

유추에는 분명한 유추(Qiyas Jali)와 숨겨진 유추(Qiyas Khafi) 두 종류가 있다. 코란에서 금지된 포도주처럼 취하게 만드는 모든 종류의 알코올이 금지된다는 판결은 분명한 유추에 속한다. 숨겨진 유추와 관련된 것으로는 자카트를 예로 들 수 있다. 코란은 신자들에게 자카트를 내도록 명령하였고 예언자 무함마드는 자카트를 어떠한 형식으로 낼 것인가를 설명하였다. 예언자는 40마리의 양이나 염소가 있을 경우 한 마리의 양이나 염소를 자카트로 지불해야 한다고 언급하였다. 가난한 사람에게 염소 한 마리는 너무 적거나 소용이 없을 수 있다. 그러나 돈을 줄 경우 그것은 한꺼번에 소진될 수 있는 반면, 염소는 매일 우유를 생산할 수 있다는 장점이 있다. 따라서 자카트는 본질적으로 잠재 자본이 될 수 있는 금이나 은 등이어야 한다는 해석이 바로 숨겨진 유추이다.[28]

유추에 반대하는 법학자들도 있다. 이브라힘 븐 사야르(Ibrahim bn Sayyar)와 같은 무으타질라파나 이븐 하즘(Ibn Hazm)을 포함한 자히리 법학파도 유추에 반대한다. 시아파와 카와리지파의 일파인 이바디파는 유추 끼야스라는 말 대신에 이성을 의미하는 아끌('Aql), 혹은 신학적 견해를 의미하는 라으이(Ra'y)라는 용어를 사용한다.

2) 수니 법학파와 창시자

이슬람 공동체가 광대한 지역에 걸쳐 형성되면서 이슬람법에는 다양한 지역의 문화나 관습, 관행이 흘러들었다. 이슬람법의 아버지라 할 수 있는 샤피이는 법학 방법론을 체계화함으로써 이슬람법의 분화를 막았다. 샤피

---

27 앞의 책, p.117.
28 앞의 책, p.117.

이가 등장하기 이전에 이슬람 세계는 두 법학파로 나뉘어 갈등이 고조되던 시기를 보냈다. 이성적 견해를 중시하던 법학파('Ahl al-Ra'y)와 코란과 하디스에만 의존하던 전통주의 법학파('Ahl al-Hadith)가 그것이다. 샤피이는 법원('Usul al-Fiqh)을 제한함으로써 모든 법학파가 공통으로 적용할 수 있는 방법론을 구축하였다. 샤피이의 노력으로 9세기까지 수니 법학파는 위에 언급한 코란, 하디스, 끼야스, 이즈마를 법원으로 확립하기에 이르렀다.

(1) 이슬람의 갈래와 법학파

이슬람의 종파가 수니파와 시아파로 나뉜 것은 무엇보다도 후계자의 선출과 관련이 있다. 수니파는 칼리프를 선출방식으로 뽑아야 한다는 입장이고 시아파는 예언자의 가문으로 이맘位가 계승되어야 한다는 원칙을 고수하였다. 수니파는 코란과 순나, 이즈마를 권위로 받아들이는 반면, 시아파는 이즈마를 거부하고 자신들이 인정하는 이맘의 결정만을 받아들인다. 수니파는 역사를 통해 정부만이 이슬람의 올바른 원칙을 세울 수 있다고 주장하는 반면, 시아파는 선출에 의한 정부가 원천적으로 정당할 수 없다는 입장이다. 두 종파 간의 갈등은 결국 두 종파 간의 신학적, 법학적 차이를 가져왔다.

시아파의 하부 종파 및 법학파로는 자으파리파(혹은 열두이맘파), 이스마일파, 자이디파가 있으며 이들 간의 차이는 법의 해석에 있다기보다는 그 교리에 있다. 시아파의 가장 큰 분파인 자으파리 법학파는 이란을 비롯하여 일부 아랍국가 및 파키스탄의 공식 교리로 인정되고 있다. 한편, 수니 법학파에는 하나피, 말리키, 샤피이, 한발리 법학파가 있다. 수니 법학파의 교리는 원칙에서는 유사하지만 그 세부사항에서는 차이를 보인다. 세계 도처의 무슬림들은 자신들이 속한 영토나 국가에 상관없이 특정 종파나 특정 법학파의 법을 따르고 있다. 무슬림들은 "나의 공동체의 이크틸라프

(ikhtilaf, 의견 차이)는 축복이다'[29]라는 예언자의 하디스를 통해 다양한 법학파를 인정하고 있다.

아부 하니파와 말리크는 예언자 교우들의 지식을 상속한 법학자들이라 할 수 있다. 두 사람은 코란과 순나, 교우들의 판단이나 결정, 합의 이즈마, 그리고 이즈티하드에 의존하였다. 이맘 말리크는 아부 하니파보다 교우들의 판단이나 결정에 더 크게 의존하였다. 그러나 교우들 사이에 의견 차이가 있을 경우 하나피 법학자들은 이라크 지역 법학자들의 견해를, 말리키 법학자들은 히자즈(Hijaz) 지역 법학자들의 견해를 따랐다. 이맘 샤피이는 이라크를 방문한 후 히자즈와 이라크 법학파 간의 차이를 발견하고 양 법학파 간의 간극을 줄이기 위해 노력하였다. 그는 코란과 순나, 합의 이즈마, 유추 끼야스를 주요 법원으로 사용할 것을 주장하면서 정통하지 않은 전승이나 뿌리가 없는 관행을 배제시켰다. 그러나 세 법학파는 순나에 대해서는 일치된 견해를 가지고 있지 않았기 때문에 각기 다른 판례에 의거하여 각각의 법 이론을 발전시켰다. 샤피이가 먼저 생겨난 하나피 법학파와 말리키 법학파를 통합하려고 시도했음에도 불구하고 그는 사후 제자들에 의해 세 번째 법학파의 창시자가 되었다.[30] 네 번째 법학파의 창시자인 아흐마드 븐 한발은 코란과 하디스, 예언자의 교우들과 계승자들의 판단이나 결정, 그리고 이즈티하드에 근거하여 법 이론을 구축하였다.

이들 법학자들은 학문적으로 상호 공조하였다. 이맘 말리크보다 열세 살이나 나이가 많았던 아부 하니파는 말리크의 강의에 참석하기도 하였다. 말리크와 아부 하니파는 공통의 스승에게서 수학한 바 있다. 샤피이 역시 말리크가 가르치는 하디스와 피끄흐를 배웠다. 샤피이는 말리크의 저서 『무왓따』에 관해 '말리크의 저서보다 코란에 가까운 책은 없다.'라고

---

29 'Abd ar-Rahman I. Doi, 위의 책, pp.131-132에서 재인용.

30 앞의 책, p.133.

언급하기도 하였다. 이는 당시 이라크 지방에서 이루어지던 자유로운 토론 문화를 보여주는 것으로 메디나의 1세대에게서는 찾아볼 수 없는 것이었다.[31] 아부 하니파, 말리크, 샤피이, 아흐마드 븐 한발은 모두 스스로 법학파를 창시한 것이 아니라 후대의 제자들이 그들의 가르침을 기록함으로써 수니 법학파의 창시자가 되었다. 이들에 의해 혹은 제자들에 의해 기록된 가르침이 바로 이슬람 법학 피끄흐의 텍스트가 되었다.

(2) 아부 하니파

하나피 법학파는 이라크의 쿠파에서 만들어진 첫 번째 수니 법학파이다. 이 법학파는 페르시아 혈통의 학자로 이름보다는 쿤야[32]로 더 알려진 아부 하니파에 의해 형성되었다. 아부 하니파는 교우들의 계승자들 가운데 한 명이다. 젊은 시절 그는 예언자의 교우들과 접촉하면서 그 시대를 진술할 수 있는 행운을 얻었다. 당시 쿠파에 생존해 있던 교우들 가운데는 예언자의 종이었던 아나스 븐 말리크(712년 사망), 사흘 븐 사으드(710년 사망), 아미르 븐 와실라('Amir bn Wathilah, 719년 사망) 등이 있었다. 심지어 아부 하니파는 교우들로부터 직접 하디스를 전해 듣기도 하였다.

쿠파와 바스라에서 수학한 아부 하니파는 메카와 메디나로 가서 아따 븐 라바흐('Ata' bn Rabah)의 제자가 되었다. 당시 순례 기간 동안에는 아따 븐 라바흐가 아닌 사람이 법적 조언 '파트와'(Fatwah)를 하는 것이 금지되었을 정도로 그는 당대의 유명한 학자였다. 그 밖에도 아부 하니파는 약 4천 명 정도의 학자들로부터 하디스를 배웠다고 전해진다. 아부 하니파는 스승 함마드(Hammad)의 인정을 받아 '무즈타히드'(Mujtahid)[33]가 되었음에도 불구하고 자신의 법학파를 만들지 않았다. 738년 스승 함마드가 사망

---

31 앞의 책, p.134.

32 아들의 이름을 따라 '아무개의 아버지'라는 부르는 별명으로 일종의 존칭이다.

33 이즈티하드를 할 수 있는 사람.

한 후에야 비로소 아부 하니파는 스승의 지위를 이어받아 제자들을 불러 모았다. 그 후 여러 정치적 소용돌이에 휘말렸던 아부 하니파는 767년 사망하였다.

하나피 법학파의 법원은 코란, 하디스, 합의 이즈마, 그리고 유추 끼야스이다. 끼야스는 코란이나 하디스에서 직접적인 자료를 찾을 수 없을 경우에만 적용되었다. 4대 칼리프 알리가 이슬람 제국의 수도를 메디나에서 쿠파로 옮기면서 예언자의 많은 교우들이 그곳으로 이주하였다. 하나피 법학파의 판결은 주로 이라크 지역에 거주하던 교우들이 전한 하디스에 근거한 것이었다. 그 결과 하나피 법학파는 초기에 쿠파 혹은 이라크 법학파로 알려졌다.

역사적으로 하나피 법학파는 압바스 왕조와 우스만 제국, 무굴 제국에 의해 공식 법학파로 채택된 바 있다. 따라서 이러한 제국이 있었던 지역에는 아직까지도 하나피 법학파가 적용되고 있다. 오늘날 하나피 법학파는 터키, 아프가니스탄, 인도, 파키스탄, 방글라데시, 중국, 모리셔스, 알바니아, 보스니아, 중앙아시아 등지를 비롯하여 시리아, 레바논, 이집트, 이란, 이라크, 소말리아, 팔레스타인에서도 널리 적용되고 있다.[34]

(3) 말리크 븐 아나스

712년 말리크가 메디나에서 태어났을 때 예언자 교우들의 시대는 거의 끝나가고 있었다. 말리크는 이슬람 도래 이후 메디나에 정착한 예멘 출신의 힘야르 왕족 출신이었다. 우마이야 왕조 시대에 수도가 다마스쿠스로 이전되었음에도 불구하고 예언자의 도시 메디나는 정신적, 교육적 중심지로서의 명맥을 유지하였다. 이슬람 세계가 확장되자 많은 학자들이 메디나로 몰려들었으며 그 중심에는 말리크가 있었다. 많은 학자들이 하디스

---

34 http://en.wikipedia.org/wiki/Hanafi(2013년 1월 24일 검색).

모음집이자 동시에 메디나 지방의 관행과 판례를 담고 있는 말리크의『무왓따』를 암기하거나 복사하였다. 이들은『무왓따』의 사본을 가지고 고향으로 돌아가 제자들을 가르치기도 하였다.

하디스 학자로서 말리크는 모든 유형의 전언, 예언자의 설교, 코란 해설, 예언자 교우들에 대한 이야기나 전기적 전승, 교우들에 의한 하디스나 전승 등을 면밀히 검토한 후 저서『무왓따』에 약 1천개 가량의 하디스를 담았다. 법학자로서 그의 법 이론은 코란과 예언자의 하디스, 메디나 사람들의 관행에 기초하고 있었다. 말리크가 이룬 가장 큰 업적은 메디나 사람들의 관행을 기록하고, 예언자와 교우들, 그리고 그와 동시대를 살았던 계승자들의 일화를 제공한 것이었다. 예언자의 교우들은 모두 세상을 떠났지만 많은 계승자들과 계승자의 계승자들이 당시 메디나에 거주하고 있었기 때문이다.

말리키 법학파는 판결을 위해 사용하는 법원이 다른 수니 법학파들과 달랐다. 다른 법학파들은 코란을 우선의 법원으로 그리고 예언자의 하디스를 두 번째 법원으로 사용하였다. 그러나 말리키 법학파는 예언자의 하디스뿐만 아니라 정통 4대 칼리프의 판례까지도 법원에 포함시켰다. 말리크 역시 다른 수니 법학자들과 마찬가지로 합의와 유추를 인정하였으나 그 채택 범위는 매우 제한적이었다. 합의 이즈마의 경우는 일반적으로 무슬림 1세대, 혹은 메디나 출신의 1세대, 2세대, 3세대에게서 나온 것만을 유효한 법원으로 채택하였다. 그리고 유추의 경우 다른 법원에서 단서를 발견할 수 없을 경우에만 마지막 수단으로 이용하였다. 말리크는 오직 단 한 번 유추를 사용하였으며 사망할 즈음에 이를 후회했던 것으로 알려져 있다. 그는 795년 86세의 나이로 사망하였다.

말리키 법학파는 35% 정도의 무슬림들이 추종하는 법학파로 북아프리카, 서아프리카, 아랍에미리트, 쿠웨이트, 사우디아라비아의 일부 지역, 오만, 그리고 많은 중동국가에서 적용되고 있다. 특히 말리키 법학파는 쿠웨이트, 바레인, 아랍에미리트에서 공식 법전의 기초가 되고 있다. 과거에는 이슬람의 통치하에 있던 유럽의 일부, 특히 스페인과 시실리에서도 말리키 법학파가 적용된 바 있다.[35]

(4) 무함마드 븐 이드리스 알 샤피이

샤피이는 767년 가자(Gaza) 혹은 가자에서 멀리 떨어져 있지 않은 아스깔란('Asqalan)에서 출생하였다. 그는 꾸라이쉬 부족 출신으로 예언자 무함마드의 친척이기도 하다. 그의 부친이 사망하고 샤피이가 열 살이 되자 그의 모친은 아들을 메카로 데려갔다. 샤피이는 열다섯 살 되던 해에 말리크의 『무왓따』를 완벽하게 암기한 것으로 전해진다. 그 후 메카를 떠나 메디나로 가서 샤피이는 795년 말리크가 사망할 때까지 그에게서 수학하였다.

샤피이는 말리키 법학을 익히고 난 후 이라크의 바그다드로 건너가 하나피 법학을 수학하였다. 말리키 법학과 하나피 법학을 두루 섭렵한 샤피이는 804년 메카의 하렘 모스크에서 강연하면서 두 법학파의 입장에서 다양한 법적 견해를 강의하였다. 그에게 영향을 받은 학자 가운데 한 명이 바로 메카에서 수학하고 있었던 아흐마드 븐 한발이었다.

후에 샤피이는 바그다드로 돌아와서 3, 4년간의 짧은 기간을 보낸 후 814년 이집트로 갔다. 그곳에서 샤피이는 자신의 역저 『키탑 알 움므』(Kitab al-'Umm, 어머니의 書)와 『리살라』(al-Risalah, 서한)를 집필하였다. 당시 이슬람 세계의 다양한 지역에서 온 많은 학자들이 샤피이에게서 수학하였다. 샤피이는 제자들로 하여금 기록한 강의 내용을 다시 큰 소리로 읽도록 한 후 틀린 것을 고쳐주곤 하였다. 이러한 이유로 샤피이의 강의는 제자들에 의해 정확하게 기록될 수 있었다.

샤피이 법학파는 법원으로 코란, 예언자의 순나, 합의 이즈마, 유추 끼

---

35 http://en.wikipedia.org/wiki/Maliki(2013년 1월 24일 검색).

야스에 의존하였다. 샤피이 법학파 역시 예언자의 교우들, 특히 정통 4대 칼리프의 견해를 법원으로 이용하였다. 샤피이 법학파는 추측이나 추론을 거부하였고 자신만의 체계적인 방법론으로 샤리아의 규범을 구축할 수 있었다.

오늘날 샤피이 법학파는 예멘, 下이집트, 지부티, 에리트레아, 소말리아, 수단, 시리아, 팔레스타인, 요르단, 북부 코카서스, 말레이시아나 인도네시아와 같은 동남아 국가, 그리고 동아프리카 등지에 퍼져 있다.

(5) 아흐마드 븐 한발

아흐마드 븐 한발은 780년 마르우(Marw)에서 출생하였다. 어린 시절 그는 가족과 함께 바그다드로 이주하였으며 부친이 사망하자 모친에 의해 양육되었다. 열여섯 살이 되던 해인 795년부터 하디스학을 배우기 시작하여 약 1백만 개의 하디스를 암기했던 것으로 전해진다. 이븐 한발은 자신의 스승이기도 한 샤피이의 전승을 자신의 저서 『무스나드』에서 중요하게 다루었다. 이 저서에는 그가 수집한 2만 8천에서 2만 9천 개에 달하는 하디스가 담겨 있다. 샤피이는 당대에 가장 유명한 학자로 인정받았음에도 불구하고 하디스에 관한 한 이븐 한발의 조언을 구할 정도였다. 샤피이는 이븐 한발을 '하디스에 관한 한 가장 학식이 높은 사람'으로 묘사하였다.

말년에 이븐 한발은 칼리프의 권위에 도전하면서 오랜 동안 투옥되었다. 이븐 한발의 고난은 무으타질라파와 갈등하면서 시작되었다. 무으타질라파는 이성주의자들로 칼리프 마으문(al-Ma'mun), 무으타심(al-Mu'tasim), 와시끄(al-Wathiq)의 후원을 받았다. 이븐 한발을 비롯한 전통주의 학자들은 무으타질라파의 교의를 거부하고 코란의 비창조성을 주장하였다. 이븐 한발은 바그다드의 감옥에서 30개월을 보냈으며 와시끄 시대가 되어서야 비로소 명예를 회복할 수 있었다. 그는 856년 사망하였다.

다른 수니 법학파와 마찬가지로 한발리 법학파는 코란과 예언자의 하디스를 주요 법원으로 인정하고 있다. 그러나 한발리 법학파는 다른 법학파와는 달리 하디스를 코란과 거의 같은 수준으로 강조하였다. 합의 이즈마와 관련하여 이븐 한발은 무슬림들이 전 지역에 확산되어 있기 때문에 유효한 합의를 이끌어내는 것이 불가능하다고 보았다. 그러나 무슬림 1세대에 의한 합의의 가능성과 유효성은 인정하였다. 또한 이븐 한발은 유추 끼야스를 유효한 법원으로 인정하지 않았다. 그러나 대부분의 후대 한발리 법학자들은 유추뿐만 아니라 샤피이 법학자들의 저서에서 나온 것조차 인정하였다.[36] 매우 엄격하고 보수적인 것으로 알려져 있는 한발리 법학파는 주로 사우디아라비아와 카타르, 시리아와 이라크의 소수 공동체에서 적용되고 있다.

2. 이슬람법 샤리아와 여성

이슬람법의 혼인과 이혼에 관한 규정은 이슬람 세계에서 전 역사를 통해 여성에 대한 통제와 종속을 제도화하는 데 중요한 역할을 했다. 또한 현대에도 혼인과 이혼에 대한 규정은 젠더간의 불평등을 초래하는 기본적인 요소가 되고 있다. 20세기 무슬림 국가들은 대부분의 영역에서 이슬람법을 포기하였으나 혼인과 이혼 등의 가족법에 관한 한 이슬람법을 선택적으로 개정하거나 성문화하거나 혹은 현대적 법 시스템에 이식하기도 하였다. 따라서 오늘날 이슬람법이 가장 크게 작동되는 분야가 바로 가족법이라 할 수 있다.

기본적으로 이슬람법은 윤리적 측면에서의 남녀 평등관을 담고 있는 코란의 메시지와 현실적 측면에서의 가부장적 사회 분위기 사이에 나타

---

36 http://en.wikipedia.org/wiki/Hanbali(2013년 1월 24일 검색).

난 긴장의 결과물이라 할 수 있다. 젠더 간의 평등을 주장하는 사람들이나 이에 반대하는 사람들 모두 자신들의 이데올로기가 성서적 합법성을 가지고 있다는 것을 입증하고 싶어 했다. 이에 이슬람법에서 가족법이란 사회-문화적 가설의 산물이며 남녀관계의 특성에 대한 법적 추론이라 할 수 있다.[37]

여성이 남성에게 종속되어야 한다는 사회-문화적 개념은 남성과 여성의 성성이 다르다는 것에 근거하고 있다. 즉 신은 여성에게 남성보다 강한 성적 욕구를 부여했다는 것이다. 이러한 여성의 성적 욕구는 남성의 질투 '가이라'(ghayrah)와 여성의 부끄러움 '하야'(haya')와 같은 선천적 요인에 의해 억제된다는 것이다. 법학자들은 이러한 개념에 근거하여 여성의 성성은 남성에 의해 통제되지 않을 경우 사회 질서에 위협이 된다고 보았다. 따라서 이슬람법에서의 여성은 코란이나 하디스에서의 여성에 비해 낮게 자리매김 될 수밖에 없었다.

1) 혼인

법학자들은 종종 혼인계약을 물건의 판매 계약과 유사한 것으로 해석하였다. 13세기 법학자 무학끼끄 알 힐리(Muhaqqiq al-Hilli)는 혼인에 대해 다음과 같이 정의하였다. "혼인이란 여성의 질에 대한 소유권은 아니더라도 지배권을 형성시키는 계약이다. 즉 혼인이란 성적 우선권을 성립시키는 구두계약이다. 혼인은 소유를 함으로써 성적 권리를 획득하는 노예 여성의 구매와는 다르다." 14세기 말리키 법학자 시디 칼릴(Sidi Khalil)도 혼인에 관해 다음과 같이 언급하였다. "여성은 혼인할 때 자기 신체의 일부를 파는 것이다. 사람들은 시장에서 물건을 사고 남편은 혼인을 통해 아내의

---

37 Ziba Mir-Hosseini, 위의 책, pp.23-24.

생식기를 산다." 20세기 철학자이며 법학자인 가잘리(al-Ghazali)는 더 나아가 아내와 노예 여성의 지위를 동일시하였다. "아내는 남편의 노예라는 점에서 혼인은 노예제도의 일종이다. 아내는 남편이 무엇을 요구하든 그것이 죄를 짓는 것이 아니라면 절대 복종을 해야 한다. 아내에 대한 남편의 권한을 강조하는 많은 하디스가 존재한다. 예언자가 말하길, 남편을 만족시키고 죽는 아내는 천국에 들어갈지니." 혼인이 여성의 인격보다는 여성의 성을 소유하는 것이라는 법학자들의 이러한 견해는 이슬람법의 논리 속에 그대로 스며들 수밖에 없었다.[38]

혼인계약은 이슬람 법학 피끄흐의 주요 두 분야, 즉 종교적 규범 이바다트와 사회적 규범 무아말라트의 경계를 넘나드는 몇 개 되지 않는 계약의 일종이다. 법학자들은 혼인을 종교적 의무로 보고 혼인에 따른 도덕적 명령을 언급하는가 하면, 혼인계약에 따른 남편과 아내의 의무를 열거하기도 한다. 여성의 성을 교환의 대상으로 삼고 남성에게 혼인을 통해 여성을 통제하고 이혼을 통해 혼인계약을 종료할 수 있는 권한을 부여함으로써 혼인에 따른 도덕적 명령은 퇴색되었다. 혼인계약과 관련하여 고전 법학자들이 지향한 최우선의 목표는 혼인을 도덕적인 것에서 법적인 것으로 분리해 내는 작업이었다. 이들이 설정한 혼인의 목적은 성적 필요의 충족, 생식, 도덕성의 유지였다. 이러한 목표는 남녀 배우자들에게 각각 의무가 되었으며 법학자들은 이것을 '혼인에 관한 규정'('Ahkam al-Zawaj)에서 논의하였다. 그리고 그 밖의 사항은 도덕적 의무라 할지라도 법으로 강제할 수 없는 것이 되어 개인의 양심에 맡겨졌다.[39]

혼인계약으로 여성은 남편의 권위, 보호, 통제 이스마('isma')하에 들어가게 된다. 앞서 언급하였듯이 혼인계약은 각 배우자에게 도덕적인 명령은

---

38 앞의 책, pp.29-30.
39 앞의 책, pp.30-31.

물론 법적 의무와 권리를 수반한다. 그 가운데 법적 강제력을 가지는 것은 성적 접근 '탐킨'(tamkin), 복종 '따아'(ta'ah), 그리고 부양 '나파까'(nafaqah)이다. 성적 접근을 의미하는 탐킨과 복종 따아는 남성의 권리이자 여성의 의무이다. 부양은 남성의 의무이자 여성의 권리가 된다. 여성은 혼인 후 성관계를 치룬 후에야 부양의 권리를 가지며 누슈즈, 즉 남편에게 복종하지 않을 경우 부양의 권리는 박탈된다. 남편의 기본적인 권리 가운데는 아내의 행동을 통제할 권리가 있다. 아내는 집을 떠나거나 직장을 가지거나 혹은 종교적 의무행위 이상의 단식이나 예배를 할 경우에도 남편의 허락이 필요하다. 아내의 이러한 행동은 남편의 권리를 침해할 수 있다는 논리에서 비롯된 결과이다.

(1) 혼인과 혼인의례
• 혼인은 의무행위인가?

코란과 하디스가 신자들에게 독신 상태로 있지 말고 혼인하도록 장려하고 있는 것과 마찬가지로 이슬람법 샤리아 역시 독신을 권장하고 있지 않다. 앞서 언급하였듯이 이슬람법에서 혼인은 남자와 여자가 종족 보존을 위해 자손을 생산하고, 편안하고 행복하게 자연스러운 성적 욕구를 충족시키는 한편, 외설과 난잡함으로부터 남녀를 보호하기 위한 제도이다.

수니 법학파에 따르면 혼인은 보다 구체적으로 다섯 가지 행위로 분류된다. 첫째, 경제적 측면에서 혼인할 수 있는 능력이 있고 부정한 성관계에 대한 두려움도 있다면 그 사람에게 혼인은 의무행위에 속한다. 둘째, 경제적 측면에서 혼인할 수 있는 능력이 있으나 부정한 성관계에 대한 두려움이 없다면 그 사람에게 혼인은 권장행위에 속한다. 셋째, 경제적 측면에서 혼인할 능력이 없고 부정한 성관계에 대한 두려움도 없다면 그 사람에게 혼인은 금지행위에 속한다. 넷째, 부정한 성관계에 대한 두려움은 없으나 아내의 권리를 충족시킬 자신이 없는 경우 혼인은 혐오행위에 속한다. 다섯 째, 위의 경우를 제외한 모든 경우 혼인은 허용행위에 속한다.

말리키 법학파는 부양을 할 수 없는 경우라도 다음 세 가지 조건하에서의 혼인을 의무행위(Fard)로 간주한다. 첫째, 혼인을 하지 않을 경우 간음(zina')을 저지를지 모른다는 두려움이 있는 경우, 둘째, 성적 욕구를 억제하기 위한 단식을 할 수 없거나 단식을 하더라도 간음을 막을 수 없는 경우, 셋째, 여자 노예를 소유하지 않은 경우가 그것이다. 일부 말리키 법학자들은 이러한 견해에 동의하지 않고 만약 남자가 생활비를 벌 수 없다면 혼인하지 말아야 한다는 견해를 피력하였다. 그리고 합법적 수입이 없으면서 혼인하는 것을 도둑질에 비유하기도 하였다.[40]

한편, 하나피 법학파는 다음 네 가지 조건 하에서 혼인을 의무행위(Wajib)로 간주하였다. 첫째, 혼인을 하지 않을 경우 간음을 저지르게 될 것이라고 확신하는 남자에게 혼인은 의무행위이다. 둘째, 단식을 할 수 없거나 단식을 하더라도 성적 욕구를 억제할 수 없다면 혼인은 의무행위이다. 만약 단식을 통해 성적 욕구를 억제할 수 있다면 그 사람은 혼인보다는 단식을 해야 한다. 셋째, 여자노예를 소유하지 않았거나 구매할 수 없는 경우도 혼인은 의무행위이다. 넷째, 혼납금을 지불할 수 있거나 합법적으로 생계비를 벌 수 있는 경우도 혼인은 의무행위이다. 만약 합법적으로 생계비를 벌 수 없다면 그 사람에게 혼인은 의무행위가 아니다.

또한 남자가 아내와 아이들에게 나쁜 영향을 미칠 수 있는 질병에 걸렸을 경우 혼인은 하람, 즉 금지행위가 된다. 성적 욕구가 전혀 없거나 아이들에 대한 사랑이 없는 경우, 혹은 혼인 생활로 종교적 의무를 게을리할 것이라는 확신을 가진 경우 혼인은 혐오행위로 간주되기도 한다.[41]

---

40 'Abd ar-Rahman I. Doi, 위의 책, pp.200-201.

41 앞의 책, p.202.

• 청혼과 승낙(Sighah)

코란 4장 21절은 혼인을 계약(mithaq)이라 간주하고 있다. 이를 근거로 대부분의 이슬람 법학자들은 혼인을 계약이라고 간주한다. 계약이라는 것은 두 당사자 간의 동의에 의해 효력이 발생하는 것이기 때문에 남자와 여자는 상대방을 선보는 것이 필요하다. 혼전에 선을 보라는 것은 하디스에 여러 번 언급되었다. 대부분의 법학자들 역시 혼인하기로 작정한 여성을 선보는 것은 '추천할 만한'(Istihbab) 행위라는 데에 동의하고 있다. 다우드 알 자히리(Dawud al-Zahiri)[42]는 혼인하기에 앞서 여자의 생식기를 제외한 모든 신체를 볼 권리가 있다는 극단적인 주장을 펼치기도 하였다. 남자가 선볼 권리를 갖는 것과 마찬가지로 대부분의 법학자들은 신부가 미래의 남편을 빠르게 한 번 볼 수 있는 권리를 부여하고 있다.[43]

다른 계약에서와 마찬가지로 이슬람식 혼인의 당사자들은 신이 정해 놓은 한계 후두드(Hudud)를 침해하지 않는 한 특정한 조건을 제시할 권리가 있다. 일반적으로 청혼('Ijab)은 미래의 남편이 하며, 동의 및 승낙은 미래의 아내가 하게 된다. 일부 법학자들은 여성의 후견인(wali)의 청혼도 허락하고 있다. 말을 하거나 글을 쓸 수 없는 사람의 경우 혼인의 의사 표시는 다른 방법을 통해서도 가능하다. 심지어는 침묵도 충분한 승낙 의사가 되는 것으로 간주된다. 혼인은 청혼과 승낙이 동시에 이루어져야 유효한 것으로 간주된다. 청혼에 대한 승낙이 다른 때에 이루어지면 그 혼인은 무효로 간주된다.[44]

혼인의식의 수행되기 전에 간단한 설교(khutbah)를 하는 것은 '추천할 만한'(Mustahabb) 행위이다. 이를 통해 신랑과 신부에게 부부 간의 의무와 책임에 관한 충고가 전달된다. 그 후 코란의 세 구절을 암송하는 것이 예언자의 관행이었다. 설교가 끝날 때 "알라 외에는 신이 없고 무함마드는

---

42 자히리 법학파의 창시자.
43 Mohammad Ali Syed, 위의 책, p.116.
44 Jamal J. Ahmad Nasir, 위의 책, pp.60~61.

알라의 사도이다."라고 증언한 후 기원(du'a')을 하고 혼인 잔치를 여는 것이 정통한 관례라는 데에 모든 법학자들이 동의하고 있다. 혼인 잔치는 사치스러울 필요는 없으며 신랑의 부와 지위에 맞는 약간의 빵과 고기가 제공되면 된다.[45]

혼인의례에서 가장 중요한 요소는 앞서 언급한 바대로 청혼과 승낙이다. 말리키 법학파에 따르면 혼인에는 다섯 가지 요소가 있다. 후견인, 혼납금, 신랑, 신부,[46] 청혼과 승낙이 그것이다. 샤피이 법학파는 남편, 아내, 후견인, 두 명의 증인, 청혼과 승낙 다섯 가지를 열거하고 있다. 하나피 법학파는 청혼과 승낙을 더욱 강조하면서 분명하고 단정적인 단어가 청혼과 승낙에서 사용되어야 하고 승낙과 청혼은 같은 자리에서 동시에 이루어져야 한다고 강조하였다.[47]

처녀의 혼인 동의와 관련해서는 법학파마다 견해가 다르다. 말리키, 샤피이, 한발리, 즉 수니 법학파 가운데 3개 법학파는 처녀가 혼인하는 경우 아버지의 동의가 필수적이기 때문에 비록 여자가 원치 않는 혼인도 유효하다는 입장이다. 특히 말리키 법학파는 메디나 사람들의 관행에 따라 아버지에게 혼인을 강제할 수 있는 권한을 주고 있다. 한편, 하나피 법학파는 처녀의 동의를 유효 혼인의 조건으로 간주하여 여성의 동의 없는 혼인을 불법으로 간주하였다. 하나피 법학파에 따르면 성년에 달한 분별력이 있는 자유민 여성의 혼인계약은 처녀이든 혹은 과거에 혼인한 경험이 있든 후견인의 동의 여부와 관계없이 여성 당사자의 동의에 의해 완성된다. 이혼녀나 미망인의 경우는 처녀와는 달리 말리키 법학파에서도 여성 당사자의 승낙이 필요하다는 점을 인정하고 있다.[48]

---

45 'Abd ar-Rahman I. 위의 책, pp.228-230.

46 재혼금지기간이나 이흐람(순례 시 복장) 상태에 있지 않은 여성.

47 'Abd ar-Rahman I. Doi, 위의 책, p.228.

48 Salama Saad, 위의 책, pp.53-54.

• 혼인의 증인

샤피이, 하나피, 한발리 법학파는 증인의 존재가 유효한 계약을 위한 필수조건으로 보고 있다. 하나피 법학파는 두 명의 남성, 혹은 한 명의 남성과 두 명의 여성 증인으로 충분하다고 본다. 그러나 모든 증인이 여성일 경우 계약은 유효하지 않다는 입장이다. 하나피 법학파는 증인의 조건으로 공정한 성품을 고려하지 않는다. 그러나 샤피이와 한발리 법학파는 공정한 성품을 지닌 두 명의 무슬림 남성 증인만을 유효한 것으로 받아들인다. 한편, 말리키 법학파는 혼인계약 시에는 증인이 필수적이지 않으며 신랑과 신부가 성관계를 가질 시에만 필수적이라는 입장이다. 만약 증인 없이 성관계를 가졌을 경우 혼인계약은 무효가 되고 이는 취소할 수 없는 이혼으로 간주된다. 시아파의 자으파리 법학파는 증인의 존재가 권장사항일 뿐 의무사항은 아니라는 입장이다.[49]

(2) 혼인계약의 조건

• 카파아(동등)

'카파아'란 아랍어로 동등 혹은 같음을 의미한다. 남녀가 같은 인종이나 부족, 가문의 일원일 경우 서로 카파아가 된다. 사회적, 부족적, 민족적, 인종적, 혈통적 차별을 종식하고자 했던 이슬람은 카파아를 근거로 남녀 간의 혼인을 제한하지 않고 있다. 코란의 여러 구절[50]은 이슬람이 카파아 혼인에 반대하였다는 사실을 입증해 준다. 단 코란은 남자가 혼인해야 하는 여성들로 신앙이 있는 자유민 여성을 추천하고 있다. 만약 남자가 자유민 여성과 혼인하기 위한 혼납금을 마련할 여유가 되지 않는다면 믿는 여종과 혼인하라고 충고한다. 코란은 무슬림 남성의 경우 자유민 유대인 여성

---

49 Laleh Bakhtiar, *Encyclopedia of Islamic Law*, pp. 400~401.
50 코란 4장 25절, 49장 10절, 49장 13절 등.

이나 기독교인 여성과도 혼인할 수 있도록 허용하고 있다. 그러나 코란은 무슬림 여성이 어떤 남성과 혼인해야 하는지에 관해서는 침묵하고 있다.

반면, 이슬람법에서는 '카파아'라는 용어가 적절한 신랑감을 선택하기 위한 기준으로 사용되고 있다. 즉 카파아란 혼인 당사자인 남성이 여성과 동등해야 한다는 것을 의미한다. 이 경우 남성이 자신보다 낮은 신분의 여성과 혼인하는 것은 문제가 되지 않으나 여성은 자신보다 낮은 신분의 남성과 혼인할 경우 문제가 된다.

카파아와 관련하여 샤피이 법학파는 혈통(hasab, nasab)만을 중시한다. 이들에게 부와 재산은 카파아의 기준이 아니다. 아버지의 부재 시 여성의 혈통을 대변하는 부계 친척만이 그 여성의 혼인 후견인이 될 수 있다. 부족의 혈통은 남계친을 통해 추적되기 때문이다. 그러나 신부와 신부의 후견인의 동의가 있을 경우 남편의 카파아가 충족되지 않았다 하더라도 그 혼인은 금지되지 않는다는 것이 샤피이 법학파의 입장이다.[51]

말리키 법학파에서는 종교에서 동등할 경우 혈통이나 부는 아무런 문제가 되지 않는다는 입장이다.[52] 이맘 말리크는 동등함은 종교에서 나오는 것으로 모든 무슬림들은 동등하다는 견해를 피력하였다. 이는 다음의 코란 구절에 근거하고 있다: "너희 가운데 알라가 보시기에 가장 영광된 자는 가장 신앙심이 깊은 자이니라."(코란 49장 13절)

한편, 하나피 법학파는 말리키 법학파와 입장을 달리한다. 이들은 샤피이 법학파와 마찬가지로 여성이 동등한 부족 출신의 남성과 혼인해야 한다는 입장이다. 특히 하나피 법학파에서 남편과 아내의 동등함은 혼인의 유효성을 결정하는 조건이 된다. 하나피 법학파에서의 카파아란 동등한 가문, 즉 동등한 혈통을 의미한다.[53]

---

51 Mohammad Ali Syed, 위의 책, p.38.

52 Susan A. Spectorsky, 위의 책, p.77.

53 Jamal J. Ahmad Nasir, 위의 책, p.59.

한발리 법학파는 재산상의 동등함에도 관심을 보이고 있다. 이븐 한발은 파띠마 빈트 까이스라는 여성이 무아위야와 혼인할 수 있는가를 예언자에게 묻자 예언자가 '무아위야는 가난하고 재산이 없다.'라고 대답하였다고 전하고 있다. 아부 하니파는 '남자가 혼납금이나 부양을 제공하지 못할 경우 절대로 동등한 자가 아니다.'라고 언급하였다. 한발리 법학파에 따르면 만약 여성이 동등하지 않은 남성과 혼인할 경우 여성의 후견인은 판사에게 문제를 제기할 수 있고 이 경우 판사는 둘 사이를 이혼시켜야한다.[54]

시아파의 자으파리 법학파 역시 말리키 법학파와 마찬가지로 종교에서의 동등함을 요구하고 있다. 또한 남자가 가문, 재산, 종교적 헌신, 직업, 관습 등에서 여자와 동등할 것을 조건으로 하고 있다. 동등의 조건은 혼인계약 시에 고려되나 혼인의 유효성에는 영향을 미치지 않는다는 입장이다. 그러나 여자가 혼인에 동의한 후 남편이 자신과 동등하지 않다는 사실을 후에 알게 되었다면 그 여성은 별거나 이혼을 요청할 수 있다.[55]

• 혼인계약의 조건

샤피이, 한발리 법학파와 자으파리 법학파는 혼인계약의 조건으로 즉시성을 언급하였다. 즉시성이란 당사자들이 일체의 지체 없이 청혼을 수락한다는 것과 혼인계약이 즉각적으로 효력을 발생시킨다는 것을 의미한다. 즉 혼인계약이 일시적으로 중지되거나 미래의 시간으로 연기될 수 없다는 의미이다. 그러나 하나피 법학파는 혼인계약의 즉시성이 필요하지 않다는 입장이다. 하나피 법학파는 심지어 남자가 청혼의사를 담은 편지를 여성에게 보낸 후 그 여성이 증인들에게 편지를 읽어 주고 "난 이 남자

---

54 Susan A. Spectorsky, 위의 책, pp.77-78.
55 Jamal J. Ahmad Nasir, 위의 책, p.60.

와 혼인할 것입니다."라고 말하더라도 그 혼인은 유효하다는 입장이다.[56]

혼인계약은 양측에서 제기하는 어떠한 조건이라도 포함할 수 있다. 그러나 그 조건은 한쪽 혹은 양쪽에 이익이 되고 혼인의 목적에 위배되지 않는 한 반드시 준수되어야 한다. 그러한 조건 가운데는 여자가 이혼을 요구할 수 있는 권리를 가진다든지, 혹은 부부가 정착하기로 합의한 도시를 떠나지 않는다든지, 혹은 남편이 다른 여자와 다시 혼인하지 않는다든지 등이 있다. 한발리 법학파는 남편이 혼인 시에 아내로 하여금 살던 집이나 도시를 떠나지 않도록 해 준다든지, 혹은 다른 아내를 얻지 않는다든지 등을 명시한다면 그 계약은 유효하고 그 조건도 충족되어야 한다는 입장이다. 그리고 양측은 합의한 구두의 혹은 기록된 어떠한 조건이라도 존중해야 하며, 만약 그 조건이 충족되지 않을 경우 그리고 그 조건이 샤리아에 위배되지 않을 경우 조건을 건 당사자는 혼인계약을 취소할 수 있는 권리를 가진다. 한편, 하나피, 샤피이, 말리키 법학파는 이러한 조건을 제시할 경우 그 계약은 유효하나 그 조건은 무효가 된다는 입장이다.[57]

자으파리 법학파에 따르면 혼인계약 시 남자가 다른 아내를 취하지 않는다든지 혹은 아내와 이혼하지 않는다든지, 혹은 아내가 원할 때 언제든 집을 떠날 수 있다든지, 혹은 이혼이 여자의 권리라든지, 혹은 남편이 아내로부터 상속하지 못한다든지 등과 같이 혼인계약의 정신에 위배되는 조건을 제시할 경우 계약은 유효하나 그 조건은 무효가 된다. 그러나 여자로 하여금 고향을 떠나지 않게 한다든지, 혹은 정해진 집에 머물게 한다든지, 혹은 여행에 여자를 혼자 데려가지 않을 것 등을 조건으로 제시할 경우 그 계약과 조건 모두를 유효한 것으로 간주한다. 그러나 이러한 조건이 충족되지 않더라도 여성에게는 혼인 해지의 권리가 없다.[58]

---

56 Laleh Bakhtiar, 위의 책, p.399.
57 Jamal J. Ahmad Nasir, 위의 책, pp.63-64.
58 Laleh Bakhtiar, 위의 책, p.404.

(3) 혼납금 마흐르

혼납금을 의미하는 마흐르는 코란에서 여러 용어로 사용되고 있다. 그 가운데는 보상을 의미하는 '아즈르'('ajr), 선물을 의미하는 '사두까' (saduqah), 의무 혹은 정해진 몫을 의미하는 '파리다'(faridah)가 있다. 하디스 에서는 종종 '사다끄'(sadaq)라는 용어가 사용되기도 한다.

• 혼인계약과 혼납금

혼납금은 남편이 혼인을 대가로 아내에게 지불하거나 지불하기로 약속 하는 돈이나 재산으로 이슬람식 혼인에서는 중요한 요소이다. 기독교인 혹은 유대인 여성과 혼인하는 경우에도 노예 여성과 혼인하는 경우에도 혼납금은 지불되어야 한다. 그리고 혼납금은 아주 소액이라 하더라도 신 방에 드는 시점 혹은 그 후에라도 반드시 지불되어야 한다.

혼납금은 상호 협의에 따라 그리고 신부 후견인의 동의에 따라 신랑이 신부에게 주는 선물이기 때문에 신랑에게는 혼납금에 대한 권한이 없다. 신랑이 신부에게 혼납금을 지불하는 것은 신부에게 경제적 독립성을 부 여한다는 의미이다. 혼전에 아무것도 소유할 수 없었던 신부는 혼인 즉시 자기 재산을 소유하게 되기 때문이다. 혼인이 종료되더라도 혼납금은 여 전히 아내의 재산으로 남게 되어 남편은 그것을 되돌려받을 권한이 없다. 선물로 준 것을 되돌려받는 것은 코란의 명령에 위배된다.[59] 또한 지불되 지 않은 혼납금은 남편의 채무로 간주되어 아내는 남편의 사망 시에 다른 채권자들과 더불어 남편의 유산으로부터 혼납금을 받을 권리가 있다.

대부분의 수니 법학파들은 혼납금이 혼인계약의 필수요소(rukn)는 아니 라는 입장이다. 혼납금은 혼인계약의 결과이며 혼납금을 명시하지 않았더 라도 계약은 유효하다는 입장이다. 그러나 혼인계약에 혼납금이 명시되지

---

59 코란 4장 21절, 4장 24절, 2장 229절.

않았다 하더라도 아내는 혼납금을 받을 권리는 있다. 그 경우 아내는 자신의 지위와 비슷한 위치에 있는 사람이 받은 '상응 혼납금'(Mahr al-Mithl)을 받게 된다. 만약 명시적 혼납금(Mahr al-Musamma)이 상응 혼납금에 비해 적게 책정될 경우 그것은 무효가 되고 적절한 혼납금이 지불되어야 한다. 다만, 하나피 법학파만이 혼납금이 명시되어 있지 않을 경우 혼인계약은 무효라는 입장이다.[60]

• 혼납금의 액수

앞서 언급하였듯이 혼납금에는 명시적 혼납금과 상응 혼납금 두 가지가 있다. 그러나 코란은 혼납금의 액수에 대해 구체적으로 언급하지 않고 있다. 한편, 예언자는 부인들에게 다양한 액수의 혼납금을 지불하였다. 하디스에 언급된 가장 적은 액수의 혼납금은 무쇠 반지 하나이고, 그것조차 마련할 수 없는 남성은 아내에게 코란을 가르치도록 되어 있다. 대부분의 학자들은 이러한 하디스가 실제 관행을 반영하기보다는 매우 드문 예외적 경우를 기록한 것이라고 보았다.

이슬람 법학자들은 혼납금의 최소 한계를 정하고 있다. 샤피이와 한발리 법학파 및 시아파는 코란 4장 24절을 근거로 혼납금의 최소 한계가 없다는 데 의견 일치를 보이고 있다. 그러나 말리키 법학파는 혼납금의 최소 한계로 금화 1/4디나르, 혹은 은화 3디르함을 정해 놓고 있다. 이는 도둑질에 대해 이슬람법이 정하고 있는 법적 최소 한계에 해당된다. 한편, 하나피 법학파는 최소 액수가 예언자의 하디스에 근거하여 10디나르(디르함)는 되어야 한다는 입장이다.[61]

이슬람 법학자들은 혼납금에 상한선이 없다는 데는 의견 일치를 보이고

---

60 Wael B. Hallaq, *Shari'ah Theory, Practice, Transformations*, p.277.

61 Jamal J. Ahmad Nasir, 위의 책, p.90.

있다. 이는 혼납금이 '상당한 금액'(qintar)이 될 수 있다는 코란 4장 20절에 근거한다. 한번은 칼리프 우마르가 설교를 하면서 400디르함 이상의 혼납금을 주어서는 안 된다고 선언하였다. 칼리프 우마르는 지나친 혼납금의 지불을 비난하였으며 혼납금의 한계를 두어 그 이상을 받을 경우 나머지를 국고에 예속시키기도 하였다. 그러나 이것이 코란의 가르침[62]에 위배된다는 주장에 따라 우마르는 후에 자신의 결정을 철회하였다.

이슬람법에서 일반적으로 혼납금의 액수는 신랑의 교육정도와 사회적 지위 및 재산, 그리고 신부를 대변하는 후견인이 벌이는 협상에 달려 있다. 남편의 사회적 지위나 재산에 관계없이 적절한 혼납금은 신부 아버지가 속한 가문의 사회적 지위, 그리고 신부의 사회적 지위에 따라 결정되어야 한다고 보는 학자들도 있다. 그러나 혼납금은 혼인 이후 어느 때라도 남편과 아내와의 상호 협의에 따라 증가할 수도 혹은 감소할 수도 있다. 아내는 혼납금의 주인이므로 혼납금의 전부 혹은 일부를 남편에게 탕감해 줄 수도 있다. 혼납금의 탕감을 피끄흐 용어로는 '혼납금 선물'(Hibat al-Mahr)라고 부른다.

• 상응 혼납금

혼인 시 혼납금이 명시적으로 정해지지 않을 경우 그것은 사회적 지위에 따른 상응 혼납금으로 정해진다. 하나피 법학파에 따르면 상응 혼납금은 모계 쪽이 아닌 부계 쪽의 비슷한 사회적 지위에 있는 여성들이 받는 혼납금으로 산정된다. 말리키 법학파는 신부의 지적, 육체적 수준에 따라 혼납금이 결정된다는 입장이다. 샤피이 법학파는 부계 친척의 아내, 즉 신부의 형제의 아내, 혹은 신부의 삼촌의 아내, 혹은 신부의 자매가 받았던 혼납금을 참고로 산정한다. 한발리 법학파는 신부의 여자 친척, 즉 어머니

---

62 코란 4장 20-21절.

나 이모 등의 여자 친척이 받았던 혼납금을 근거로 판사가 결정하도록 한다. 한편, 시아파의 자으파리 법학파는 상응 혼납금을 결정하는 특정한 요소는 없으며 신부의 지위나 혈통을 비롯한 주변의 다양한 요소로 결정된다는 입장이다. 그러나 관행적 혼납금(Mahr al-Sunnah)은 500디르함을 초과할 수 없다는 입장이다.[63]

혼인계약에 명시되지 않은 상응 혼납금은 신방을 치를 시에 지불된다. 만약 신방을 치르지 않고 이혼을 하면 신부는 혼납금을 받을 자격이 없다. 다만 이혼 시에 신부의 신분에 따라 반지나 옷과 같은 것을 선물로 받을 수 있다. 하나피와 한발리 법학파는 만약 남편이나 아내가 신방을 치르기 전에 사망할 경우 신방을 치렀을 때와 마찬가지로 상응 혼납금이 지불되어야 한다는 입장이다. 말리키와 시아파의 자으파리 법학파는 두 사람 가운데 누군가가 신방을 치르기 전에 사망할 경우 아무런 혼납금도 지불되지 않는다는 입장이다. 한편, 샤피이 법학파는 혼납금을 모두 지불해야 한다는 입장과 어떠한 혼납금도 지불해서는 안 된다는 입장으로 나뉜다.[64]

실수에 의한 성관계를 가질 경우에도 계약에 명시되지 않은 상응 혼납금이 반드시 지불되어야 한다는 것이 모든 법학파의 일치된 입장이다. 실수에 의한 성관계라는 것은 법적으로 허용되지 않는 사람, 예컨대 젖 자매와 양육관계를 인지하지 못한 채 혼인을 하고 성관계를 맺은 경우를 의미한다. 시아파의 자으파리 법학파는 정신이상이나 마약중독, 혹은 수면 상태에 있는 사람과의 성관계도 이와 같은 범주에 포함시킨다. 한편, 샤피이, 한발리, 자으파리 법학파의 경우 간음을 강요한 사람도 상응 혼납금을 지불해야 한다는 입장이다. 이때 만약 여자가 간음에 동의했을 경우 혼납금을 받을 자격이 없다.

---

63 Laleh Bakhtiar, 위의 책, pp.442~443.
64 앞의 책, p. 441.

• 혼납금의 성격

수니와 시아 법학파들은 혼납금이 값어치 있는, 유용한, 의례적으로 깨끗한 것이어야 한다는 데 의견 일치를 보이고 있다. 또한 혼납금의 성격은 이슬람법에 따라 거래가 합법적인 것이라야 한다. 따라서 알코올이나 돼지고기를 비롯하여 소유할 경우 불법으로 간주되는 어떠한 것도 혼납금으로 명시될 경우, 말리키 법학파에 따르면 성관계를 가지기 전이라면 혼인계약은 무효가 된다. 만약 성관계를 가졌다면 혼인계약은 유효하나 계약에 명시되지 않은 다른 혼납금으로 지불해야 한다. 샤피이, 하나피, 한발리, 그리고 대부분의 자으파리 법학자들에 따르면 이 경우 혼인계약은 유효하고 신부에게는 계약에 명시되지 않은 상응 혼납금이 지불되어야 한다.

따라서 혼납금은 땅이나 건물과 같은 부동산이 될 수도 있고 가축이나 곡식과 같은 동산이 될 수도 있다. 혼납금은 하나 혹은 여러 개일 수도 있고, 금전적 가치가 있는 용익권일 수도[65] 있다. 금전적 가치가 없는 것, 예컨대 남자가 다른 아내를 얻지 않겠다고 약속한다든가 혹은 아내의 고향을 떠나지 않겠다고 약속하는 것은 혼납금을 대신할 수 없다.[66]

• 혼납금의 지불 시기

혼납금은 한 번에 지불되어야만 하는 것은 아니다. 명시적 혼납금은 신속하게 지불되거나 혹은 연기되어 부부가 살아 있는 동안 지불될 수 있다. 또한 혼납금은 선불(Mu'ajjal)과 후불(Mu'ajjal)로 두 번에 나누어 지불할 수 있다. 일부 법학파는 혼납금의 일부뿐만 아니라 그 전부도 후불로 지불하는 것을 허용하고 있다.[67] 연기되는 혼납금의 지불 일자에 대한 합의가 있

---

65 하나피 법학파는 용익권을 혼납금으로 인정하지 않는다.

66 Jamal J. Ahmad Nasir, 위의 책, p.89.

67 현대 법학자들은 이를 수용하고 있지 않다. 현대 요르단 법은 혼납금의 연기에 대한 기록된 합의가 없는 한 모든 혼납금은 한꺼번에 신속하게 지불되어야 한다고 규정하고 있다. 이집트에서는 두 번으로 나누어 혼납금을 지불하도록 되어 있다. Jamal J. Ahmad Nasir, 위의 책, p.91에서 재인용.

는 경우 혼납금은 그 일자에 반드시 지불되어야 한다. 합의된 일자가 없는 경우 이혼이나 사망 시 즉시 지불되어야 한다. 일부 법학자들은 혼납금을 연장할 수 있는 최대한의 기간이 40년이라고 언급하기도 하였다. 그러나 "하늘에 구름이 끼거나 비가 내릴 때, 혹은 여행자가 도착할 때 100디르함을 지불하는 조건으로 당신과 혼인하겠소."와 같은 불확실한 조건으로 혼납금을 제시하는 것은 인정되지 않고 있다.

법학자들의 일반적인 견해에 따르면 아내는 혼인계약이 선언된 이후에 명시적 혼납금을 요구할 권리가 있으며 혼납금이 지불될 때까지 성관계를 거부할 수 있다. 그러나 혼납금을 요구하지 않고 자발적으로 남편과의 성관계를 받아들일 경우 아내는 성관계를 거부할 권리를 상실하게 된다. 아내가 혼납금이 지불될 때까지 성관계를 거부하더라도 부양받을 권리는 있다. 만약 혼납금을 받은 이후 아내의 의무를 거부하거나 혹은 남편과의 성관계를 허락한 이후에 아내의 의무를 거부할 경우 하나피 법학파를 제외한 모든 법학파는 아내로부터 부양의 권리를 박탈하고 있다.

• 혼납금의 권리

전체를 받을 권리: 아내가 혼납금의 전체를 받을 권리가 있는 경우는 혼인 후 성관계를 가졌거나 혹은 성관계 전에 배우자가 사망한 경우이다. 아내가 먼저 사망할 경우 아내의 상속인들은 남편의 상속분을 공제한 후 전체 혼납금의 나머지를 가지게 된다. 남편이 먼저 사망할 경우 모든 법학자들은 전체 혼납금이 아내의 것이 된다는 데에 의견 일치를 보이고 있다. 하나피 법학파는 '유효한 킬와'(al-Khilwah al-Sahihah, 남편과 아내가 단 둘이 있는 상태)가 발생한 경우 성관계의 여부와 상관없이 아내가 전체 혼납금을 받을 수 있다는 입장이다. 이는 "아내의 히잡을 벗겨 아내를 바라본 사람은 정을 통했는지 여부와 관계없이 혼납금을 지불해야 한다."라는 하디스에 근거하고 있다. 그러나 샤피이와 말리키 법학파는 '유효한 킬와'로 아내가

전체 혼납금을 받을 수 없다는 입장이다. 그러나 말리키 법학파는 실제적인 성관계가 없었다 하더라도 아내가 부부의 집으로 옮겨가 1년을 거주하였을 경우 전체 혼납금을 받을 권리가 있다고 주장한다. 자으파리 법학파는 유효한 킬와가 실제적인 성관계를 대체할 수 없기 때문에 이 경우 아내는 전체 혼납금을 받을 수 없다는 입장이다. 한편, 한발리 법학파는 '과도한 접촉' 역시 아내에게 전체 혼납금의 권리를 발생시킨다는 입장이다. 그것은 상대방의 신체 부위를 만진다든지, 입맞춤을 한다든지, 나체를 바라본다든지, 혹은 함께 누워 있다든지, 혹은 포옹을 한다든지 등의 모든 경우를 포함한다.[68]

절반 혹은 무트아를 받을 권리: 성관계가 이루어지기 전에 남편이 혼인을 해지할 경우 아내는 코란 2장 237절에 근거하여 명시적 혼납금의 절반을 받을 권리가 있다. 법학자들은 다음 네 가지 조건에서 혼납금의 절반을 판결하였다. 첫째, 유효한 계약일 경우, 둘째, 혼납금이 유효하게 명시되었을 경우, 셋째, 성관계를 가지기 전에 혹은 '유효한 킬와' 전에 이혼한 경우, 넷째, 남편의 주도하에 이루어진 이혼의 경우가 그것이다.[69] 만약 혼납금을 받을 법적 근거가 없다면 아내는 코란 2장 236절에 근거하여 선물 무트아를 받게 된다. 일반적으로 무트아의 액수는 관습에 따라 결정된다.[70]

혼납금 전체를 상실하는 경우: 혼인이 확약되기 전에 해지되면 아내에게는 아무런 혼납금이 돌아가지 않는다. 이슬람법은 다음 상황에서 아내에게 아무런 혼납금을 인정하지 않는다. 첫째, 남편은 특수한 상황에서 성관계를 맺기 전에 혹은 유효한 킬와를 갖기 전에 혼인 취소의 선택을 할 수 있다. 남편이 아버지나 할아버지가 아닌 후견인에 의해 혼인상태에 놓이

---

68 Jamal J. Ahmad Nasir, 위의 책, p.95-96.
69 앞의 책, p.98.
70 Laleh Bakhtiar, 위의 책, p.448.

게 된 경우, 즉 미성년이거나 혹은 저능 상태이거나 혹은 정신이상 상태에서 후견인의 강압에 의해 혼인상태에 들어가게 된 경우 사춘기에 이르거나 혹은 저능 상태나 정신이상 상태에서 회복되면 남편은 판사에게 혼인 무효를 신청할 수 있다. 판사가 혼인 취소를 판결하면 혼인계약은 무효가 되고 남편은 전체 혼납금의 지불 의무를 면제받는다. 둘째, 실제적인 성관계 혹은 유효한 킬와가 있기 전에 아내가 혼인 취소의 권리를 행사할 경우 아내는 혼납금에 대한 권리가 없다. 셋째, 아내가 배교를 하거나 경전의 백성이 아니거나 혹은 다신론자일 경우 아내는 혼납금의 권리를 잃게 된다.[71]

아버지가 혼납금의 할당을 요구하는 경우: 만약 신부 아버지가 혼납금을 할당받고자 할 경우, 하나피와 한발리 법학파는 혼납금은 유효하나 그 조건은 동의를 얻어야 한다는 입장이다. 샤피이 법학파는 이 경우 명시적 혼납금은 무효가 되고 상응 혼납금이 지불되어야 한다는 입장이다. 한편, 말리키 법학파에 따르면 만약 이 조건이 혼인 당시에 포함되어 있었다면 신부는 아버지의 몫을 포함한 전체 혼납금을 받는다. 그러나 그러한 조건이 혼인 이후에 정해진 것이라면 신부의 아버지는 자기 몫을 받는다. 자으파리 법학파는 만약 혼납금이 신부의 아버지를 위한 몫과 더불어 명시되었다면 신부는 명시된 모든 몫을 받게 되고 신부의 아버지는 자기 몫을 받지 못한다는 입장이다.[72]

• 남편이 혼납금 지불 능력이 없는 경우

하나피와 자으파리 법학파에 따르면 남편이 혼납금 지불 능력이 없는 경우 아내는 혼인 해지의 권한이 없으며 판사도 이혼을 선언할 수 없

---

71 Jamal J. Ahmad Nasir, 위의 책, p.100.
72 'Abd ar-Rahman I. Doi, 위의 책, p.444.

다. 그러나 아내는 남편과의 성관계를 거부할 권한이 있다. 말리키 법학파에 따르면 만약 남편의 경제적 무능력이 성관계를 갖기 전에 드러날 경우 판사는 남편에게 일정 기간을 부여한 후 그 기간이 끝나도 남편의 경제적 무능력이 지속될 경우 이혼을 선언하거나 아내가 요구하는 쿨으 이혼을 승인한다. 그러나 성관계를 갖은 이후에는 아내가 이혼을 해지할 수 있는 방법은 없다. 한편, 샤피이 법학파에 따르면 성관계를 갖기 전에 남편의 무능력이 드러나면 아내는 혼인을 해지할 수 있다. 한발리 법학파는 성관계를 가진 이후라 하더라도 혼인 전에 그 사실을 알지 못했다면 아내가 혼인을 해지할 수 있다는 입장이다. 그러나 아내가 그 사실을 미리 인지하고 있었다면 혼인은 해지되지 않으며 판사만이 혼인 해지의 권한을 갖게 된다.[73]

(4) 혼인계약의 유형과 혼인의 효력

이슬람 법학자들은 혼인계약을 유효한(sahih) 혼인계약, 비정상적(fasid) 혼인계약, 그리고 무효한(batil) 혼인계약로 나눈다. 시아파는 비정상적인 혼인계약을 무효한 혼인계약으로 간주하는 한편, 수니 법학파는 비정상적인 혼인계약과 무효한 혼인계약을 구별하고 있다. 혼인의 장애 상태가 절대적이고 영원한 것이면 그 혼인은 무효가 되며 양측 간에 아무런 민사적 권리나 의무를 발생시키지 않는다. 그러나 혼인의 장애가 상대적이거나 일시적이거나 혹은 우발적 환경에서 비롯될 경우 그것은 비정상적 혼인이 된다. 비정상적 혼인의 경우 성관계를 갖기 전까지는 아무런 효력을 발생시키지 않으나 성관계를 가진 후에는 유효한 혼인에 따른 일부 법적 결과물을 발생시킨다. 첫째, 아내에게 상응 혹은 명시적 혼납금을 받을 권리가 생긴다. 둘째, 비정상적 혼인으로 태어난 자식들은 합법적 자식으로 인

---

73 Laleh Bakhtiar, 위의 책, pp.445~446.

정된다. 셋째, 아내는 이혼 후 재혼금지기간을 준수해야 한다. 그러나 비정상적 혼인은 단 한 번의 이혼선언으로 혼인이 해지된다는 점, 그리고 양당사자들이 성관계를 가진 이후라도 서로 상속할 권리를 가지지 못한다는 점에서 유효한 혼인과 구별된다.[74]

이슬람법에서 유효한 혼인계약이란 양 당사자가 성인이고, 정신이 온전하고, 분별력이 있고, 자신의 의지에 따라 행동할 수 있는, 즉 완전한 법적 능력을 가진 경우의 혼인을 의미한다. 만약 양 당사자 가운데 누구라도 이러한 조건을 충족시키지 못할 경우 유효한 혼인계약은 그 효력을 잃게 되어 '마우꾸프'(mauquf) 즉 '정지된 상태'가 된다. 이슬람법은 정지된 혼인을 비정상적 혼인과 동일시한다. 비정상적 혼인이란 혼인을 맺기 위한 필수조건은 충족시키나 유효성의 조건이 부족한 경우이다. 예컨대 혼인 당시 알지 못하는 상태에서 어떤 남자가 자신의 젖 자매와 혼인계약을 맺었을 경우 수니 법학파는 이를 증인의 요건을 갖추지 못한 비정상적 혼인으로 간주한다.[75]

앞서 언급했듯이 시아파에서는 무효한 혼인과 비정상적 혼인을 구별하지 않는다. 그러나 수니 법학파가 장애의 성격에 근거하여 두 혼인을 구별한 것은 시아파에서도 중요하게 다루어진다. 무효한 혼인계약은 돌이킬수 없다. 그러나 비정상 혼인계약은 결함이 발견되기 전까지는 특정한 조건하에서 일부 적법성이 인정되고 그 결함은 언제든 수정이 가능하다. 무효한 혼인계약의 경우에는 성관계를 가졌다 하더라도 양 당사자의 합의를 통해 혹은 법정의 명령을 통해 혼인이 무효화된다. 그러나 비정상적 혼인으로 성관계를 가졌을 경우 수니 법학자들에 따르면 여성은 혼납금을 받을 권리가 있고 이들 사이에 태어난 아이들은 합법적인 자식으로 인정

---

74 Jamal J. Ahmad Nasir, 위의 책, p.75.

75 앞의 책, p.76.

된다. 또한 이 경우 여성은 재혼금지기간을 준수해야 하며, 인척관계에 따른 금지된 혼인의 범주도 생성된다.[76]

시아파에 따르면 혼인의 유효성의 조건이 결여되어 있는 경우 혼인계약은 모두 무효가 되어 어떠한 효력도 발생시키지 않는다. 따라서 양 당사자는 자유의지에 따라 혹은 법정의 명령에 따라 헤어져야 한다. 두 사람이 성관계를 가지기 전에는 인척관계에 따른 금지된 혼인의 범주가 생성되지 않으며, 두 사람은 서로에 대한 상속의 권리가 없다. 성관계를 가졌을 경우에만 명시적 혼납금에 대한 합의가 있었다 하더라도 여성은 비슷한 지위에 있는 사람이 받는 상응 혼납금을 받게 된다. 이 경우에 태어난 아이들도 사생아로 간주된다.[77]

한편, 적절한 거주지를 제공하는 것은 남편의 의무이고 그것을 제공받는 것은 아내의 권리이다. 거주지가 이슬람법에 규정된 조건에 부합할 경우 아내는 남편이 제공한 거주지에서 남편과 함께 거주해야 한다. 거주지의 조건으로는 남편의 경제적 상황에 부합할 것, 거주할 수 있는 사적 공간이어야 할 것 등이 있다. '사적'이라는 것은 남편의 친척을 포함한 어떤 사람도 부부의 집에 같이 살아서는 안 된다는 것을 의미한다. 또한 남편은 아내를 돌보며 아내의 재산을 지킬 수 있는 사람이어야 한다. 앞서 언급하였듯이 남편은 혼인계약 시에 합의된 혼납금의 전부 혹은 일부를 반드시 지불해야 한다. 그 대가로 아내는 순례를 비롯한 종교적 의무를 수행하기 위한 것이 아니라면 남편의 허가 없이 부부의 집을 떠나서는 안 된다. 그러나 아내는 남편의 허락 없이도 병든 부모를 병문안할 수 있다. 이슬람법에서 부모의 권리는 남편의 권리를 넘어서기 때문이다. 다른 이유로 남편의 허락 없이 아내가 부부의 집을 떠나게 되면 '반항하는 아내'(nashizah)

---

76 앞의 책, pp 78~79.
77 앞의 책, p.80.

로 분류되어 부양의 권리를 상실하게 된다.[78]

(5) 금지된 혼인관계

코란과 순나는 금지된 혼인과 관련하여 영원히 금지된 혼인과 일시적으로 금지된 혼인을 분리하여 다루고 있다. 우선 영원히 금지된 혼인은 코란 4장 22-24절에 언급된 것으로 혈연관계, 인척관계, 양육관계에서 비롯된 것이다.

• 혈연관계

모든 법학파들은 코란 4장 23절에 언급된 혈연관계에 근거하여 다음 일곱 부류의 여자 친척과 혼인이 금지된다는 입장이다. 첫째, 어머니와 할머니를 포함하는 여성 직계존속, 둘째, 딸과 손녀를 포함하는 여성 직계비속, 셋째, 친자매와 反자매, 넷째, 고모 및 남성 직계존속의 고모들, 다섯째, 이모 및 남성 직계존속의 이모들, 여섯째, 형제의 딸들과 그 딸들의 여성 직계비속, 일곱째, 자매의 딸들과 그 딸들의 여성 직계비속이 그것이다. 단 사촌의 경우는 혈족관계라 하더라도 금지되는 혼인관계에 속하지 않는다.

• 인척관계

인척관계에 따른 혼인의 금지로는 다음 네 부류가 있다. 첫째, 직계존속의 아내로 부계와 모계 모두를 포함한다. 둘째, 직계비속의 아내로 부계와 모계 모두를 포함한다. 단, 양자의 아내는 제외된다. 셋째, 아내의 여성 직계존속으로 아내의 어머니와 할머니를 비롯하여 아무리 먼 선조라도 포함된다. 넷째, 아내의 딸도 혼인의 금지 대상이다. 그러나 성관계 없이 아내와 혼인계약만 맺었을 경우 그 딸과의 혼인은 금지되지 않는다는 것이

---

78 앞의 책, p.81.

모든 법학파들의 입장이다. 샤피이, 한발리, 자으파리 법학파는 남자와 여자가 성관계를 가졌을 경우만 그 여자의 딸이 혼인 금지 대상이 된다는 입장이다. 그러나 하나피와 말리키 법학파는 성적 의도를 가지고 바라보거나 신체적으로 접촉한 것도 성관계와 마찬가지로 충분한 혼인 금지 사유가 된다는 입장이다.[79]

실수에 의한 성관계 역시 혼인과 마찬가지로 금지된 인척관계를 형성한다는 것이 법학자들의 일치된 견해이다. 실수에 의한 성관계란 합법적인 것으로 알고 혼인을 하였으나 후에 불법으로 드러난 경우를 의미한다. 이 경우 두 사람은 즉시 헤어져야 하며 여자는 재혼금지기간을 준수하고 남자는 여자에게 상응 혼납금을 지불해야 한다. 두 사람 사이에는 인척관계가 성립되나 서로 상속하지는 못한다.[80]

간음과 간통도 하나피와 한발리 법학파에 따르면 인척관계를 형성한다. 따라서 어떤 남성과 여성이 불법적 성관계를 가졌을 경우 그 여성의 어머니와 딸은 그 남성에게 금지되며, 그 여성은 그 남성의 아버지와 아들에게 금지된다. 이들 법학파는 불법적 성관계가 혼인 전에 있었는지 혹은 혼인 후에 있었는지에 대해서는 구별하지 않는다. 따라서 만약 어떤 남자가 자기 아내의 어머니, 혹은 어떤 아들이 자기 아버지의 아내와 성관계를 가졌을 경우 그러한 아내는 자기 남편에게 영원한 금지 대상이 된다. 심지어 하나피 법학파는 만약 어떤 남자가 성관계를 가질 의도로 아내를 깨우려 했으나 실수로 아내 대신 딸을 만지고 애무했다면 그 아내는 남편에게 영원한 금지가 된다는 입장이다. 자기 남편을 깨우려 했으나 실수로 다른 아내에게서 태어난 남편의 아들을 애무한 여성에게도 똑같은 규칙이 적용된다. 한편, 샤피이 법학파는 "불법적 행동이 합법적 행동을 불

---

79 Laleh Bakhtiar, 위의 책, p.410.

80 앞의 책, p.410.

법화하지 못한다."는 하디스에 근거하여 간음이 인척관계를 형성하지 못한다는 입장이다. 말리키 법학파는 이 문제와 관련하여 하나피와 샤피이 법학파의 견해를 모두 수용하고 있다. 자으파리 법학파의 경우도 간음이 인척관계를 형성할 수 있다는 하나피와 한발리 법학파의 견해에 동조하고 있다. 그러나 혼인 후의 간통의 경우 합법적 부부 관계를 불법화시키지 않는다고 본다. 따라서 자기 아내의 어머니 혹은 아내의 딸과 간통을 저지른 남자와 그 아내와의 혼인관계는 그대로 유지된다는 입장이다. 아들의 아내 혹은 아버지의 아내와 간통을 저지른 남자의 경우에도 같은 규칙이 적용된다.[81]

한편, 샤피이와 말리키 법학파는 간통으로 태어난 딸과의 혼인을 합법적인 것으로 간주한다. 또한 간통 상대자의 자매, 아들의 딸, 딸의 딸, 형제의 딸, 자매의 딸과 혼인하는 것도 합법적인 것으로 간주한다. 간통이 상속이나 부양의 의무를 발생시키지 않는다는 이유에서이다. 그러나 하나피, 한발리, 자으파리 법학파는 간통으로 태어난 딸과의 혼인을 불법으로 간주한다. 간통으로 태어난 딸 역시 혈통적으로 분명하게 그 남자의 딸이기 때문이다.[82]

• 양육관계

양육관계의 일반적인 원칙은 혈연관계에 의해 금지되는 규칙이 그대로 적용된다는 점이다. 모든 법학파들은 "양육관계는 혈연관계와 마찬가지로 똑같은 금지의 정도를 형성한다."라는 하디스를 정통한 것으로 받아들이고 있다. 따라서 수유로 인해 젖어머니, 젖 딸, 젖 자매, 젖 이모, 젖 고모, 젖 조카가 될 경우 그러한 여성과의 혼인은 모든 법학파에서 불법으로 간주된

---

81 앞의 책, p.413.
82 앞의 책, p.412.

다. 단지 법학파들은 수유 횟수 혹은 그 조건에 대해 의견을 달리한다.

자으파리 법학파는 양육관계가 성립되기 위해서는 아이가 여자의 가슴에서 직접 젖을 빠는 것이 필수적이라는 입장이다. 아이가 직접 젖을 먹는 형식이 아닌 다른 방법으로 수유가 이루어졌다면 금지관계는 형성되지 않는다. 한편, 하나피, 한발리, 샤피이, 말리키 법학파는 어떠한 방법으로든 아이가 젖을 먹었다면 그것으로 충분하다는 입장이다. 심지어 한발리 법학파는 아이의 코를 통해서라도 젖이 아이의 위에 도달하였다면 그것으로 충분하다고 주장하였다.[83]

양육관계와 관련해서도 불법적 관계가 합법적 관계와 마찬가지로 금지관계를 형성하는가에 대한 의견 차이가 있다. 말리키와 샤피이 법학파는 간음이나 간통, 그리고 가까운 친척관계에 있는 두 여성과 동시에 혼인하는 것은 합법적 혼인이 금지하는 것과 같은 금지관계를 형성하지 않는다는 입장이다. 그러나 하나피와 한발리 법학파는 성관계를 동반하지 않은 음탕한 행동이라 할지라도 합법적 성관계와 같은 금지관계를 형성한다고 주장하였다. 이븐 한발은 만약 어떤 남자가 여자 노예를 산 후 애무하고 키스하고 옷을 벗겼다면 그 여자 노예는 그 남자의 아들에게 금지된다고 언급하였다.[84]

양육관계에서 금지관계가 형성되기 위해서는 젖먹이기가 유년기에 이루어져야 한다는 조건이 있다. 일부 경우 양육관계가 성립되기 위한 최소한의 수유 횟수를 규정하기도 하였다. 하나피와 말리키 법학파는 단 한 번의 수유라 할지라도 양육관계가 성립된다고 주장하는 한편, 샤피이와 한발리 법학파는 최소 다섯 번의 수유가 있어야 양육관계가 성립된다고 보고 있다. 자으파리 법학파에 따르면 하루 밤낮을 다른 음식물 없이 오직

---

83 앞의 책, p.420.
84 Susan A. Spectorsky, 위의 책, p.75.

한 여성의 젖을 먹지 않았거나, 혹은 한 여성의 가슴에서 15번 이상을 지속해서 젖을 먹지 않았을 경우 금지관계가 형성되지 않는다.[85] 수유 기간에 대해 하나피 법학파는 코란 46장 15절[86]에 근거하여 30달이라고 주장하는 한편, 말리키, 샤피이, 한발리 법학파는 코란의 2장 233절[87]을 근거로 수유기간이 2년은 되어야 한다고 주장하였다.[88]

• 혈연관계, 인척관계, 양육관계로 맺어진 아내와의 혼인

혈연관계, 인척관계, 양육관계로 얽혀 있는 두 아내를 동시에 아내로 얻는 것은 금지된다. 법학자들은 코란 4장 23절을 근거로 두 자매를 동시에 아내로 얻는 것을 금지하고 있다. 하나피, 한발리, 샤피이, 말리키 법학파는 한 여성과 그 여성의 고모, 혹은 한 여성과 그 여성의 이모와 동시에 혼인할 수 없다는 입장이다. 이와 관련된 일반적 법칙은 만약 혼인하고자 하는 상대 두 여성 가운데 한 명이 남자라고 가정할 때 그가 나머지 다른 여성과 혼인하는 것이 불법인 경우 두 여자와 동시에 혼인할 수 없다는 것이다. 즉 한 여성과 그 여성의 고모의 경우 고모가 남자라고 가정해 보면 그는 삼촌이 되고 나머지 여성은 질녀가 되기 때문에 두 여성과 동시에 혼인할 수 없다는 것이다. 그러나 대부분의 자으파리 법학자들은 만약 질녀와 처음 혼인한 후 그 질녀가 허락하든 혹은 허락하지 않든 간에 질녀의 고모와 혼인하는 것은 합법적이라는 입장이다. 그러나 만약 고모나 이모와 먼저 혼인하였다면 그 질녀와의 혼인은 고모나 이모의 허락이 있어야 가능하다고 본다.[89]

---

85 Laleh Bakhtiar, 위의 책, p.420.
86 "어머니는 힘들게 임신하고 힘들게 출산하며 임신한 기간과 양육하는 기간이 삼십 개월이라…"
87 "어머니들은 아이들에게 꼬박 2년을 젖을 먹여야 하나니…"
88 Jamal J. Ahmad Nasir, 위의 책, p.47.
89 Laleh Bakhtiar, 위의 책, p.411.

• 일시적 금지

일시적으로 혼인이 금지된다는 것은 상황이 변화함에 따라 금지가 해제될 수 있다는 의미이다. 첫째, 두 자매와는 동시에 혼인할 수 없다. 그러나 아내가 사망하면 아내의 자매와도 혼인이 가능하다. 이것은 아내의 이모나 조카에게도 적용된다. 둘째, 혼인한 여성과 혼인할 수 없다. 혼인한 여성은 이혼을 당하거나 혹은 그 남편이 사망했을 경우 재혼금지기간을 준수하면 금지가 제거된다. 셋째, 네 명 이상의 아내와 동시에 혼인할 수 없다. 그러나 현재의 아내가 사망하거나 혹은 현재의 아내와 이혼했을 경우 금지가 제거된다.

취소할 수 있는 이혼이나 취소할 수 없는 이혼 후, 혹은 남편의 사망 후 재혼금지기간 동안에 여자는 다른 남자와 혼인할 수 없다. 만약 어떤 남자가 재혼금지기간에 있는 여성과 혼인하였을 경우 그것은 불법 혼인으로 간주되어 두 사람은 헤어져야 한다. 혼인 후 성관계를 가지지 않았다면 법원은 두 사람에게 헤어질 것을 명령한다. 그러나 그 다음 과정에 대해서는 법학파들 간에 이견이 있다. 한발리, 하나피, 샤피이 법학파는 두 사람이 근본적으로 헤어져야 하지만 재혼금지기간이 끝나면 다시 혼인할 수 있다는 입장이다. 그러나 말리키 법학파는 두 사람이 헤어진 이후에 다시 혼인하는 것을 금지하고 있다.[90] 자으파리 법학파 역시 여자가 재혼금지기간을 지키고 있는 것을 알면서도 혼인하였을 경우 성관계의 유무에 관계없이 두 사람은 영원히 다시 혼인할 수 없다는 입장이다. 그러나 재혼금지기간이라는 것을 모르고 혼인하였을 경우, 그리고 성관계도 갖지 않았을 경우, 그 여성과는 재혼금지기간이 끝나면 다시 혼인할 수 있다.[91]

샤피이, 말리키, 한발리, 자으파리 법학파는 대순례나 소순례와 같은 종

90 Jamal J. Ahmad Nasir, 위의 책, pp.37-38.
91 Laleh Bakhtiar, 위의 책, pp.421-422.

교적 의무를 수행하고 있는 상태에서 남성이나 여성 모두 혼인해서는 안 되며 후견인도 혼인계약을 맺어서는 안 된다는 입장이다. 한 하디스[92]에 따르면 이 경우 혼인이 감행되면 그 혼인은 무효가 된다. 한편, 하나피 법학파는 이러한 상태가 혼인의 방해요소가 되지 않는다고 주장한다. 자으파리 법학파는 만약 이러한 상태를 알지 못한 채 혼인이 이루어졌다면 그것은 일시적 금지라는 입장이다. 이러한 상태에서 벗어나게 되면 그 혼인은 합법적인 것이 된다는 입장이다. 그러나 만약 그러한 상태를 알고도 혼인을 하였다면 두 사람은 헤어져야 하고 여성은 남성에게 영원한 금지의 대상이 된다. 한편, 다른 법학파들은 그 여성이 단지 일시적 금지의 대상이 된다는 입장이다.[93]

• 종교로 인한 혼인의 금지

수니와 시아파 법학자들은 모두 다신론자(mushrik)와의 혼인을 금지하고 있다. 어떠한 형태로든 동반 신을 두는 다신론자, 우상숭배자, 배교자 (murtaddah), 알라 이외의 신을 섬기는 자, 동물이나 나무나 돌 등을 숭배하는 자와의 혼인은 허용되지 않는다.[94] 특히 무슬림 여성과 비무슬림 남성과의 혼인은 성관계를 가졌든 그렇지 않든 간에 무효로 간주되어 두 사람은 반드시 헤어져야 한다. 무슬림 아내가 배교할 경우 혹은 무슬림 남편이 배교할 경우에도 혼인은 무효가 된다.

하나피, 한발리, 샤피이, 말리키 법학파에 따르면 무슬림 남성의 경우 기독교인이나 유대인을 포함한 성전의 백성 출신의 여성과 혼인하는 것은 합법적이다. 그러나 무슬림 여성의 경우 무슬림 남성을 제외한 성전의 백성 출신의 남성과 혼인하는 것은 합법적이지 않다. 사실 무슬림 여성이

---

92 "순례 동안에는 청혼을 하거나 혼인을 하거나 다른 사람의 혼인계약을 맺게 할 수 없다."

93 Laleh Bakhtiar, 위의 책, pp.422-423.

94 이는 코란 2장 221절과 60장 10절에 근거하고 있다.

무슬림 남성을 제외한 성전의 백성 출신의 남성과 혼인할 수 있는가에 관해서는 코란이나 하디스 모두 답을 주고 있지 않다. 따라서 무슬림 여성이 비무슬림 남성과 혼인할 수 없는 것은 관습법이 이슬람법으로 정착된 경우에 해당된다. 한편, 일부 법학자들은 '이바하'('Ibahah, 허용) 원칙, 즉 금지되지 않은 것은 모두 허용된다는 원칙에 따라 무슬림 여성도 성전의 백성 출신의 남성과 혼인하는 것이 무방하다고 주장한다.[95] 자으파리 법학파는 무슬림 여성이 성전의 백성 출신이 아닌 남성과 혼인할 수 없다는 데는 하나피, 한발리, 샤피이, 말리키 법학파와 의견을 같이한다. 그러나 무슬림 남성이 성전의 백성 출신이 아닌 여성과 혼인할 수 있는지에 대해서는 수니 법학파와 견해를 달리한다. 일부 자으파리 법학자들은 타 종교인 간의 혼인은 일시적이든 영원한 것이든 합법적이지 않다고 주장한다. 이는 코란 60장 10절과 2장 221절에 따라 다신론자의 의미를 유일신 알라를 믿지 않는 비무슬림으로 한정한 것에서 비롯된다.[96] 또 다른 자으파리 법학자들은 코란 5장 5절에 의거하여 그러한 혼인이 일시적이든 영원한 것이든 합법적이라는 견해를 가지고 있다.

일부 이슬람 법학자들은 예수를 신의 아들로 받아들이는 기독교인들을 우상숭배자들이라고 주장하였다. 그러나 코란은 기독교가 예수를 신의 아들로 여긴다고 비난하면도 기독교인을 성전의 백성이라고 선언하고 있다. 한편, 성전의 백성을 힌두교, 시크교, 자이나교, 불교, 도교, 유교, 조로아스터교 신자들에게까지 확대 해석하여 이들과의 혼인도 합법적인 것으로 인정하는 법학자들도 있다.[97] 하나피 법학파에 따르면 성전의 백성 출신인 여성이 비이슬람지역(Dar al-Harb)에 거주할 경우 그 여성과의 혼인은 불법이다. 이는 자녀들이 생겼을 경우 어머니의 생활방식으로 교육될 수

---

95 Mohammad Ali Syed, 위의 책, p.47.

96 Laleh Bakhtiar, 위의 책, pp.416~417.

97 Mohammad Ali Syed, 위의 책, pp.46~47.

있다는 우려에서이다. 말리키 법학파는 두 가지 견해를 따르고 있다. 우선 성전의 백성 출신인 여성이 이슬람지역에 거주하든 혹은 非이슬람지역에 거주하든 그러한 여성과의 혼인은 혐오행위에 속한다는 견해이다. 또 다른 견해는 성전의 백성 출신인 여성과의 혼인을 허용하는 코란의 명령에 비추어 그러한 혼인을 혐오행위로 보기 어렵다는 견해이다.

성전의 백성 출신인 여성의 부모가 모두 성전의 백성 출신일 필요는 없다. 아버지가 성전의 백성 출신이고 어머니가 우상숭배자라 하더라도 그 여성과의 혼인은 유효한 것으로 간주된다. 그러나 샤이피와 한발리 법학파는 혼인이 유효하기 위해서는 부모가 모두 성전의 백성 출신이어야 한다는 입장이다. 어머니가 우상숭배자일 경우 성인의 나이에 이르러 아버지의 종교 이슬람을 받아들였다 하더라도 그러한 여성과의 혼인은 불법으로 간주된다.[98]

혼인 후 아내의 권리와 관련하여 비무슬림 아내도 무슬림 아내와 똑같은 권리를 누린다는 것이 법학파들의 일반적인 입장이다. 따라서 비무슬림 아내도 혼납금을 받을 권리가 있으며 혼인생활을 하는 동안 남편으로부터 부양을 받을 권리가 있다. 또한 비무슬림 여성 역시 혼인계약 시 남편이 두 번째 아내를 얻을 수 없다든가, 혹은 아내가 남편과의 혼인을 종료할 수 있다든가 등의 권리를 명시할 수 있다.

• 신체적 결함에 따른 혼인의 무효

혼인계약에 영향을 미치는 신체적인 결함은 상피병, 문둥병, 정신이상이 대표적이다. 여자의 경우 성관계를 방해하는 질 폐쇄와 관련된 것도 결격사유로 간주되며, 남성의 경우 역시 성관계 및 출산을 방해하는 성기능장애가 결격사유로 간주된다. 대부분의 법학파들이 혼인을 무효화시키는

---

98 'Abd ar-Rahman I. Doi, 위의 책, p.225.

모든 종류의 육체적 결함을 언급하고 있지는 않다. 그러나 신체적 결함과 관련된 하디스를 살펴보면 세 가지로 요약해 볼 수 있다. 첫째, 앞에 언급된 질병을 가진 여성과의 혼인은 이러한 질병을 가진 여자 노예를 구매했을 경우 그 계약이 무효가 되는 것과 마찬가지로 무효로 간주된다. 둘째, 남편이 아내와 성관계를 가진 후에 아내의 육체적 결함을 발견하였다면 아내는 혼납금을 받을 권리가 있다. 그러나 남편을 속인 아내의 후견인은 남편에게 혼납금을 배상할 책임이 있다. 셋째, 남편에게 결함이 있을 경우 남편이 혼인계약 시에 자신의 문제를 인지하지 못한 채 혼인계약을 맺었다 하더라도 아내에게는 혼인 해지의 권리가 있다.[99]

그러나 하나피 법학파에 따르면 배우자 가운데 누구라도 신체적 결함이 있는 것이 발견되더라도 상대방은 혼인을 해지할 권리를 가지지 못한다. 이러한 하나피 법학파의 입장은 위의 첫 번째 입장과는 다른 것으로 만약 아내에게 결함이 있을 경우 남편은 아내와 그냥 살든지 혹은 원할 경우 언제라도 이혼을 할 수 있기 때문에 굳이 혼인을 무효화시킬 필요가 없다는 것이다. 또한 아내가 남편의 결함을 묵인할 수 있는 경우 부부는 혼인 상태로 남아 있을 수 있다는 것이다. 그러나 하나피 법학파에서도 남편이 발기불능이거나 거세되었을 경우 아내가 남편에게 이혼을 요구할 수 있도록 허용하고 있다. 말리키 법학파는 두 번째 내용과 관련된 하디스를 전하면서 아내의 후견인이 남편에게 혼납금을 배상해야 한다는 데에 동조하고 있다. 그러나 후견인이 아내의 육체적 결함을 알 수 있을 정도로 가까운 경우에만 남편이 혼납금에 대한 소구권을 가진다고 덧붙이고 있다. 또한 말리키 법학파는 그러한 아내와의 성관계는 합법적인 것이기 때문에 아내는 최소한의 혼납금을 제외한 모든 것을 남편에게 돌려주어야 한다는 입장이다. 한발리 법학파 역시 결함이 있는 아내와 성관계를 가진

---

99 Susan A. Spectorsky, 위의 책, pp.90-91.

후 후견인에게 소구권을 행사할 수 있다는 말리키 법학파의 견해에 동의하고 있다. 또한 한발리 법학파는 혼인이 성관계 전에는 무효화될 수 있다는 샤피이 법학파의 견해에 동의하고 있다.[100]

(6) 후견인 제도

이슬람법에 따르면 후견인 제도에는 강제적 후견인과 비강제적 후견인 두 종류가 있다. 강제적 후견인(al-wali al-majbur)은 법적 능력이 제한되어 있거나 없는 사람에 대해 행사되는 것으로 후견인은 피후견인의 동의나 승낙 없이 유효한 혼인계약을 맺을 수 있다. 비강제적인 후견인(al-wali ghayr al-majbur)은 신부가 노처녀이거나 혼인 경험이 있는 여성들의 경우에 해당된다. 그러나 이러한 여성들도 후견인에게 혼인계약의 권한을 위임하는 것이 관례이다. 법학자들은 일반적으로 여성들이 완전한 법적 능력을 가졌다 하더라도 혹은 혼인한 경험이 있다고 하더라도 스스로 혼인계약을 맺어서는 안 된다는 입장이다. 단지 하나피 법학파만이 법적 능력이 제한되어 있거나 없는 여성을 제외하고 모든 여성들이 스스로 혼인계약을 맺을 수 있도록 허용하고 있다.

• 성년 처녀, 미망인, 이혼녀의 후견인

"배우자가 없는 사람 아이임('ayyim)[101]은 후견인보다 스스로에 대해 더 큰 권한을 가진다."라는 하디스가 있음에도 불구하고 이슬람 법학자들은 후견인의 혼인 결정권에 관해 여러 논란을 벌였다. 앞서 언급하였듯이 샤피이, 말리키, 한발리 법학파는 후견인의 승낙을 유효한 혼인을 위한 필수 조건으로 간주하였다. 이는 "후견인의 허락 없이 한 여자의 혼인은 무효이

---

100 앞의 책, pp.91-92.

101 '배우자가 없는 사람'이란 배우자가 없는 남녀를 모두 포함하며, 여자일 경우 처녀를 비롯한 미망인, 이혼녀까지도 포함한다.

다."라는 또 다른 하디스에 근거하고 있다. 이들 법학파에 따르면 후견인은 정신이 온전한 성인 처녀의 혼인과 관련하여 독점적 권한을 갖는다. 단 이미 혼인한 경험이 있는 여성의 경우 후견인의 권한은 신부의 동의를 조건으로 한다. 즉 신부의 동의 없이 후견인은 권한을 행사할 수 없으며 신부도 후견인의 허락 없이는 혼인계약을 맺을 수 없다. 이 경우 신부의 동의가 필수적이기는 하나 후견인은 최종적으로 혼인계약에 책임을 진다. 후견인이 딸이 원하지 않는 남자와 딸을 혼인시켰다 하더라도 그 혼인은 유효한 것으로 간주된다.[102]

한편, 청혼과 승낙에 중요성을 부여하고 있는 하나피 법학파는 처녀라 할지라도 정신이 온전한 성인일 경우 자신의 선택에 따라 혼인할 수 있다는 입장이다. 신부가 자신과 동등한 지위에 있는 남편을 선택하고 상응 혼납금보다 많은 혼납금에 합의하는 한 누구도 신부의 결정에 반대할 수 없다. 그러나 신부가 동등한 지위에 있지 않은 남편을 선택한 경우 후견인은 이를 거부할 수 있으며 재판을 통해 혼인계약의 파기를 요구할 수 있다. 또한 신부가 상응 혼납금보다 적은 액수를 받고 혼인했을 경우 후견인은 남편이 상응 혼납금에 해당하는 액수의 지불에 동의하지 않으면 혼인 취소의 권리를 가진다. 이렇듯 하나피 법학파는 성년에 이른 여성이 후견인의 간섭 없이 자기 재산을 마음대로 처분할 수 있듯이 혼인도 스스로 결정할 수 있다고 주장한다. 그러나 처녀는 본능적으로 부끄러움을 타고 이혼녀나 미망인과 같은 경험이 없기 때문에 남편을 선택하는 데 아버지나 다른 후견인의 승인이 필요하다는 입장이다. 그러나 후견인의 승인은 어디까지나 여성을 보호하기 위한 장치이고 당사자인 여성의 의지가 중요하다는 것이 하나피 법학파의 견해이다.[103]

---

102 Susan A. Spectorsky, 위의 책, pp.67-68.

103 ʿAbd ar-Rahman I. Doi, 위의 책, p.232.

대부분의 자으파리 법학자들 역시 정신이 온전한 성인 여성의 경우 처녀이든 그렇지 않든 간에 혼인계약뿐만 아니라 다른 계약에 대해서도 스스로 결정할 자격이 있다는 입장이다.[104] 따라서 여성이 직접 청혼하거나 혹은 후견인을 통해 혼인에 동의함으로써 혼인계약을 맺는 것이 모두 유효하다. 이는 신부의 아버지나 할아버지 혹은 다른 친척들의 존재 여부와 관계가 없으며 누구도 혼인문제에 관한 한 신부의 결정에 반대할 권한이 없다. 이들의 견해는 "자신의 남자들과 혼인하는 자들을 방해하지 말라"(코란 2장 232절)라는 코란 구절에 근거하고 있다.[105] 단, 미성년자, 혹은 성년이라 하더라도 법적 능력이 없거나 제한되어 있는 자의 경우에는 후견인의 동의가 필수적이다.

• 미성년후견인과 성년후견인[106]

이슬람식 혼인 조건 가운데 하나가 바로 혼인할 수 있는 나이 즉 성년에 이르러야 한다는 것이다. 고아의 혼인과 관련된 코란 4장 6절이 계시된 이래로 예언자가 후견인을 통한 미성년자의 혼인을 허용하였다는 기록은 없다. 예언자가 9세의 아이샤와 혼인한 것은 혼인에 관한 상세한 규정을 담고 있는 메디나 계시가 내려오기 전에 메카에서 이루어진 것이었다. 그리고 아이샤와의 실질적인 부부 생활은 아이샤가 성년에 이르기까지 5년[107] 동안 미뤄졌다. 코란 어디에도 미성년자의 혼인을 허용하는 계시는 없으나 일부 하디스에는 미성년자의 혼인이 허용된 바 있다고 언급되어 있다. 이슬람법 샤리아도 남성과 여성 가릴 것 없이 미성년자의 혼인을 인정하고 있다. 단지 미성년자는 후견인에 의해 혼인계약을 맺을 수 있

---

104 일부 자으파리 법학자들은 처녀의 경우 스스로 혼인계약을 맺을 수 없다는 입장을 취하기도 한다.

105 Laleh Bakhtiar, 위의 책, pp.423-424.

106 정신이 온전하지 않거나 백치인 피성년후견인의 후견인.

107 일부 학자들은 7년이라고 주장한다.

다. 미성년자가 성년에 이를 때까지 후견인이 혼인계약에 관한 전권을 가진다는 데에는 법학파들 간에 이견이 없다.

미성년자의 혼인과 관련하여 하나피 법학파는 후견인이 아버지 쪽 남자 친척일 경우 미성년자가 처녀이든 혹은 혼인한 적이 있든 그 혼인계약은 합법적이라는 입장이다. 즉 하나피 법학파는 형제나 삼촌과 같은 친척에게도 후견인의 권리를 부여하고 있다. 또한 하나피 법학파에 따르면 미성년자는 성년의 나이에 이르게 되면 성년의 선택(Khiyar al-Bulugh), 즉 혼인을 계속 유지할지 혹은 그만둘지를 선택할 수 있다. 남성이든 여성이든 미성년 시절에 맺은 혼인계약은 파기할 수 있다. 말리키와 한발리 법학파 역시 후견인에 의한 미성년자의 혼인을 인정하고 있다. 그러나 후견인이 아버지일 경우에만 합법적인 것으로 인정한다. 샤피이와 자으파리 법학파는 아버지를 비롯하여 부계 할아버지에게도 혼인 후견인의 권리를 부여하고 있다.

(7) 일부다처와 임시혼 무트아

• 일부다처

이슬람법은 자유민 남성의 경우 네 명까지의 여성과 혼인하는 것을 허용하고 있다. 그러나 대부분의 법학파들은 일부일처가 바람직하다는 데에 의견 일치를 보이고 있다. 코란 4장 3절은 네 명의 아내 가운데 한 명이 사망이나 이혼으로 혼인관계에서 벗어나게 되면 남편은 또 다른 여자와 혼인할 수 있다는 사실을 규정하고 있다. 샤피이와 자으파리 법학파에 따르면 남편이 네 명의 아내 가운데 한 명과 취소할 수 있는 이혼을 했을 경우에는 재혼금지기간이 종료되기 전까지 다른 여성과 혼인할 수 없다. 그러나 취소할 수 없는 이혼을 했을 경우 재혼금지기간 동안이라도 다른 여성과 혼인할 수 있으며 심지어 이혼하는 아내의 자매와도 혼인할 수 있다. 즉 취소할 수 없는 이혼은 혼인관계의 종료로 간주된다. 그러나 다른 법학파에 따르면 취소할 수 있는 이혼이든 혹은 취소할 수 없는 이혼이든 상관없이 재혼금지기간이 종료되기 전까지는 다섯 번째 아내 혹은 이혼하는 아내의 자매와 혼인하는 것은 불법으로 간주된다.[108]

이슬람 법학자들은 남편이 한 명 이상의 아내와 혼인하고자 할 경우 다른 아내의 필요를 충족시킬 만큼의 충분한 경제적 능력이 있어야 하고, 또한 모든 아내를 동등하고 공정하게 다루어야 한다는 조건을 달고 있다. 이 경우 모든 아내는 성생활뿐만 아니라 의식주를 비롯한 다른 권리에서도 동등하게 다루어져야 한다. 그렇게 할 수 없을 경우 한 명 이상의 아내를 취해서는 안 된다는 것이 코란의 명령이다. 그러나 모든 아내들에게 공정하게 대하라는 것은 인간적으로 성취 가능한 물질적인 것에 국한되는 것이지 인간이 통제할 수 없는 감정과 같은 것은 해당되지 않는다는 것이 법학자들의 일반적인 해석이다. 예컨대 성생활에서 어떤 아내가 다른 아내보다 더 큰 만족감을 느낄 수도 있는데 이것은 남편의 책임이나 잘못이 아니라는 것이다.[109]

이슬람 법학자들은 다음과 같은 상황에서 일부다처를 이상적 해결책으로 간주하였다. 첫째, 아내가 마비, 간질, 전염병과 같은 심각한 질환으로 고통받을 경우 남편이 다른 아내와 혼인하게 되면 그 아내는 남편과 아이들을 돌보는 한편, 아픈 아내도 돌볼 수 있다. 둘째, 아내가 불임 판정을 받았을 경우 남편은 두 번째 아내와 혼인해서 아이를 가질 수 있다. 셋째, 아내가 정신이상일 경우 남편과 아이들은 상당한 고통을 당하는 상황에서 두 번째 아내가 해결책이 될 수 있다. 넷째, 아내가 고령으로 쇠약해져 집안일과 남편을 돌볼 수 없을 경우 두 번째 아내가 해답이 될 수 있다. 다섯째, 아내의 나쁜 성품이 개선될 수 없다고 판단되면 남편은 아내와 이혼

---

108 이 결정은 코란 24장 6-9절에 근거하고 있다.
109 'Abd ar-Rahman I. 위의 책, p.240.

하는 대신 다른 아내를 취할 수 있다. 여섯째, 아내가 남편에게 순종하지 않고 부부의 집을 나갈 경우 남편은 이를 고치기 어렵다고 판단할 때 두 번째 아내를 얻을 수 있다. 일곱째, 전쟁 시 많은 남자들이 사망함으로써 여자들의 수가 많아졌을 때 일부다처가 그 처방이 될 수 있다. 마지막으로 남자가 두 번째 아내의 필요성을 느끼고 부양할 능력도 있는 경우 두 번째 아내를 얻을 수 있다.[110]

• 임시혼 무트아

무트아란 문자적으로 '이득을 얻는 것' 혹은 '뭔가를 즐기는 것'을 의미한다. 무트아 혼인은 일정한 보수를 대가로 짧은 기간 동안 맺는 혼인계약을 의미한다. 이슬람 이전시대의 관행이었던 무트아 혼인은 이슬람 초기 이슬람법이 완성되기 이전에 군사원정을 가는 남자들에게 일시적으로 허용된 적이 있다. 그 결과 이슬람 법학자들 사이에서도 무트아 혼인의 허용여부에 관한 논란이 있다. 그러나 수니 법학파는 물론 자으파리 법학파를 제외한 다른 시아 법학파들은 무트아 혼인을 금지하고 있다.

수니 법학파에 따르면 이혼, 재혼금지기간, 상속은 합법적 혼인에 따른 세 가지 법적 결과물이다. 즉 합법적 혼인은 이혼으로 종료되나 임시혼 무트아의 경우는 그렇지 않다는 것이다. 상속이나 재혼금지기간도 합법적인 혼인과는 달리 무트아 혼인에서는 해당되지 않는다. 따라서 법학자들은 이혼이나 재혼금지기간, 상속과 관련된 계시가 임시혼 무트아와 관련된 계시를 폐기[111]하였다고 주장하였다.

그러나 시아파의 자으파리 법학파는 임시혼 무트아가 폐기되었다는 사실을 부인하였다. 그들은 혼납금을 지불하는 한 모든 유형의 혼인이 유효

---

110 앞의 책, p.238.
111 이슬람 학자들은 코란 구절의 내용이 서로 상충될 때 특정 코란 구절이 다른 코란 구절에 의해 폐기될 수 있다는 논리를 폄으로써 코란의 모순성을 극복하였다.

하다는 코란 4장 24절을 근거로 임시혼 무트아 혼인을 인정하고 있다. 그러나 같은 시아 법학파 가운데서도 이스마일 법학파는 수니 법학파와 마찬가지로 예언자가 무트아 혼인을 금지하였다는 사실을 믿고 있다. 이스마일 법학파는 그 근거로 이맘 알리의 말을 인용하였다: "후견인과 두 명의 증인, 혼납금이 없는 경우, 그리고 하루나 이틀을 위한 것은 혼인이 아니다. 그것은 간음이지 혼인이 아니다."[112]

자으파리 법학파에 따르면 시아파 남성들은 무슬림이나 기독교인, 유대인, 조로아스터교인 여성과 임시혼 무트아를 할 수 있으나 그 밖의 다른 종교를 가진 여성이나 무신론자 여성과는 무트아를 할 수 없다. 반면, 시아파 여성들은 비무슬림 남성과 무트아 계약을 맺을 수 없다. 또한 무트아 혼인계약이 유효하기 위해서는 함께 거주하는 기간[113]과 혼납금이 정해져야 한다. 무트아에서는 이혼의 권리가 인정되지 않으며 일정한 기간이 끝나면 혼인계약은 자동으로 종료된다. 그러나 계약이 끝나기 전이라도 남편이 원할 경우 여성에게 선물을 주고 구두로 계약을 끝낼 수 있다. 무트아로 성관계를 가졌다면 남편이 계약을 해지하더라도 아내는 혼납금 전체를 받을 권리가 있다. 그러나 아내가 계약기간이 끝나기 전에 남편을 떠날 경우 남편은 혼납금의 일부를 깎을 수 있다. 성관계가 동반되지 않은 무트아의 경우 아내는 혼납금의 절반을 받을 자격이 있다. 한편, 성관계의 여부에 관계없이 무트아는 계약에 명시되어 있지 않을 경우 부양의 권리를 생성하지 못한다. 또한 무트아로 남편과 아내 사이에 어떠한 상속의 권리도 생겨나지 않는다. 그러나 무트아 동안 태어난 아이들은 합법적인 자식들로 간주되어 부모로부터 상속받을 권리가 있다.[114]

---

112 Jamal J. Ahmad Nasir, 위의 책, p.23.

113 하루, 한 달, 1년, 수년 등.

114 Jamal J. Ahmad Nasir, 위의 책, pp.23~24.

2) 이혼

이슬람법에서의 이혼은 남편의 일방적인 의지와 행동에 의해 결정되는 혼인의 해지 딸라끄(Talaq)를 의미하다. 서구 세계나 우리나라의 민법에서는 남편에 의해 일방적으로 이루어지는 형태의 이혼은 존재하지 않는다. 이슬람에서 딸라끄는 남편의 절대적인 권한이다. 정신이 온전한 성인 남편만이 딸라끄에 대한 절대 권한을 가진다. 따라서 미성년자나 강압에 의한 딸라끄는 무효이거나 효력을 발생시키지 못한다. 또한 정신이 온전하지 않거나 혹은 마약이나 약물로 정신상태가 일시적으로 정상이 아닌 상태에서 선언된 이혼도 무효로 간주된다.[115]

딸라끄, 즉 이혼이 남편의 고유 권한으로 정착된 것은 이슬람 이전 시대의 관행으로 거슬러 올라간다. 그 당시 남편은 아내와 무제한적으로 이혼할 수 있는 특권을 누렸다. 남편은 언제든 원할 때 이혼을 선언할 수 있고 생각이 바뀌면 이혼을 취소할 수도 있었다. 심지어 남성들은 뭔가를 맹세하기 위해, 예컨대 "만약 당신이 오늘 우리 집에 오지 않을 경우 난 아내와 이혼해 버리겠어."라는 표현을 사용하기도 하였다. 이러한 상황에서 이슬람은 취소할 수 있는 이혼을 두 번으로 한정함으로써 남성에 의해 남용되던 이혼권에 규제를 가한 것이 사실이다.

코란의 명령과 예언자의 순나에 근거하여 수니 법학파들은 이혼의 행위를 다음과 같이 분류하였다. 첫째, 두 중재자의 결정에 의한 이혼(Talaq al-Hakamayn)은 의무행위로 간주된다. 둘째, 남편이나 아내에게 예상되는 피해가 없는 경우, 그리고 화해의 여지가 남아 있는 경우 이혼은 꼭 필요하지 않은 혐오행위로 간주된다. 셋째, 아내의 성품이 고약해서 혼인생활을 유지할 경우 피해가 예상되는 경우처럼 반드시 필요한 때의 이혼은 허용행위로 간주된다. 넷째, 아내가 남편에 대한 기본적 의무를 수행하지 못

---

115 Wael B. Hallaq, 위의 책, p.280.

할 경우, 혹은 아내가 부정행위를 한 경우 이혼은 권장행위로 간주된다. 다섯째, 월경 시 혹은 출산 후 피가 나올 시기에 선언되는 이혼은 금지행위로 간주된다.[116]

혼인의 경우 남편은 네 명까지 혼인할 수 있으나 이혼의 경우에는 제한이 없다. 남편이 혼인을 종료하기 위해서는 특별한 이유나 아내의 동의, 혹은 아내의 존재가 필요하지 않다. 딸라끄는 남편의 선언에 의해 법적인 효력을 얻게 되는 일방적 행위이기 때문이다. 반면, 여성은 남편의 동의 없이 혼인으로부터 자유로워질 수 없다. 단, 아내는 상호 협의에 의한 이혼으로 간주되는 쿨으를 통해 위자료를 지불함으로써 혼인상태에서 자유로워질 수 있다. 여기서 기본적인 요소는 아내가 자유를 얻는 대가로 남편에게 위자료('iwad)를 지불하는 것이다. 쿨으는 딸라끄와는 달리 일방적이지 않으며 남편의 동의 없이는 법적 효력을 발생시키지 못한다. 아내가 남편의 동의를 얻지 못할 경우 선택할 수 있는 방법으로는 법정 이혼이 있다. 법정 이혼의 경우 판사는 남편으로 하여금 딸라끄를 선언하게 하든지 혹은 혼인의 취소를 명령할 수 있다.

(1) 딸라끄 이혼
• 딸라끄 이혼의 유형

이슬람법에서 여성은 혼인에서 벗어나기 위해 정당한 사유를 제시해야 되는 반면, 남성은 혼인 해지의 사유가 없더라도 이혼을 할 수 있다. 고전 법학자들은 아내와의 이혼 사유를 밝히는 것이 가족의 비밀을 폭로하는 것이고 이것은 남편의 평판보다는 아내의 평판을 해칠 수 있다고 판단하였다. 또한 법학자들은 남편이 딸라끄를 할 경우 후불 혼납금이나 위자료, 양육비 등의 부담을 지기 때문에 남편의 이혼 결정에는 합당한 사유가 있

---

116 'Abd ar-Rahman I. Doi, 위의 책, pp.268-269.

다고 해석하였다. [117]

'가장 바른 이혼'(Talaq 'Ahsan), 혹은 순나식 이혼: 코란이 인정한 유일한 이혼 형태인 가장 바른 이혼, 즉 순나식 이혼은 한 차례에 한 번의 이혼이 선언되는 것으로 이혼선언 후에는 반드시 재혼금지기간이 준수되고 그 기간 동안 이혼 취소가 이루어질 수 있다. 이혼의 형식은 구두 혹은 서면으로 할 수 있다. 순나식 이혼의 조건은 우선 앞서 언급하였듯이 한 차례에 한 번의 이혼선언을 해야 한다는 점이다. 두 번째 조건은 아내가 비월경기간 뚜흐르(tuhr)에 있을 때 혹은 부부간의 성관계가 방해되지 않는 상태에서 선언되어야 한다는 점이다. 임신 중에 선언된 이혼도 성관계가 방해되는 시점에 이루어졌다는 점에서 순나식 이혼으로 간주되지 않는다. 아내의 월경 중에 선언된 이혼은 비록 법적 효력을 상실하지 않는다 하더라도 금지행위에 속한다. 세 번째 조건은 이혼선언 후 재혼금지기간 내내 성관계가 있어서는 안 된다는 점이다. 이 기간 동안 성관계를 가지게 되면 그것은 '아내 되돌리기' 라즈아(Raj'ah) 행위로 간주된다.[118]

세 번째 이혼선언이 있기까지 당사자들 사이에는 혼인관계가 유지되며 재혼금지기간 동안 남편은 부부의 집에 있는 분리된 방에 아내를 거주시킬 의무가 있다. 이 기간 동안 남편은 아내의 동의 없이도 아내에게 접근할 수 있는데 이러한 행동은 앞서 언급하였듯이 아내 되돌리기로 간주된다. 수니 법학파는 이혼이 남편의 고유의 권리라는 점에서 증인 없는 이혼을 허용한다. 그러나 남편이 재혼금지기간 동안 이혼을 취소하고 아내를 되돌리려 한다면 증인이 필요하다. 말리키와 하나피 법학파의 경우 증인의 채택을 권장행위로 간주하나 샤피이 법학파와 일부 말리키 법학자들은 증인의 채택을 의무행위로 간주한다. 시아파도 코란 65장 2절을 근거

---

117 Wael B. Hallaq, 위의 책, p.282.
118 'Abd ar-Rahman I. Doi, 위의 책, p.275.

로 이혼을 위한 증인의 채택을 의무행위로 규정하고 있다.[119]

아내 되돌리기와 관련된 재혼금지기간에 대해 법학자들은 의견을 달리한다. 하나피 법학자들은 세 번째 월경 이후 아내가 목욕을 한 후 청결하게 되는 시점까지 남편에게 재결합의 권한이 있다는 입장이다. 그러나 말리키와 샤피이 법학파에 따르면 아내가 세 번째 월경을 시작하자마자 남편은 재결합의 권한을 상실한다. 그러나 첫 번째 혹은 두 번째 이혼이 선언되었을 때만 남편에게 아내를 되돌릴 권한이 있다는 데에는 법학자들 간에 이견이 없다. 즉 세 번째 이혼이 선언되면 남편은 아내 되돌리기의 권한을 상실하게 된다.[120]

따라서 순나식 이혼은 재혼금지기간 동안 아내를 되돌릴 수 있는 남편의 권한이 인정되는 '취소할 수 있는 이혼'(Talaq Raj'i)과 최종적인 이혼이 선언되는 '취소할 수 없는 이혼'(Talaq Ba'in)으로 구분된다. 재혼금지기간이 뒤따르는 첫 번째와 두 번째 이혼선언은 부부 생활이 가능한 취소할 수 있는 이혼이다. 최소할 수 있는 이혼을 한 경우 배우자들은 성관계를 제외한 일상적 부부 생활을 할 수 있다. 남편은 이 기간 동안 언제든지 '내가 당신을 되돌리겠소.'와 같은 분명한 표현이나 혹은 단순히 성관계 혹은 입맞춤을 재개함으로써 아내를 되돌릴 수 있다. 이때 아내의 동의는 필요하지 않으며 새로운 혼인계약이나 혼납금도 필요하지 않다. 부부 가운데 한 명이 사망하면 나머지 배우자는 남편 혹은 아내로부터 여전히 상속할 권한이 있다. 완전한 이혼을 할 경우에 아내는 부양의 권리를 상실한다. 그러나 이혼을 하더라도 자식들의 부양은 남편의 책임으로 남아 있게 된다.[121]

취소할 수 없는 이혼은 세 번째 이혼선언 후 혹은 신방에 들기 전에 이혼이 선언된 경우이다. 이 경우 부부 관계의 회복은 불가능하다. 재혼금지

---

119 Jamal J. Ahmad Nasir, 위의 책, p.123.

120 'Abd ar-Rahman I. 위의 책, pp.276-277.

121 앞의 책, p.278.

기간 이후 아내는 다른 남자와 혼인하여 신방을 치른 다음, 새 남편과의 이혼이나 사별을 통해 자유롭게 된 때에야 비로소 첫 남편과 재혼할 수 있다. 이혼이 회복될 수 없을 때 아내는 후불 혼납금을 받을 자격을 가진다. 만약 남편이 자신이 죽을 것을 미리 예상하고 아내의 상속을 막기 위해 악의적으로 취소할 수 없는 이혼을 한 것이라고 아내가 입증하지 못할 경우 부부는 서로에 대한 상속권을 상실하게 된다.[122]

취소할 수 없는 이혼과 관련된 것으로 '할랄라'(Halalah), 즉 '합법적인 것으로 만들기'라는 이슬람 이전의 관행이 있었다. 세 번째 이혼선언 이후에 아내를 되돌리기 위한 방편으로 아내가 다른 남자와 혼인하여 신방을 치른 후 바로 이혼한다는 조건으로 다른 남자와 혼인하는 것이 바로 할랄라이다. 이는 다른 남자와 반드시 성관계를 가져야 하는 것으로 여자에 대한 일종의 징벌이었다. 코란과 순나는 취소할 수 없는 이혼을 당한 여성이 전남편에게 돌아가기 위해 다른 남자와 혼인하여 신방을 치룬 후 바로 이혼하는 관행에 경고를 보내고 있다.[123]

한편, 이슬람 법학파들은 아내가 다른 남성과 혼인하여 신방을 치르고 난 다음, 그 남편과의 이혼이나 사별을 통해 자유롭게 될 경우 전남편과의 재혼을 합법적인 것으로 인정한다. 그리고 이러한 일은 아무리 반복되어도 상관이 없는 것으로 간주한다. 따라서 세 번의 취소할 수 없는 이혼은 전남편에게 일시적 장애이지 영원한 장애는 아니다. 그러나 자으파리 법학파는 한 여자가 남편에게 아홉 번의 이혼을 당한 후 재혼금지기간을 치렀다면 그 여자는 전남편에게 영원한 불법이 된다는 입장이다. 그러나 전남편이 새로운 계약으로 아내와 다시 혼인할 경우에는 백번의 이혼을 하더라도 불법이 되지 않는다는 입장이다.[124]

---

122 Jamal J. Ahmad Nasir, 위의 책, p.129.

123 ʿAbd ar-Rahman I. Doi, 위의 책, pp.284-285.

124 Laleh Bakhtiar, 위의 책, pp.415-416.

말리키와 자으파리 법학파는 이혼한 아내와 혼인하는 다른 남성은 반드시 성인이어야 한다는 입장이다. 그러나 하나피, 샤피이, 한발리 법학파는 성인은 아니더라도 성행위를 할 수 있는 남자면 충분하다는 입장이다. 한편, 한발리와 자으파리 법학파에 따르면 만약 혼인계약에 전남편과의 재혼이 가능하다는 조건이 포함되었다면 그 조건은 무효이고 계약은 유효하다. 그러나 말리키, 샤피이, 한발리 법학파는 만약 남편이 될 사람이 아내가 될 사람에게 전남편과의 재혼을 허락한다는 조건을 포함시킬 경우 그 계약은 처음부터 무효라는 입장이다. 더 나아가 말리키와 한발리 법학파는 만약 전남편과의 재혼이 표현되지는 않았어도 의도되었다면 그 혼인계약은 무효라는 입장이다.[125]

'바른 이혼'(Talaq Hasan): 법학자들은 비월경기간에 아내와 첫 번째 이혼선언을 하고, 두 번째 달의 비월경기간에 두 번째 이혼선언을 하고, 그리고 세 번째 달의 비월경기간에 세 번째 이혼선언을 연달아 하는 것을 '바른 이혼'이라 불렀다. 모든 법학파들은 바른 이혼도 합법적인 것으로 인정하고 있다. 하나피 법학파에 따르면 바른 이혼은 다음과 같은 방법으로 이루어진다. 첫째, 세 번의 연속된 이혼선언으로 이루어진다. 둘째, 이혼선언은 세 번의 연속된 비월경기간 동안 이루어진다. 셋째, 세 번의 비월경기간 동안 부부간에 성관계가 없어야 한다. 넷째, 마지막 이혼선언으로 간주되는 세 번째 이혼선언이 있기 전까지 이혼은 취소될 수 있으나 마지막 이혼이 선언되면 취소할 수 없는 이혼이 된다.

'변종 이혼'(Talaq Bid'i), 혹은 트리플 딸라끄: 단번에 세 번의 이혼선언, 즉 트리플 딸라끄를 선언하는 것으로 이 경우 이혼은 선언되자마자 취소할 수 없는 이혼이 된다. 트리플 딸라끄는 "난 당신과 이혼하겠소, 난 당신과 이혼하겠소, 난 당신과 이혼하겠소."라는 관용적 표현으로 한 자리에서 세

---

125 앞의 책, p.509.

번의 이혼선언을 하거나 혹은 아내에게 그 내용을 문서로 전달하는 형식을 통해 이루어진다. 또는 아내에게 "당신은 내게 하람(금지)이다!"라고 말하는 것도 취소할 수 없는 이혼에 해당된다. 이러한 형태의 이혼은 재고하거나 취소할 수 있는 여지를 남기지 않는다. 예언자는 이러한 관행을 비난하였으며 칼리프 우마르도 트리플 딸라끄를 선언하는 남자에게 태형을 가하기도 하였다.

따라서 변종 이혼은 예언자 사후에 도입된 것으로 보인다. 이를 지지하는 사람들은 코란의 계시가 이혼선언에 대한 구체적인 방법을 제시하지 않았고 예언자도 변종 이혼을 무효라고 선언하지 않았다는 점을 지적하였다. 하나피와 말리키 법학파는 트리플 딸라끄를 허용할 수 없는 행위로 간주하는 동시에 회복할 수 없는 유효한 이혼으로 받아들였다. 그러나 한발리 법학파는 초기 입장과는 달리 변종 이혼을 취소할 수 있는 이혼, 즉 세 번 이혼의 법적 효력을 가지지 못하는 이혼으로 간주하였다. 수니 법학파들 가운데 샤피이 법학파만이 변종 이혼을 코란에 의해 재가된 합법적 이혼이라고 주장하였다.[126] 한편, 시아파에서는 오직 순나식 이혼만을 유효한 것으로 받아들이고 있다. 더 나아가 시아파는 만약 부부가 성관계를 하고 함께 살았다면 월경 중이거나 출산 초기에도 이혼이 허용되지 않는다고 규정하고 있다. 그러나 성관계를 가지지 않았다면 월경 중에 선언된 이혼선언도 유효한 것으로 간주한다.

성관계를 맺기 전에 하는 이혼: 만약 성관계를 맺기 전에 남편이 아내와 이혼할 경우 아내는 재혼금지기간을 지키지 않고도 남편과 혈통, 인척, 양육관계로 맺어져 있지 않은 소위 '이방인' 남자와 혼인할 수 있다. 이 경우 남편이 단 한 번의 이혼선언을 한 후 아내를 되돌리길 원하면 남편은 아

---

[126] Mohammad Ali Syed, 위의 책, p.65.

내와 새로운 혼인계약과 혼납금에 대해 협상해야 한다.[127]

"당신은 세 번 이혼이야."와 같은 표현으로 단 한 번의 이혼선언을 했을 경우 만약 남편이 아내와 성관계를 맺기 전이라면 그것은 한 번 이상의 이혼선언으로 간주되지 않는다. 그러나 세 번을 연속적으로 이혼선언을 하게 되면 트리플 딸라끄의 결과가 성립된다. 하나피 법학파에 따르면 남편이 아내와 성관계를 맺기 전에 "당신은 이혼이야, 당신은 이혼이야, 당신은 이혼이야."라고 연속해서 세 번의 이혼선언을 하게 되면 그 아내는 이미 첫 번째 이혼선언에 의해 이혼이 된 것이므로 두 번째, 세 번째 이혼선언은 무효가 된다. 그러나 남편이 "당신은 트리플 딸라끄야."라고 한 번 선언하게 되면 아내는 다른 남자와 혼인하여 성관계를 가진 후 이혼하지 않는 한 전남편에게 금지가 된다. 말리키, 샤피이, 한발리 법학파 역시 이러한 하나피 법학파의 견해에 동의하고 있다.[128]

• 딸라끄 이혼의 조건

이혼하는 남자: 딸라끄 이혼의 주체는 남자이다. 그리고 딸라끄 이혼은 일정한 필요조건을 충족시킬 때 유효한 것으로 간주된다. 첫 번째 조건은 남편이 올바른 정신을 가진 성년으로 강압이 아닌 자유의사에 따라 해야 한다는 점이다. 두 번째 조건은 이혼 '딸라끄'라는 말을 해야 한다는 점이다. 이러한 조건이 충족되지 않을 경우 딸라끄 이혼은 무효가 된다. 일반적으로 미성년자에 의한 것, 정신이상자나 정신병을 가진 사람에 의한 것, 알코올에 취한 사람에 의한 것, 강압에 의한 것, 분노의 상태에 있는 사람에 의한 것, 실신한 상태나 수면 중인 사람에 의한 것, 실수에 의한 것은 무효로 간주된다.

---

127 Susan A. Spectorsky, 위의 책, p.108.
128 앞의 책, pp.108-109.

구체적으로 어린아이에 의한 이혼선언의 경우 한발리 법학파를 제외한 모든 법학파에서는 유효하지 않은 것으로 간주된다. 한발리 법학파는 신랑의 나이가 10세 이하라고 하더라도 분별력이 있을 경우 그에 의한 이혼선언도 유효하다는 입장이다. 또한 정신이상인 사람에 의한 이혼선언도 모든 법학파에 의해 유효하지 않은 것으로 간주된다. 무의식중이거나 정신착란에 빠진 사람에 의한 이혼 역시 유효하지 않는 것으로 간주된다.[129]

중독 상태에 관해서는 법학파 간에 이견이 있다. 자으파리 법학파는 어떠한 상황에서이든 그것은 무효라는 입장이다. 그러나 하나피, 한발리, 말리키, 샤피이 법학파는 만약 이혼하는 사람이 자발적으로 취하게 만드는 불법의 음료를 섭취하였다면 그 이혼선언은 유효하다는 입장이다. 그러나 만약 허용되는 것을 마시고 지각을 잃거나 혹은 강제로 누군가가 마시게 하였다면 그 이혼선언은 무효라는 입장이다. 한편, 화가 난 사람에 의한 이혼선언도 이혼의 의지가 존재하는 한 유효한 것으로 간주된다. 그러나 이성을 완전히 잃으면 정신이상인 자에게 적용되는 규정이 적용된다.[130]

협박에 의한 이혼선언과 관련하여 하나피 법학파를 제외한 모든 법학파는 그것이 무효라는 입장이다. 자으파리 법학파에 따르면 의도하지 않고 선언된 이혼이나 혹은 실수나 농담에 의한 이혼선언은 유효하지 않다. 그러나 하나피 법학파는 미성년자나, 정신이상자, 정신박약자를 제외한 모든 사람에 의한 이혼을 유효한 것으로 인정한다. 따라서 하나피 법학파에서는 실수, 망각, 농담, 협박, 중독에 의한 이혼선언도 유효한 것으로 간주된다. 말리키와 샤피이 법학파는 농담으로 선언된 이혼에 관해서는 하나피 법학파와 의견을 같이 한다. 그러나 한발리 법학파는 그러한 이혼이 유효하지 않다는 입장이다.[131]

---

129 Laleh Bakhtiar, 위의 책, p.499.

130 앞의 책, pp.499~500.

131 앞의 책, p.500.

이혼당하는 여자: 이혼당하는 사람은 여성이다. 앞서 언급하였듯이 아내의 월경 중에 혹은 출산 이후의 출혈상태 '니파스'(nifas)[132]에서 선언된 이혼은 모든 법학자들에 의해 금지행위로 간주되나 법적으로는 효력을 가진다. 이러한 상태에서 아내와 이혼했을 경우 남편은 아내를 되돌려야 하며 아내가 비월경기간에 달할 때까지 기다려야 한다. 임신한 상태의 아내에게 선언된 이혼은 하나피 법학파를 제외하고는 모든 법학파들에 의해 유효한 것으로 간주된다.

다음과 같은 경우 여성은 이혼의 대상이 될 수 없다. 이 규정은 모든 수니 법학파와 시아 법학파에 의해 인정되고 있다. 첫째, 혼인계약이 유효하지 않은 경우,[133] 둘째, 아내가 취소할 수 없는 이혼 후 재혼금지기간을 준수하고 있는 경우, 셋째, 성년의 선택 이후, 혹은 정신이상이나 정신병으로부터 회복된 이후, 혹은 법정의 이혼 명령이 있은 후 재혼금지기간을 준수하고 있는 경우, 넷째, 취소할 수 있는 이혼 후라 하더라도 재혼금지기간이 종료되었을 경우, 다섯째, 성관계 혹은 '유효한 킬와'가 있기 전에 이혼을 당했을 경우가 그것이다.

이혼의 필요조건이 모두 충족되었을 경우 남편은 스스로 혹은 그가 정한 대리인을 통해 딸라끄를 선언할 수 있다. 남편이 혼인계약 시에 아내가 이혼을 요구할 수 있도록 허용한다든가 혹은 혼인계약 후에 아내의 이혼 요구에 동의한다든가 하는 사실을 명시할 경우 혼인계약은 유효하나 그 조건은 무효로 간주된다. 그러나 만약 아내가 혼인계약의 조건으로 이혼할 수 있는 권리를 요구하고 남편이 이에 동의한 경우에는 혼인계약과 조건 모두 유효한 것으로 간주된다.

주요 법학파들은 성관계를 가졌으나 임신하지 않은 성인 여성이 월경

---

132 출산 시 질에서 피가 나오는 시기를 의미하며 자으파리 법학파는 최대한 10일, 한발리와 하나피 법학파는 40일, 샤피이와 말리키 법학파는 60일이라고 본다.

133 이혼은 유효한 혼인의 해지이기 때문이다.

중에 있거나, 혹은 비월경기간에 성관계를 가졌을 경우 그러한 여성과 이혼하는 것을 금지하고 있다. 그러나 샤피이, 한발리, 하나피, 말리키 법학파는 이러한 금지가 이혼을 불법으로 만들기는 하나 무효화시키지는 않는다는 입장이다. 즉 이러한 상태의 여성에게 이혼을 선언한 남자는 처벌받을 수 있으나 선언된 이혼은 유효하다는 의미이다. 한편, 자으파리 법학파는 이슬람법에서 금지되는 행위는 이혼을 무효화시킨다는 입장이다. 따라서 월경기간이나 출산 후 출혈상태에서 선언된 이혼은 무효로 간주된다. 그러나 성관계를 갖지 않은 아내, 폐경기의 아내, 임신 중인 아내, 남편과 한 달 이상 떨어져 있는 아내와는 월경기간과 관계없이 이혼이 허용된다는 입장이다.[134]

• 딸라끄 이혼선언의 관용적 표현

이혼선언을 위해 사용되는 표현은 혼인해지의 의사를 분명하게 전달할 수 있는 것이어야 한다. 이혼선언은 말이나 글, 제스처로도 가능하며 그 표현은 솔직한(sarih) 것일 수도 혹은 암시적(kina'i)인 것일 수도 있다. 솔직한 이혼선언이란 '딸라끄'라는 단어 및 그 파생어를 사용하는 것을 의미하며 이 경우는 의도와 관계없이 이혼의 효력이 발생된다.[135] 하나피, 한발리, 샤피이, 말리키 법학파는 이혼을 암시하는 말이나 글로 된 어떠한 표현도 가능한 것으로 인정한다. "당신은 내게 불법이야.", "당신은 분리됐어.", "어서 가서 혼인하시지.", "당신이 원하는 어느 곳으로든 갈 수 있어.", "당신의 가족에게 돌아가." 등의 함축적 표현도 이혼선언으로 간주한다. 또한 이들 법학파는 무조건적 이혼선언뿐만 아니라 "당신이 집을 나가면 이혼이야.", "당신의 아버지에게 말하면 이혼이야.", "내가 이렇게 하면 당

---

134 Laleh Bakhtiar, 위의 책, p.530.
135 Jamal J. Ahmad Nasir, 위의 책, p.123.

신은 이혼이야." 등의 조건부 이혼도 인정하고 있다.[136] 만약 남편이 아내에게 조건으로 제시한 것이 실제로 발생하면 남편은 속죄 캇파라(kaffarah)를 하든지 혹은 이혼을 하든지 둘 중에 하나를 선택해야 한다.[137]

한편, 자으파리 법학파는 '딸라끄'에서 파생된 특정한 동사 형태를 요구한다. 남편은 아내에게 솔직하게 "당신은 이혼당했어." 혹은 아내를 가리키면서 "이 사람은 이혼당했다."라고 말해야 한다는 것이다. 또는 "아무개는 이혼당했다."라며 아내의 이름을 사용할 수도 있다. 이와 더불어 자으파리 법학파는 이혼의 의도가 분명하게 아내와 관련된 것이어야 한다는 조건을 달고 있다. 이는 이혼의 의도가 있을 경우 암시적 표현도 가능하다는 수니 법학파의 입장과 달리하는 것이다[138]

(2) 아내가 요구하는 이혼 쿨으

혼인해지의 또 다른 형태로 아내가 요구하는 이혼 쿨으가 있다. 아내는 남편의 못생긴 외모, 둘 사이의 불화, 아내의 의무를 다하지 못할 것에 대한 두려움을 근거로 남편에게 위자료를 지불하고 혼인상태에서 벗어날 수 있다. 남편에게 아무런 문제가 없더라도 혹은 부부 사이에 아무런 문제가 없더라도 부부는 쿨으를 통해 헤어지는 데 합의할 수 있다. 그러나 쿨으는 최악의 환경에서만 추구되어야 한다는 것이 법학자들의 일반적인 생각이다. 다음 하디스는 합당한 근거 없이 쿨으를 요구하는 여성에 대해 경고하고 있다: "만약 어떤 여성이 특별한 피해(darar)도 없이 남편에게 이혼을 요구한다면 그 여성은 천국의 향기를 맡지 못하게 될 것이다." 샤피이 법학파에 따르면 쿨으는 혐오행위로 간주된다. 말리키 법학파는 쿨으를 허용행위로 간주하지만 일부 말리키 법학자들은 그것을 혐오행위로

---

136 Laleh Bakhtiar, 위의 책, p.505.

137 Jamal J. Ahmad Nasir, 위의 책, p.124.

138 앞의 책, p.123.

간주한다.[139] 그러나 남편이 아내로 하여금 혼인을 해지하도록 강요한 후 위자료를 받는 것은 모든 법학파들에 의해 금지행위로 간주되며 이 경우 혼인의 해지는 유효하나 남편의 위자료는 몰수된다.

• 쿨으의 정의

아내가 혼인 시 남편에게서 받은 혼납금을 위자료로 지불함으로써 혼인상태에서 벗어날 수 있는 쿨으는 문자적으로 '옷을 벗다'라는 의미로 "아내들은 너희들을 위한 의상이요 너희들은 아내들을 위한 의상이니라" (코란 2장 187절), "아내들은 의상이라…"(2장 187절)라는 코란 구절에서 유추된 용어이다.[140]

쿨으는 후에 언급하게 될 혼인의 취소 파스크(Faskh)에 해당된다. 즉 딸리끄 이혼은 혼인계약의 효력을 취소하는 것을 의미하지만, 쿨으 이혼은 혼인계약이 없었던 것처럼 계약 그 자체를 취소하는 것을 의미한다. 딸라끄 이혼 이후에 전처와 재혼하기 위해서는 전처가 다른 남자와 혼인하여 이혼한 다음에나 할 수 있으나, 쿨으는 계약 자체를 취소한다는 점에서 쿨으로 헤어진 부부는 이러한 절차 없이 재결합이 가능하다. 만약 남편이 아내의 쿨으 제안을 받아들이면 남편은 아내와 한 번 이혼하는 것으로 그것은 회복 불가능한 것이 된다.[141]

말리키 법학파는 쿨으를 '위자료 이혼'(Talaq bi 'Iwad)이라고 정의한다. 하나피 법학파는 상호 동의에 의해 '쿨으'라는 표현이나 그와 비슷한 다른 표현을 내뱉음으로써 혼인관계가 종료된다고 본다. 샤피이 법학파는 위자료를 지불하고 '쿨으'라는 말을 내뱉음으로써 이루어지는 결별이라고 정의하였다. 즉 쿨으란 양 당사자 간의 합의를 통해 혹은 판사가 아내에게

139 'Abd ar-Rahman I. Doi, 위의 책, p.301.
140 Jamal J. Ahmad Nasir, 위의 책, pp.129-130.
141 Wael B. Hallaq, 위의 책, p.284.

혼납금을 넘기지 않는 범위 내에서 위자료를 지불하라는 명령을 통해 이루어진다.[142] 만약 부부가 쿨으를 통해 헤어지기로 합의하였으나 아내가 지불하는 위자료에 대한 합의가 이루지지 않았을 경우, 아내는 법정에서 쿨으를 신청하고 위자료를 대신해서 혼인에 따른 자신의 일부 권리를 포기하는 것에 동의할 수 있는데 이것을 '무바라아'(Mubara'ah)라고 부른다.

쿨으는 이혼과정에서 반드시 '쿨으'나 '무바라아', 혹은 그 파생형에서 나온 표현이 사용되어야 한다. 그렇지 않을 경우 혼납금을 돌려주는 것이 아닌 돈으로 자유를 사는 '금전 이혼'(Talaq 'ala Mal)이 된다. 쿨으, 무바라아, 금전 이혼과 같은 상호 협의에 따른 이혼은 그 즉시 효력을 발생시킨다. 아내는 상호 협의된 금액을 지불할 능력을 가지고 있는 경우 즉시 그것을 지불해야 한다. 금전 이혼의 경우에는 후불 혼납금이나 부양과 같은 혼인 계약상의 권리를 박탈하지 않는다.[143]

• 위자료

이븐 루슈드(Ibn Rushd)는 저서 『무즈타히드의 시작』(Bidayat al-Mujtahid)에서 쿨으, '피다야'(Fidayah, 배상), '술흐'(Sulh, 화해), '무바라아'는 모두 이혼을 대가로 여성이 남편에게 뭔가를 지불하는 것이라고 언급하였다. 쿨으라는 것은 남편이 혼인 시 아내에게 혼납금으로 지불한 것을 아내가 남편에게 되돌려준다는 의미이고, 술흐란 혼납금의 일부를 주는 것, 피다야는 그 대부분을 주는 것, 무바라아는 아내가 남편에 대해 가지고 있던 일부 권리를 포기하는 것을 의미한다는 것이다.[144] 만약 아내가 위자료를 지불할 수 없는 경우 무바라아를 통해 혼인을 해지할 수 있다. 칼리프 알리는 쿨으의 위자료가 혼납금보다 많아서는 안 된다고 선언하였고 대부분의 수니 법

---

142 'Abd ar-Rahman I. Doi, 위의 책, p.297.

143 Jamal J. Ahmad Nasir, 위의 책, pp.130~131.

144 'Abd ar-Rahman I. Doi, 위의 책, p.302.

학자들도 이 견해에 동의하고 있다.[145]

위자료는 아내와 남편이 협의하여 조정할 수 있다. 말리키와 샤피이 법학파에 따르면 아내는 혼납금보다 적게, 혹은 같게, 혹은 더 많이 위자료를 지불할 수 있다. 아내는 또한 2년 동안 아이에게 젖을 먹인다든지 혹은 젖을 뗀 이후에 자신의 비용으로 특정기간 동안 아이들을 양육한다든지 등을 제안할 수 있다. 하나피, 말리키, 한발리 법학파는 더 나아가 임신한 여성이 자궁 속 아이를 돌보는 대가로 쿨으 이혼을 요구하는 것도 유효하다는 입장이다.

대부분의 법학파에 따르면 위자료는 혼납금으로 지불할 수 있는 모든 것이 유효하다. 또한 쿨으 위자료는 실질적인 재산이나 현금, 남편에 대한 아내의 채무, 수유와 같은 특정한 의무를 포함하는 용익권, 바다 속의 진주 혹은 아직 익지 않는 과일과 같은 가상의 조건 등의 형태로 이루어진다. 가상의 조건의 경우 샤피이 법학파를 제외한 모든 법학파들은 딸라끄 이혼에서도 가상의 조건이 허용되듯이 쿨으 이혼에서도 이러한 조건이 허용된다는 입장이다.[146]

알코올이나 돼지고기와 같이 이슬람에서 그 소유가 불법인 것을 위자료로 지불하여 이혼하였을 경우, 하나피, 말리키, 한발리 법학파에 따르면 만약 부부가 그것이 불법이라는 것을 알고 있었다면 이혼은 유효하나 남편은 아무것도 받지 못하는 '위자료 없는 이혼'이 된다. 그러나 대부분의 자으파리 법학자들은 이러한 이혼을 무효라고 간주한다. 모든 법학파에서 이러한 경우 남편은 아무것도 받을 자격이 없다고 본다. 한편, 남편이 위자료를 합법적인 것으로 알고 아내에게 쿨으를 허용했으나 후에 그것이 불법적인 것으로 드러난 경우, 예컨대 아내가 식초 한 단지를 준다

---

145 Mohammad Ali Syed, 위의 책, p.298.
146 Wael B. Hallaq, 위의 책, p.286.

고 했으나 그것이 술로 드러났을 경우, 한발리와 자으파리 법학파는 남편이 아내로부터 비슷한 양의 식초를 요구할 수 있다는 입장이다. 그리고 하나피와 샤피이 법학파는 남편이 명시적 혼납금을 요구할 수 있다는 입장이다.

딸라ㄲ는 일반적으로 아내의 불복종 '누슈즈'가 그 원인이지만, 쿨으는 남편의 잘못된 행위가 그 원인이라는 것에 대해 법학자들 간에 이견이 없다. 따라서 적어도 하나피 법학파에 따르면 남편이 쿨으의 대가로 위자료를 받는 것은 혐오행위에 해당된다. 대부분의 법학자들은 남편이 아내에게 위자료를 받지 않고 쿨으에 동의할 것을 요구하고 있다. 남편이 아내에게 쿨으를 강요하거나 부양비를 의도적으로 지불하지 않았을 경우에는 더욱 그러하다.

남편이 간통을 저지른 아내에게 쿨으를 요구하는 것에 대해 법학자들 간에 이견이 있다. 일부 법학자들은 아내에게 잘못이 있으므로 남편이 위자료를 받을 권리가 있다고 보는 한편, 또 다른 일부 법학자들은 위자료를 강요하는 것은 불법이라는 입장이다. 그러나 대부분의 법학자들은 아내에게 귀책사유가 있다고 하더라도 위자료는 아내가 받았던 혼납금의 액수를 넘지 않는다는 데에 의견 일치를 보이고 있다.[147]

• 쿨으의 조건

계약으로서의 쿨으는 다섯 가지 요소로 구성된다. 남편 혹은 남편의 대리인, 위자료를 지불할 능력이 있는 아내, 이혼이나 별거로 손상되지 않은 혼인상태, 위자료, 제안과 수락의 계약적 표현이 그것이다. 계약적 표현의 경우 딸라ㄲ와 마찬가지로 쿨으의 경우에도 솔직한 표현이나 암시적 표현 모두가 허용된다.

---

147 앞의 책, p.285.

쿨으가 유효하려면 남편은 이혼선언에 따른 법적능력을 지녀야 하고 아내 역시 이혼선언의 법적 상대로서의 능력을 갖춰야 한다. 만약 아내가 미성년자일 경우 아내의 재산상 후견인이 대신하여 쿨으에 동의해야 한다. 하나피 법학파는 남편이 쿨으 제안을 거부하거나 동의할 수 있으나 선택한 쿨으를 철회할 수 없다고 규정하고 있다. 반면, 아내는 남편의 동의가 있기 전까지 자신의 제안을 철회할 수 있다.[148]

샤피이와 말리키 법학파에 따르면 쿨으 계약에 정확한 언급이 없을 경우 쿨으 이후 재혼금지기간 동안 남편은 아내의 부양을 책임져야 한다. 그러나 하나피 법학파는 쿨으가 부양을 포함한 아내의 모든 권리를 폐기하는 효과가 있기 때문에 재혼금지기간 동안 남편에게 부양의 의무가 없다고 본다. 따라서 하나피 법학파에 따르면 쿨으 시에 후불 혼납금이나 밀린 부양비와 같은 아내의 권리는 모두 취소된다. 그러나 샤피이와 말리키 등의 법학파는 쿨으 계약의 효력은 오직 소송에 의해 명시된 것에만 한정된다는 입장이다.[149]

아내가 아닌 다른 사람, 즉 아내의 아버지나 후견인이 협상한 쿨으는 한발리 법학파에 따르면 무효이다. 그러나 하나피, 말리키, 샤피이 법학파는 이를 유효한 것으로 간주한다. 샤피이 법학파에 따르면 쿨으는 당사자인 아내 대신에 아버지나 후견인 혹은 다른 사람에 의해 협상하더라도 상관이 없다. 하나피 법학파는 아버지나 타인에 의한 협상은 반드시 당사자의 허가를 받아야만 한다는 조건을 달고 있다.[150]

• 쿨으를 위한 아내의 조건

법학파들은 쿨으 이혼을 하려는 아내는 정신이 올바른 성인이어야 한

---

148 Jamal J. Ahmad Nasir, 위의 책, p.131.
149 앞의 책, p.132.
150 'Abd ar-Rahman I. Doi, 위의 책, p.303.

다는 데에 의견 일치를 보이고 있다. 정신박약인 아내가 요구하는 이혼은 후견인의 허락 없이는 유효하지 않다. 후견인의 허락이 있을 경우 이러한 이혼의 유효성에 대해서는 법학자들 간에 이견이 있다. 하나피 법학파는 후견인이 위자료를 자기 재산에서 지불할 경우 그 이혼은 유효하다는 입장이다. 말리키와 자으파리 법학파는 정신박약인 여성의 재산에서 위자료가 지불되는 것을 후견인이 동의한다면 그 이혼은 유효하다는 입장이다. 한편, 샤피이와 한발리 법학파는 정신박약인 아내가 요구하는 이혼을 후견인의 동의 여부와 관계없이 무효로 간주한다. 예외적으로 샤피이 법학파는 남편이 정신박약인 아내의 재산을 탕진할 우려가 있을 경우 그 재산을 지키기 위해 후견인으로 하여금 쿨으 이혼을 하도록 허용하고 있다. 한발리 법학파는 만약 남편이 쿨으 이혼을 원할 경우 이혼도 위자료도 무효라는 입장이다.

쿨으를 여성의 월경기간에 할 수 있는가에 대해 대부분의 법학자들은 딸라끄에 적용되는 조건이 쿨으에도 그대로 적용되는 것이 적절하다고 보고 있다. 그러나 동시에 대부분의 법학자들은 월경기간에 이루어지는 쿨으를 허용행위, 혹은 혐오행위로 간주하고 있다.[151] 다만 자으파리 법학파는 쿨으 이혼 시에도 딸라끄 이혼 시에 요구되는 모든 요건[152]이 충족되어야 한다는 입장이다.

• 쿨으를 위한 남편의 조건

한발리 법학파를 제외하고 모든 법학파들은 쿨으 이혼을 허락하는 남편은 정신이 올바른 성인이어야 한다는 데에 의견 일치를 보이고 있다. 한발리 법학파는 분별력 있는 미성년자에 의한 쿨으도 딸라끄 이혼과 마찬

---

151 앞의 책, p.304.
152 생리기간이 아닐 것, 생리기간이 아닐 때에 성관계를 가지지 말 것, 성관계를 가졌다면 폐경기나 임신이 아닐 것 등.

가지로 유효하다는 입장이다. 앞서 언급한 딸라끄 이혼을 위한 남편의 조건에 대한 법학자들의 입장은 쿨으 이혼에서도 그대로 적용된다.

(3) 그 밖의 이혼

• 혼인의 취소 파스크(Faskh)

혼인의 취소 파스크란 마치 아무 일도 없었던 것처럼 혼인계약이 취소되는 것을 의미한다. 파스크란 문자적으로 행동이나 판매를 취소하는 것을 의미한다. 딸라끄는 남편의 의지에 따라 남편에 의해 선언되는 이혼인 반면, 파스크는 남편의 의지와는 상관없이 판사의 판결이나 법의 판결에 의해 이루어지는 이혼이다. 딸라끄 이혼을 위해서는 특별한 사유가 필요하지 않으나 파스크 이혼을 위해서는 반드시 분명한 이혼의 사유가 있어야 한다.

파스크 이혼의 사유로는 혼인계약에 명시되어 있는 카파아(부부간의 동등)가 이루어지지 않은 경우, 부부 가운데 한 명이 배교했을 경우, 남편이 이슬람으로 개종하였는데 아내가 개종길 거부하고 다신론자로 남아 있는 경우, 리안 이혼이 있는 경우, 남편이 아내를 부양하기 어려운 상황에서 아내가 혼인의 취소를 원할 경우, 부부 사이에 성적 쾌락을 방해하는 신체적 결함이 있는 경우, 아내가 혼인으로 피해를 입었을 경우 등 다양하다. 그러나 각 법학파들이 인정하는 파스크 이혼 사유는 조금씩 다르다.

파스크 이혼 이후에 남편은 아내를 되돌릴 수 없다. 만약 되돌리길 원할 경우 새로운 혼인계약을 맺어야 한다. 또한 파스크 이혼은 남성이 주도하는 딸라끄 이혼의 한 단계로 간주되지 않는다. 판사의 판결 혹은 법의 판결에 의해 이루어지는 파스크 이혼은 쿨으 이혼처럼 당사자들의 동의가 필요하지 않다. 부부가 성관계를 맺기 전에 파스크 이혼을 할 경우 아내는 혼납금을 받을 권리가 없다.

• 혼인의 파기 쉬까끄(Shiqaq)

혼인의 파기를 의미하는 '쉬까끄'는 배우자 가운데 한 명이 잘못된 행동을 하거나 지속적으로 상대방을 괴롭히는 경우에 이루어진다. 그러나 부부가 혼인생활을 유지할지 혹은 그렇지 않을지의 여부는 판사의 결정에 달려 있는 파스크 이혼과는 달리 부부에게 달려 있다. 부부 가운데 한 명이 혼인을 지속할 수 없다고 판단할 경우 혼인의 파기 쉬까끄가 뒤따른다. 남편이 평생 혹은 장기간 투옥되어 있다든지, 혹은 행방불명되었든지, 혹은 남편이 평생 불구인 상태라든지, 혹은 아내에게 부양비를 제공하지 못할 경우도 아내가 원할 경우 혼인을 파기할 수 있다. 그러나 아내가 원하지 않을 경우 혼인상태는 지속된다. 남편이 비슷한 방법으로 아내에게 괴롭힘을 당했을 경우 남편은 쉬까끄 후에 다른 여성과 혼인할 수 있는 선택권이 있다.

• 일라('Ila')

'일라'는 문자적으로 맹세를 의미하고, 아내와 성관계를 갖지 않을 것이라 맹세하는 것을 의미한다. 이 경우 아내는 평생 아내의 지위도 아닌 그렇다고 다른 남자와 혼인할 수 있는 자유로운 상태도 아닌 애매한 입장에 처하게 된다. 코란 2장 226절은 만약 남편이 아내와 성관계를 가지지 않을 경우 아내와 이혼할 것을 명령함으로써 이슬람 이전 시대의 관행에 경고하고 있다. '일라'와 관련하여 법학자들은 남은 여생 동안 혹은 4개월 이상 아내와 성관계를 갖지 않겠다고 맹세한 것이라는 데에 의견 일치를 보이고 있다. 그러나 법학파들은 4개월이라는 기간에 대해 의견 차이를 보이고 있다. 하나피와 샤피이 법학파는 4개월의 기간은 오직 맹세에 의한 별거의 경우에만 적용된다는 입장이다. 즉 맹세를 하지 않고 일정기간 별거 상태에 있다면 일라가 적용되지 않는다는 것이다. 반면, 말리키와 한발리 법학파는 최대 4개월 동안 남편이 의도적으로 부부 관계를 하지 않

은 모든 경우에 적용된다는 입장이다.[153]

일라가 있을 경우 하나피 법학파는 여자가 쿨으 이혼을 하든지 아니면 남편이 아내와 딸라끄 이혼을 해야 한다는 입장이다. 말리키, 샤피이, 한발리 법학파에 따르면 아내가 판사에게 소송을 제기하면 판사는 남편에게 성관계의 재개를 명령할 수 있다. 이를 남편이 거부할 경우 판사는 남편에게 아내와 이혼하도록 명령하고, 이것도 남편이 거부할 경우 판사가 이혼선언을 하게 된다. 이 모든 경우의 이혼은 회복 가능한 것이다. 한편, 자으파리 법학파는 남편과의 성관계 없이 4개월이 지나도 아내가 이의를 제기하지 않을 경우 누구도 이것을 문제 삼을 수 없다는 입장이다. 그러나 아내가 인내심을 잃고 판사에게 소송을 제기하면 판사는 남편으로 하여금 성관계의 재개 혹은 이혼을 명령할 수 있다. 남편이 이를 거부할 경우 판사는 두 가지 가운데 하나를 선택하도록 압력을 가하거나 남편을 투옥시킬 수 있다. 그러나 판사가 남편을 대신하여 강압적으로 이혼선언을 할 자격은 없다.

일부 법학자들은 남편이 4개월 안에 맹세를 깨고 성관계를 재개한다면 맹세에 대한 속죄가 필요하지 않다고 주장하였다. 그러나 대부분의 법학자들은 이 경우 속죄가 필요하다는 입장이다. 즉 속죄를 통해 별거기간 동안 아내에게 저지른 잘못을 용서받는다는 것이다.[154] 속죄로는 10명의 가난한 사람에게 음식을 제공하거나, 혹은 10명의 가난한 사람에게 옷을 입히거나, 혹은 노예 한 명을 해방시키는 방법이 있다. 이 모든 것이 불가능할 경우 3일 동안의 단식을 통해 속죄를 할 수 있다.

• 지하르

'일라'와 관련된 것으로 지하르 맹세가 있다. 지하르는 '등'을 의미하

---

153 'Abd ar-Rahman I. Doi, 위의 책, p.290.
154 앞의 책, p.291.

는 '자흐르'(zahr)에서 나온 말로 남편이 아내에게 '당신은 내 어머니의 등과 같다'라고 말하는 것을 의미한다. 아내의 등뿐만 아니라 배나 넓적다리와 같은 아내의 신체 부위가 자기 어머니의 신체 부위와 닮았다고 언급함으로써 남편은 아내가 성적으로 금지되었다는 것을 맹세한다. 코란의 계시[155]는 이러한 지하르를 금지하고 있다. 아내를 떠나도록 내버려 두던지 아니면 아내와 다시 혼인생활을 재개하라는 것이 코란의 명령이다. 이는 예언자의 교우 아우스 븐 알 사미트('Aws bn al-Samit)가 자기 아내 카울라를 이렇게 대하자 카울라가 예언자에게 가서 남편의 행실에 관해 불평한 후에 계시되었다.[156]

지하르 맹세는 혼인의 해지로 이어지지는 않지만 비난받을 만한 행위로 간주된다. 법학자들은 만약 이혼이 이루어지지 않을 경우 아내와 성관계를 가지기 전에 남편은 속죄를 해야 한다는 입장이다. 속죄의 행위로는 노예 한 명을 해방시키든지, 혹은 2달을 연속해서 단식하든지, 혹은 60명의 가난한 사람에게 음식을 먹이는 것이 있다. 법학자들은 속죄가 이루어지기 전에 남편이 성관계를 할 경우 남편을 죄인으로 간주한다. 자으파리 법학파 역시 남편에게 두 배로 속죄할 것을 요구하고 있다.[157]

• 리안

리안은 남편이 아내가 간음을 저질렀다고 맹세를 한 후 태어난 아이가

---

155 코란 58장 1-4절.

156 예언자가 남편에게 위의 코란 구절을 암송하고 남편에게 "너는 노예 한 명을 해방시킬 여유가 있느냐?"라고 묻자 남편이 "그건 제 모든 재산을 없애는 것입니다."라고 답했다. 예언자가 "넌 두 달을 연속해서 단식할 수 있느냐?"라고 다시 묻자 그 남자가 "맹세코, 하루에 세 번을 먹지 않을 경우 저는 시야가 침침해져 시력을 잃을 수도 있습니다."라고 답했다. 그러자 예언자가 "그럼 60명의 가난한 사람을 먹일 수 있겠느냐?"라고 물었고 그 남자는 "만약 당신께서 저를 도와주신다면."이라고 말했다. 예언자는 "맹세코 난 너에게 15sa(입방)를 도와줄 것이고 너를 위해 축복의 기도를 해 주겠다." 라고 답했다. Laleh Bakhtiar, 위의 책, p.544.

157 Laleh Bakhtiar, 위의 책, p.542.

자신의 아이가 아니라고 맹세하는 반면, 아내는 그렇지 않다고 역으로 맹세하는 것을 의미한다. 어떠한 경우이든 남편은 의도적으로 아이의 친권을 부인해서는 안 된다. 만약 다른 사람들의 중상모략에 따라 남편이 아이를 자식으로 인정하지 않으면 잘못은 남편에게 돌아간다. 그러나 남편이 아내의 간통을 확신하고 그 아이도 자신의 아이가 아니라는 확신이 있으면 남편은 아이에 대해 책임지지 않는다. 이 경우 남편이 네 명의 증인을 댈 수 없으면 양 당사자 간의 리안 절차[158]가 시작된다.

리안을 하는 남편은 신의 이름으로 아내의 부정을 목격하였다든가 혹은 임신이 자기로 인한 것이 아니라든가 등을 네 번 맹세해야 한다. 그리고 다섯 번째로 만약 그의 주장이 거짓일 경우 신의 저주가 자신에게 떨어지도록 간구해야 한다. 반면, 여성은 무죄일 경우 자신이 죄를 저지르지 않았고 남편이 거짓말을 하고 있다고 네 번을 맹세한다. 그리고 다섯 번째로 만약 자신이 거짓말을 하고 있다면 신의 저주가 자신에게 떨어지도록 간구해야 한다.

만약 아내가 죄를 고백하면 간음에 대한 핫드(Hadd) 형벌[159]을 받게 된다. 만약 남편이 맹세하길 주저하거나 거부할 경우 남편 역시 입증되지 않은 성관계를 무고한 죄로 핫드 형벌을 받게 된다. 하나피 법학파에 따르면 남편이 맹세를 거부할 경우 맹세할 때까지 혹은 아내가 고백할 때까지 혹은 고소를 철회하거나 아내와 이혼할 때까지 남편은 감금된다. 그러나 말리키, 샤피이, 한발리 법학파에 따르면 남편이 맹세를 거부할 경우 80대의 태형에 해당하는 까즈프(Qadhf)[160] 형벌을 받게 된다. 만약 아내가 결백

---

158 리안 절차는 코란 24장 6-9절에 명시되어 있음.

159 후두드(Hudud)의 단수형, 문자적으로는 '한계', '제한'을 의미한다. 이슬람법에서는 특정한 범죄에 대해 '신의 의지'로 간주되는 형벌을 부과하고 있다. 절도, 간음이나 간통, 알코올이나 그 밖에 취하게 만드는 것의 섭취, 배교 등이 이에 해당된다.

160 충분한 증거 없이 간음하였다고 중상 모략하는 것으로 이슬람법에서는 80대의 태형에 해당하는 후두드 형벌을 받는다.

의 맹세를 거부하면 아내는 간음을 저지른 것으로 간주되어 핫드 형벌을 받게 된다. 그러나 하나피 법학파는 이 경우 아내가 맹세할 때까지 감금해야 한다는 입장이다.

판사가 리안 소송을 맡게 될 경우 남편은 두 가지 선택 가운데 하나를 할 수 있다. 첫째, 소송이 끝나기 전에 혐의를 철회할 경우 남편은 아무런 행동을 취하지 않아도 소송은 자연스럽게 끝나게 된다. 둘째, 남편이 자신의 입장을 고수하는 한편, 아내가 결백의 맹세를 한 후 다섯 번째로 자신에 대한 저주의 맹세를 하게 되면 리안 소송은 종결된다. 한발리와 말리키 법학파에 따르면 판사는 이혼선언을 할 필요가 없다. 그러나 하나피 법학파에 따르면 판사는 반드시 혼인을 해지시켜야 한다. 샤피이 법학파는 남편이 아내의 간음을 맹세하고 자신에 대한 저주의 맹세를 하게 되는 순간 아내에 대한 신뢰가 땅에 떨어지는 것이기 때문에 리안 절차가 완성된다는 입장이다.[161]

(4) 법정 이혼 타프리끄(Tafriq)

혼인의 해지에 법정이 개입할 때 그것을 '타프리끄'라 부른다. 딸라끄 이혼은 남편의 의지에 따라 혼인관계가 종료되는 것인 반면, 타프리끄 이혼은 법정에 의해 남편의 의지와는 관계없이 혼인관계가 종료되는 것을 의미한다. 법정 이혼 타프리끄는 남편에 의한 딸라끄 이혼이나 아내에 의한 쿨으 이혼이 실패할 경우 호소할 수 있는 마지막 이혼 수단으로 간주된다.

법정 이혼 타프리끄의 사유로는 부양비의 미지급, 피해, 학대, 쉬까끄, 부재, 투옥, 일라, 지하르, 배교 등 다양하다. 일반적으로 부양비의 미지급, 일라, 신체적 결함, 쉬까끄, 부재, 투옥, 학대가 원인이 될 경우 법정 이혼은 남편이 주도하는 딸라끄 이혼으로 판결되고, 비정상적인 혹은 무효한

---

161 'Abd ar-Rahman I. Doi, 위의 책, pp.294-295.

혼인계약, 배교 등은 혼인계약 자체가 취소되는 파스크로 판결된다. 법정 이혼으로 갈 수 있는 대표적인 사례 가운데 배우자의 신체적 결함, 부양비의 미지급, 남편의 부재나 투옥에 관해 좀 더 자세히 살펴보기로 한다.

• 신체적 결함

시아파의 자으파리 법학파에 따르면 혼인 전 혹은 성관계를 맺기 전에 발기불능이 된 남자의 아내는 그 사실을 인지한 즉시 혼인생활을 지속하고 싶지 않을 경우 이혼소송을 제기할 수 있다. 만약 그 사실을 인지한 즉시 소송을 제기하지 않을 경우 아내는 남편의 발기불능을 근거로 이혼소송을 제기할 수 있는 권리를 잃게 된다. 판사는 소송을 접수하면 사실 관계를 조사한 후 소송을 접수한 날로부터 1년간의 유예기간을 준다. 남편이 발기불능이라는 사실을 맹세로 부인할 경우 남편의 말은 그대로 받아들여진다. 만약 아내가 자기주장을 맹세로 지속할 경우 1년의 또 다른 유예기간이 주어진다. 유예기간이 끝나고 아내가 아직 성관계가 없었다고 주장하면 판사는 이혼을 명령한다. 아내는 원할 경우 법정에 호소하지 않고 유예기간이 종료되는 때에 쿨으 이혼을 할 수 있다. 만약 아내가 혼인이 지속되길 원하거나 혹은 법정에 출두하지 않을 경우 아내는 이혼의 권리를 상실한다. 만약 남편의 성기 절단, 거세, 정신이상을 알지 못한 채 혼인하였다면 아내는 이를 근거로 이혼소송을 제기할 수 있다. 이 경우 판사는 아내에게 즉시 이혼을 명령한다. 또한 아내는 이 경우 쿨으 이혼을 통해 혼인관계에서 벗어날 수 있다.[162]

하나피 법학파는 이혼에 대한 절대적 권한이 남편에게만 있는 것이기 때문에 남편의 결함을 근거로 판사가 남편에게 이혼을 명령할 권한이 없다는 입장이다. 그러나 발기불능, 절단, 거세와 같이 남편의 생식기에 심

---

162 Jamal J. Ahmad Nasir, 위의 책, pp.141-142.

각한 결함이 있는 경우에는 법정 이혼을 인정한다. 이러한 경우에도 남편 주도의 딸라끄 이혼을 할 수 있다. 그러나 남편이 딸라끄 이혼을 거부할 경우 아내는 이 사실을 사전에 알지 못했다면 이혼소송을 제기할 수 있고 판사는 이혼을 명령할 권한이 있다. 하나피 법학파에 의해 여성이 이혼소송을 청구할 수 있는 또 다른 결함은 정신이상과 나병이다. 단 아내가 혼인 시에 남편의 결함을 인지하지 못했을 경우로 한정된다. 이혼소송이 청구되고 사실이 입증되면 판사는 이혼을 명령한다. 판사가 명령한 1년간의 유예기간 동안 아무런 진전이 없고 아내가 이혼을 지속해서 주장할 경우, 그리고 남편이 지속해서 아내와 이혼하길 거부할 경우 판사는 취소할 수 없는 이혼을 명령한다.[163]

• 부양비의 미지급

남편이 아내를 부양하지 못하는 것이 이혼 사유가 되는가에 대해서는 법학자들 간에 의견 차이가 있다. 하나피 법학파는 남편이 부양을 거부하든 혹은 부양할 능력이 없든 간에 그것은 이혼을 위한 유효한 근거가 되지 못한다는 입장이다. 그 근거로 "능력에 따라 지불하라"(65장 7절)는 코란 구절을 제시하면서 하나피 법학파는 이 구절의 의미가 가난 때문에 아내를 부양할 수 없는 남편을 포함한다고 해석하였다. 단순히 아내의 부양을 거부함으로써 아내를 부당하게 대할 경우 이혼이 아닌 다른 방법을 강구하는 것이 바람직하다는 입장이다.[164] 하나피 법학자는 아내가 그러한 상황을 인내를 가지고 견디어 내거나 혹은 친척에게 도움을 청할 것을 요구한다. 그러한 경우 아내의 부양은 혼인 전 아내의 부양을 맡았던 후견인의 책임이라는 것이 하나피 법학파의 입장이다.

163 앞의 책, pp.142-143.
164 앞의 책, p.148.

시아파는 아내가 법정 이혼을 신청할 수 있는 근거를 남편의 발기불능에 한정시키고 있다. 따라서 아내는 부양비 미지급을 이유로 이혼소송을 제기할 수 없다. 수니 법학파 가운데 하나피 법학파를 제외한 말리키, 한발리, 샤피이 법학파, 그 가운데서도 특히 한발리 법학파는 남편이 재산을 가지고 있으면서도 부양을 하지 않을 경우 이를 근거로 아내가 법정 이혼소송을 제기할 수 있도록 허용하고 있다.[165] 한편, 남편이 아내에게 부양비를 지급할 여력이 없는 경우와 관련하여 말리키, 샤피이, 한발리 법학파에 따르면 여자가 법정 이혼소송을 할 경우 법정은 이에 개입할 권리가 있다. 이 경우 한발리 법학파는 부부가 즉시 헤어지는 것에 동의하고 있으나 말리키 법학파는 헤어지기 전에 남편에게 한두 달의 경고기간을 주어야 한다는 입장이다. 샤피이 법학파는 3일간의 경고로 충분하다는 입장이다.[166]

• 남편의 부재나 투옥

약간의 의견 차이가 있기는 하지만 말리키와 한발리 법학파에 따르면 남편의 부재나 투옥 시에 여자는 이혼소송을 제기할 수 있다. 남편의 부재나 투옥으로 아내는 실질적인 피해를 입게 되며 다른 남자의 유혹에도 취약한 상태에 놓이게 되기 때문이다. 말리키 법학파에 따르면 적어도 1년에서 3년 동안 남편이 투옥될 경우 아내는 이혼소송을 위한 충분한 근거를 갖게 된다. 그러나 한발리 법학파는 남편이 1년간 투옥될 경우 그것으로 충분하다는 입장이다. 한편, 남편의 부재와 관련해서 아내가 이혼소송을 제기할 수 있는 최소한의 기간은 한발리 법학파에 따르면 6개월, 말리키 법학파에 따르면 3년 이후이다. 그러나 만약 남편의 부재가 합당한 이유에 근거한 것이라면 이혼소송은 유효하지 않다. 말리키 법학파는 이러

---

165 앞의 책, pp.148-149.
166 Mohammad Ali Syed, 위의 책, p.75.

한 종류의 이혼을 회복할 수 없는 딸라끄 이혼으로 간주하는 한편, 한발리 법학파는 이를 혼인의 취소 파스크로 간주한다.[167] 한편, 대부분의 자으파리 법학파는 남편의 부재나 투옥을 아내의 이혼소송 제기의 근거로 인정하지 않고 있다.

(5) 재혼금지기간 잇다

• 잇다의 정의

'잇다'는 '앗다'('adda) 즉 '세다'라는 아랍어 동사에서 파생된 용어로 날과 달을 헤아린다는 의미이다. 따라서 잇다의 정의는 남편과의 이혼이나 사별, 혹은 특정한 환경하에서 남편과의 결별 후 여성이 혼인하지 않고 재혼할 수 있는 상태가 될 때까지 기다리는 기간, 즉 재혼금지기간을 의미한다. 재혼금지기간 잇다는 여성에게만 적용되며, 남성에게 적용되는 유일한 경우는 네 명의 아내 가운데 한 명의 아내와 이혼하여 그 아내가 재혼금지기간을 보내는 동안이다. 이슬람 법학자들은 잇다의 준수가 의무행위라는 데에 모두 동의하고 있다.

재혼금지기간 잇다의 목적은 첫째, 아내의 임신여부를 확인하고,[168] 임신이 확인되었을 경우 아이의 친권을 확보하기 위한 것이다. 둘째, 취소할 수 있는 이혼의 경우 재혼금지기간은 남편에게 아내를 되돌릴 수 있는 기회를 부여하기 위함이다. 셋째, 미망인의 경우 재혼금지기간은 남편의 죽음을 애도하기 위한 목적이 있다.[169]

재혼금지기간 잇다는 유효한 혼인일 경우, 그리고 성관계가 있었을 경우 엄격하게 준수되어야 한다. 하나피, 말리키, 한발리 법학파는 만약 부부가 성관계 없이 유효한 킬와만 하였더라도 잇다를 준수해야 한다는 입

---

167 Jamal J. Ahmad Nasir, 위의 책, pp. 151~152.
168 코란 2장 228절.
169 Jamal J. Ahmad Nasir, 위의 책, p. 159.

장이다. 반면, 샤피이와 자으파리 법학파는 잇다가 준수되기 위해서는 반드시 부부 간에 성관계가 있어야 한다는 입장이다. 자으파리 법학파는 성관계를 가졌다 하더라고 폐경기의 여성은 잇다를 준수할 필요가 없다고 본다.

• 잇다 기간

월경주기에 따라 달로 계산하는 것이 잇다의 계산 방법이다. 잇다는 아이의 출산 때까지의 시기도 포함된다. 유효한 혼인계약 하에서 잇다는 이혼 시점, 혹은 남편의 사망 시점부터 시작된다. 결함이 있는 혹은 유효하지 않은 혼인계약 하에서는 마지막 성관계가 있었던 시점부터 잇다는 시작된다. 다양한 잇다 기간은 다음과 같이 요약할 수 있다. 첫째, 월경을 하는 여성의 잇다는 월경으로부터 자유로운 세 번의 기간이다. 둘째, 아직 월경을 시작하지 않았거나 월경이 끝난 여성의 잇다는 세 달이다. 셋째, 미망인의 잇다는 4개월 10일이다.[170] 넷째, 신방에 들지 않은 여성의 잇다 기간은 없다.[171]

이혼녀의 잇다 기간: 월경을 하거나 혹은 임신이나 폐경기가 아닌 여성은 월경으로부터 자유로운 세 번의 기간이 잇다 기간이다. 즉 유효한 혼인계약 하에 있다가 남편의 사망이 아닌 다른 이유로 실제적인 혹은 추정되는 성관계를 가진 이후에 혼인이 해지되었다면 그리고 이혼할 당시 임신 중이 아니었다면 잇다는 세 번의 월경기간이 끝날 때까지이다. 이 규정은 코란 2장 228절에 근거한다.

한편, 주요 법학파는 코란 65장 4절에 따라 임신한 이혼녀는 출산 때까지 잇다 기간을 준수해야 한다는 데에 동의하고 있다. 만약 한 명 이상의

---

170 코란 2장 234절.
171 코란 33장 49절.

아이를 임신한 경우 잇다 기간은 마지막 아이를 출산할 때까지이다. 임신의 최대기간은 하나피 법학파의 경우 2년, 샤피이와 한발리 법학파의 경우 4년, 말리키 법학파의 경우 5년이다. 하나피와 한발리 법학파는 임신한 여성이 생리를 할 수 없다는 입장인 반면 샤피이, 말리키, 자으파리 법학파는 임신한 여성도 생리를 할 수 있다는 가능성을 열어 두고 있다.

아직 생리를 시작하지 않는 성인 이혼녀나 폐경기에 이른 이혼녀의 잇다 기간은 세 달이다. 폐경기와 관련하여 말리키 법학파는 70세, 한발리 법학파는 50세, 하나피 법학파는 55세, 샤피이 법학파는 62세, 자으파리 법학파는 일반여성의 경우 50세, 꾸라이쉬 부족의 후손의 경우 60세라는 입장이다.[172] 시아파는 선천적 결함이나 질병으로, 혹은 수유 때문에 월경이 없는 여성도 이 범주에 포함시키고 있다.[173]

만약 잇다 기간을 보내고 있던 이혼녀가 그 기간이 끝났다고 주장하면 그 주장은 그대로 받아들여진다. 자으파리 법학파는 그러한 주장을 받아들이기 위한 최소한의 기간을 26일로 보고 있다. 이는 월경이 시작되기 바로 전에 이혼을 당했다고 가정하면 최소 월경기간 3일, 그 후 월경으로부터 자유로운 최소기간 10일, 그리고 다시 최소 월경기간 3일, 두 번째 월경으로부터 자유로운 최소기간 10일을 모두 더해서 총 26일이 된다는 의미이다. 한편, 하나피 법학파는 잇다의 최소기간을 39일로 보고 있다. 이는 월경이 시작되기 바로 전에 이혼을 당했다고 가정하면 최소 월경기간 3일, 하나피 법학파에 따른 월경으로부터 자유로운 최소기간 15일, 그리고 다시 최소 월경기간 3일, 두 번째 월경으로부터 자유로운 최소 기간 15일, 그리고 마지막 월경기간 3일을 모두 더해서 총 39일이 된다는 의미이다.[174]

앞서 언급하였듯이 월경을 하지 않는 성인 이혼녀는 세 달의 잇다 기간

172 Laleh Bakhtiar, 위의 책, p.520.

173 Jamal J. Ahmad Nasir, 위의 책, p.162.

174 Laleh Bakhtiar, 위의 책, pp.520–521.

을 준수한다. 만약 월경을 하다가 수유나 질병으로 인해 월경을 멈추게 되면 한발리와 말리키 법학파에 따르면 1년의 잇다 기간을 준수해야 한다. 샤피이와 하니파 법학파는 월경할 때까지 혹은 폐경기에 이를 때까지 기다린 후 세 달의 잇다 기간을 준수해야 한다는 입장이다. 자으파리 법학파는 만약 어떤 이유 때문에 월경이 멈추면 이혼녀는 월경을 하지 않는 이혼녀처럼 세 달의 잇다 기간을 준수해야 한다는 입장이다.[175]

미망인의 잇다 기간: 임신하지 않은 미망인의 잇다 기간은 성년이든 미성년이든, 폐경기이든 그렇지 않든, 성관계를 가졌든 그렇지 않든 간에 4개월 10일이라는 데에 법학자들은 동의하고 있다. 이는 코란 2장 234절에 근거한다. 그러나 임신이 의심될 경우는 출산 때까지 혹은 임신이 아니라는 사실이 확인할 때까지 기다려야 한다.

하나피, 한발리, 샤피이, 말리키 법학파는 임신한 미망인의 잇다 기간은 남편이 사망하는 순간에 출산을 하더라도 출산과 더불어 끝나게 된다는 입장이다. 자으파리 법학파는 출산까지의 기간, 혹은 4달 10일 가운데 더 긴 것을 잇다 기간으로 적용한다. 따라서 출산하지 않고 4달 10일이 지나면 잇다 기간은 출산 때가지 지속된다. 만약 4달 10일이 되기 전에 출산하게 되면 잇다 기간은 4달 10일로 종료된다. 이는 코란의 2장 234절과 65장 4절을 절충한 견해로 앞의 구절은 임신 여부와 관계없이 미망인의 잇다 기간을 4달 10일로 정한 내용이고, 두 번째 구절은 미망인과 이혼녀를 포함한 임신한 여성의 잇다 기간을 출산 때까지로 보는 내용으로 되어 있다.[176]

취소할 수 있는 이혼을 당한 아내가 잇다 기간을 보내던 중에 남편이 사망할 경우 그 여성은 남편의 사망 시점부터 새롭게 미망인의 잇다를 시작해야 한다는 것이 법학자들의 일치된 견해이다. 이 경우 이혼이 남편의

175 앞의 책, pp.521-522.
176 앞의 책, p.523.

병중에 이루어졌는지 혹은 건강한 상태에서 이루어졌는지의 여부는 상관이 없다. 그러나 이혼이 회복 불가능한 것일 경우, 만약 남편이 건강한 상태에서 이혼했을 경우 아내는 이혼의 잇다를 끝내고 다시 미망인의 잇다를 지킬 필요가 없다. 아내의 요구로 남편의 병중에 쿨으 이혼이 이루어진 경우도 마찬가지이다. 그러나 남편이 스스로 병중에 아내와 이혼을 하고 잇다 기간이 종료되기 전에 사망했다면 아내는 미망인의 잇다 대신에 이혼녀의 잇다를 지속해야 한다는 것이 말리키, 샤피이, 자으파리 법학파의 입장이다. 그러나 하나피와 한발리 법학파는 이 경우 미망인의 잇다로 전환되어야 한다는 입장이다.[177]

실수로 인한 성관계 후의 잇다 기간: 자으파리 법학파에 따르면 실수에 의한 성관계 후의 잇다 기간은 이혼의 잇다 기간과 유사하다. 따라서 여성이 임신을 하였으면 출산 때까지, 월경을 할 경우에는 세 번의 월경기간을, 그렇지 않을 경우 세 달의 잇다 기간을 지켜야 한다. 하나피 법학파도 실수에 의한 성관계이든 혹은 유효하지 않은 혼인의 결과이든 잇다의 준수는 필수적이고 본다. 그러나 무효 혼인의 경우 잇다 준수는 필수적이지 않다는 입장이다. 실수에 의한 성관계란 잠을 자고 있는 여성을 아내로 착각하여 성관계를 가지는 경우를 말한다. 그리고 유효하지 않은 혼인이란 합법적이긴 하나 혼인계약 낭송 시 증인의 부재와 같은 혼인의 기본적인 요건을 충족시키지 못한 경우를 의미한다. 무효 혼인은 자매나 이모와 같은 금지된 영역의 여성과 혼인하는 경우를 의미한다. 하나피 법학파에서도 월경을 하는 여성의 경우 잇다 기간은 세 번의 월경기간이고, 그렇지 않을 경우는 세 달이고, 임신을 하게 되면 출산 때까지이다. 말리키 법학파의 경우도 잇다 기간은 마찬가지이다. 그러나 실수로 성관계를 가진 남자가 사망할 경우 그 여성은 미망인의 잇다 기간을 준수할 필요가 없다는 입장

177 앞의 책, p.524.

이다.[178]

간음에 따른 잇다 기간: 하나피, 샤피이, 그리고 대부분의 자으파리 법학자들은 간음의 결과로 잇다의 준수가 필요하지 않다는 입장이다. 따라서 간음한 여성과 혼인하여 성관계를 가지는 것은 합법적이며 해당 여성은 임신 중이더라도 잇다 기간을 준수할 의무가 없다. 그러나 하나피 법학파는 간음을 통해 임신한 여성과의 혼인은 허용하나 출산할 때까지의 성관계는 허용하지 않는다. 한편, 말리키 법학파는 간음을 실수에 의한 성관계와 비슷한 것으로 간주하여 비슷한 잇다 기간을 적용한다. 그러나 간음으로 여성이 처벌을 받게 될 경우 단 한 번의 월경기간이 끝나면 잇다 기간은 종료된다. 한발리 법학파도 간음한 여성에게 이혼녀의 경우처럼 잇다 기간의 준수를 의무화하고 있다.[179]

실종된 남편의 아내: 실종된 남편은 두 가지 경우에 해당된다. 첫째, 남편의 부재가 계속되나 그 소재가 알려져 있는 경우로 이때 아내는 재혼할 수 없다. 둘째, 남편의 소재가 알려져 있지 않고 아무런 소식도 들려오지 않는 경우로 이 경우에 대해 법학파들은 의견을 달리한다. 하나피와 샤피이 법학파에 따르면 아내가 재혼한 후 전남편이 돌아오면 두 번째 혼인은 무효가 된다. 말리키 법학파에 따르면 만약 성관계를 갖기 전에 전남편이 돌아오면 그 여성은 전남편의 아내가 되고, 성관계를 갖은 이후에 전남편이 돌아오면 그 여성은 두 번째 남편의 아내가 된다. 두 번째 남편은 전남편에게 아내의 혼납금을 지불해야 한다. 한발리 법학파의 경우에도 아내가 두 번째 남편과 성관계를 갖기 전이라면 그 여성은 전남편의 아내가 된다. 그러나 두 번째 남편과 성관계를 가졌으면 선택은 전남편이 하게 된다. 전남편은 두 번째 남편에게 혼납금을 지불하고 아내를 데려오든지 혹

---

[178] 앞의 책, pp.525-526.
[179] 앞의 책, p.526.

은 혼납금을 받고 전남편에게 아내를 양보할 수 있다.[180]

자으파리 법학파에 따르면 실종된 사람의 생사가 알려져 있지 않을 경우, 만약 남편에게 아내가 부양받을 수 있는 만큼의 재산이 있다면, 혹은 후견인이 아내를 부양할 의지가 있다면, 혹은 누군가 자원해서 아내를 부양한다면, 아내는 인내를 가지고 남편을 기다리는 것이 의무이다. 어떠한 경우이든 남편의 사망이나 혹은 이혼선언이 있기까지 아내는 재혼할 수 없다. 그러나 만약 실종된 남편이 아무런 재산이 없거나 누구도 부양하려 하지 않을 경우 아내가 재혼을 원하면 판사에게 소송을 제기할 수 있다. 판사는 소송을 제기한 날로부터 4년간의 잇다 기간을 명령한다. 만약 여전히 남편으로부터 아무런 소식이 없다면 판사는 실종된 남편의 후견인이나 대리인으로 하여금 이혼을 선언하도록 명령한다. 그러나 만약 남편에게 후견인이나 대리인도 없다면 판사가 대신해서 이혼을 선언할 수 있다. 그 후 아내는 4달 10일간의 잇다 기간을 보낸 후에 재혼할 수 있다. 이 기간 동안 아내는 부양받을 권리가 있으며 부부는 서로에 대한 상속의 권한이 있다. 잇다 기간 동안에 남편이 돌아온다면 남편이 원할 경우 아내를 되돌리거나 그대로 떠나게 할 수 있다. 만약 남편이 잇다 기간이 종료된 이후에 그러나 아내가 재혼하기 전에 돌아온다 하더라도 남편은 아내에 대한 권한이 없다.[181]

• 잇다 기간 중 여성의 행동 코드

재혼금지기간 동안 여성이 부부의 집을 떠나 외출할 수 있는가에 대해 법학자들 사이에는 이견이 있다. 하나피 법학파에 따르면 첫 번째와 두 번째 이혼선언 후, 혹은 마지막 이혼선언 후 재혼금지기간을 보내는 여성은

---

180 앞의 책, p.527.
181 앞의 책, pp.527-528.

낮이든 밤이든 외출해서는 안 된다. 그러나 미망인의 경우 낮이나 밤의 특정한 시간대에 집밖으로 나갈 수 있다. 그러나 부부의 집이 아닌 다른 곳에서 밤을 보내서는 안 된다는 것이 하나피 법학파의 입장이다. 이는 남편의 부양을 받을 권리가 있는 이혼한 여성의 경우에는 집밖으로 나가는 것이 허용되지 않지만, 남편의 부양을 받지 못하는 미망인의 경우에는 생계를 위해 집밖으로 나가는 것이 허용된다는 의미이다. 한편, 한발리 법학파에 따르면 이혼녀이든 미망인이든 재혼금지기간 동안 대낮에는 필요한 것을 사거나 필요한 일을 보기 위해 외출이 허용된다. 그러나 밤에는 특별한 용무가 있는 경우를 제외하고는 외출이 제한된다. 또한 미망인의 경우 재혼금지기간 동안 장식을 하거나 색깔이 있는 화려한 옷을 입어서는 안 되며 화장을 해서도 안 된다.[182] 말리키 법학파 역시 미망인이 대낮에는 외출할 수 있지만 밤에는 외출을 해서는 안 된다는 입장이다. 샤피이 법학파도 만일의 경우 집을 떠날 수 있는 예외를 인정하고 있다.[183]

수니와 시아 법학파 모두 재혼금지기간 동안 집을 떠날 수밖에 없는 합당한 이유가 있을 경우 그것을 허용하고 있다. 부부의 집이 무너질 우려가 있는 경우, 부부의 집이 너무 먼 거리에 위치한 경우, 자신의 안전과 재산에 대한 우려가 있는 경우, 집 주인에 의해 강제 퇴거를 당했을 경우가 그것이다. 이러한 경우 취소할 수 있는 이혼 후의 재혼금지기간 동안 여성은 남편이 제공하는 다른 거주지로 옮길 수 있다. 만약 남편 사망 이후의 재혼금지기간 동안 이러한 일이 있을 경우 여성은 원하는 어느 곳으로든 거주지를 옮길 수 있다.[184]

---

182 'Abd ar-Rahman I. Doi, 위의 책, pp.310-311.

183 Susan A. Spectorsky, 위의 책, pp.114-115.

184 Jamal J. Ahmad Nasir, 위의 책, p.166.

(6) 아내 되돌리기

아내 되돌리기란 법학 용어로 이혼녀를 다시 되돌려 혼인상태를 회복하는 것을 의미한다. 코란 2장 228절과 65장 2절을 근거로 법학자들은 아내 되돌리기가 유효하다는 데에 동의하고 있다. 아내 되돌리기의 경우 후견인, 혼납금, 이혼녀의 동의 등과 같은 혼인의 조건이 필요하지 않다. 법학파들은 아내 되돌리기가 취소할 수 있는 이혼의 잇다 기간 동안에 이루어져야 한다는 데에 의견 일치를 보이고 있다. 또한 아내 되돌리기가 구두에 의해 효력이 발생한다는 점에도 동의하고 있다. 단 그러한 선언은 완전하고 무조건적이어야 한다. 만약 이혼녀 되돌리기에 어떤 조건이 붙으면 그것은 유효하지 않은 것으로 간주된다.

아내 되돌리기가 사전의 선언 없이 성관계의 재개나 그 예비행위로 효력이 발생될 수 있는가에 대해서는 법학파들 간에 이견이 있다. 샤피이 법학파는 아내를 되돌리기 위해 말이나 글로 된 선언이 있어야 한다는 입장이다. 따라서 성관계를 재개함으로써 아내를 되돌리려는 의도가 있다고 하더라도 이에 대한 선언 없이는 그 효력이 발생되지 않는다. 이 경우의 성관계는 불법인 '실수로 인한 성관계'로 간주되어 남편은 아내에게 상응 혼납금을 지불해야 한다. 반면, 말리키 법학파는 아내를 되돌리고자 하는 의도가 있다면 선언 없이 성관계의 재개와 같은 행동만으로 충분하다는 입장이다. 이 경우의 성관계는 형사처벌이나 혼납금을 유발시키지 않는다는 것이 말리키 법학파의 입장이다. 한발리 법학파는 아내 되돌리기는 오직 성관계의 재개를 통해서만 유효하다는 입장이다. 따라서 그 의도가 없더라도 성관계를 재개하면 이혼한 아내는 되돌려진 것으로 간주된다. 그러나 성관계가 아닌 키스나 애무와 같은 행동은 아내를 되돌리지 못한다. 그러나 하나피 법학파에 따르면 성적 의도가 있다면 성관계뿐만 아니라 애무나 키스도 아내 되돌리기의 효력을 발생시킨다. 또한 수면 중에 한 행동, 정신이 나간 상태나 비정상적인 상태에서 한 행동, 강압에 의한 행동에 의해서도 그 효력이 발생된다. 자으파리 법학파는 그 의도와 관계없이 성관계, 키스, 애무, 혹은 부부 사이에서만 일어날 수 있는 어떠한 행동에 의해서도 아내 되돌리기가 유효하다는 입장이다. 그러나 자으파리 법학파는 수면 중의 행동, 정신이 없는 가운데 한 행동, 강압에 의한 행동에 대해서는 의미를 두고 있지 않다.

취소할 수 없는 이혼을 한 후 잇다 기간 동안 아내를 되돌릴 수 있는 것은 오직 쿨으 이혼을 한 경우에만 가능하다. 하나피, 한발리, 샤피이, 말리키 법학파에 따르면 이 경우에는 새롭게 다른 여성과 혼인할 때 적용되는 혼납금, 여성의 동의, 후견인의 동의, 새로운 혼인계약 등이 필요하다. 단이 경우 여성은 잇다 기간을 완성할 필요는 없다. 자으파리 법학파에 따르면 남편이 이혼한 아내의 자매 혹은 네 명의 아내와 혼인한 상태가 아니라면 쿨으 이혼을 한 이혼녀는 자신이 남편에게 지불한 위자료의 반환을 요구할 수 있다. 그리고 남편은 이혼을 포기한 후 새로운 혼인계약이나 혼납금 없이 아내를 합법적으로 되돌릴 수 있다.[185]

3) 부 양

(1) 이슬람식 부양

이슬람에서 부양은 아랍어로 나파까(nafaqah)라 불리며 이는 음식, 의복, 주거를 모두 포함한다. 아내의 부양에 대한 남편의 의무는 코란 4장 34절과 65장 6-7절에 언급되어 있다. 아내와 자식에 대한 부양은 남편의 책임이며 심지어 아내가 부유하더라도 의식주를 비롯한 기본적인 서비스는 아내와 자식의 기본적 권리로 간주된다.

부양은 코란과 순나, 합의 이즈마에 따르면 의무행위로 간주된다. 말리

---

185 Laleh Bakhtiar, 위의 책, pp.533-544.

키와 샤피이 법학파에 따르면 남편이 2년 동안 아내를 부양하지 못하거나 게을리할 경우 아내는 혼인 해지의 자격을 가진다. 그러나 하나피 법학파는 부양의 거부 및 태만이 혼인해지를 위한 충분한 근거가 되지 못한다는 입장이다.

남편의 아내 부양은 아내가 성년에 이른 시점부터 시작된다. 부부가 성년에 이르게 되면 남편은 아내와 자식들에게 사회적 관습과 환경에 맞는 의식주를 제공하는 것이 의무이다. 이슬람 법학자들에 따르면 아내가 남편에게 복종하고 모든 합당한 시간에 남편의 성적 접근을 허락하는 한 남편의 의무는 지속된다. 아내의 부양 이외에도 남편은 혼인계약에 명시하였을 경우 아내에게 그 밖의 수당을 지불할 수 있다.

아내가 부양을 받기 위한 조건은 다음과 같다. 첫째, 유효한 혼인계약 하에 있어야 한다. 둘째, 아내는 남편에게 복종해야 한다. 셋째, 아내는 합당한 시간에 남편이 성적으로 자유롭게 접근할 수 있도록 허용해야 한다. 넷째, 아내는 남편의 여행 시 동반해야 한다. 단 여행 중 아내의 신변이나 재산이 위협받는다고 느낄 경우는 예외이다. 또한 아내는 남편의 허락 없이 여행을 떠나서는 안 된다.

(2) 부양의 수준

코란과 예언자의 하디스는 아내를 어떠한 수준으로 부양해야 할 것인가에 대한 법원을 제공하고 있다. 그러나 코란의 계시[186]는 광범위하게 그것이 남편의 재력에 달려 있다고 언급하고 있어 부양의 수준을 평가하는 것은 법학자들의 판단에 맡겨졌다. 물론 부양의 수준은 사회적 관습이나 환경, 생활방식, 부부가 살고 있는 시기나 지역, 그리고 부부의 개인적인 지위나 신분에 따라 달라진다. 앞서 언급하였듯이 아내의 부양은

---

186 코란 65장 7절.

의식주 모두를 포함한다는 데에는 법학자들 간에 이견이 없다. 또한 부부가 비슷한 지위에 있을 경우 부양은 부부의 경제적 지위에 따라 결정된다는 데에도 의견이 없다. 여기서 아내의 경제적 지위란 친정의 경제적 지위와 생활수준을 의미한다. 부부 가운데 한 사람은 부유하고 다른 사람은 가난할 경우 부양비가 남편의 경제적 형편에 부합해야 하는지 혹은 두 사람의 경제적 형편이 함께 고려되어야 하는지에 대해서는 이견이 있다. 만약 아내가 하인을 필요로 하는 사회적 지위에 있는 경우, 혹은 병이나 불구로 가사를 돌볼 수 없는 경우 여건에 맞는 하인을 제공받을 권리가 있다.

말리키 법학파는 만약 부부의 경제적 지위가 다를 경우 그 중간 정도의 부양비가 지불되어야 한다는 입장이다. 한발리 법학파는 남편 측의 형편과 관습이 고려되어야 한다는 입장이다. 샤피이 법학파는 남편의 경제적 형편에 따라 부양비가 결정되는 것이지 아내의 배경은 고려되지 않는다는 입장이다. 하나피 법학파는 부부의 형편 모두를 고려해야 한다는 입장과 남편의 형편만을 고려해야 한다는 두 가지 입장을 가지고 있다. 그러나 궁극적으로 부양비는 전통과 관습에 부합되어야 하고 아내의 필요를 충족시켜야 한다고 규정하고 있다. 한편, 대부분의 자으파리 법학자들은 아내의 고향에서 아내와 비슷한 경제적 수준에 있는 여성들이 사용하는 음식, 옷, 거주지, 하인, 화장품 등을 고려해야 한다는 입장이다. 일부 자으파리 법학자들은 아내의 수준이 아닌 남편의 형편이 고려되어야 한다는 입장을 취하기도 하였다.

아내가 제공받는 주거지는 일정한 기준을 충족시켜야 한다. 우선 그것은 남편의 경제적 형편에 걸맞은 것이어야 하고, 관습에 따라 비슷한 지위에 있는 사람이 사는 주거지와 비슷한 것이어야 한다. 또한 그것은 코란에 규정되어 있듯이 제3자나 친척이 공유하지 않는 프라이버시가 보장된 부부만의 공간이어야 한다.[187] 하나피, 한발리, 자으파리 법학파에 따르면 아내에게 제공되는 거주지는 부부의 지위에 걸맞은 것이어야 하고 아내의 동의 없이 남편의 가족이나 자식들을 함께 거주시켜서는 안 된다. 그러나 말리키 법학파는 아내의 출신 계층을 고려하여 만약 아내가 낮은 계층 출신일 경우 남편의 친척들과 함께 거주하는 것을 거부해서는 안 되고, 높은 계층 출신일 경우 혼인계약에 별다른 조건이 없는 한 남편의 친척들과 거주지를 공유하는 것을 거부할 수 있다는 입장이다. 한편, 샤피이 법학파는 거주지에 관한 한 남편이 가난하더라도 남편의 지위가 아닌 여성의 지위에 맞춰야 한다는 입장이다.[188]

(3) 미성년자의 부양

대부분의 수니와 시아파 법학자들은 남편과 성관계를 가질 만큼 충분히 성장하지 않았으면 아내는 부양받을 자격이 없다고 본다. 따라서 미성년 여성은 아버지나 후견인에 의해 부양받도록 되어 있다. 예언자는 아이샤가 성년에 이르기 전에 혼인계약을 맺었고 아이샤가 성년에 이를 때까지 부양하지 않았다. 그러나 하나피 법학자인 아부 유수프('Abu Yusuf)는 아내가 미성년자라 하더라도 남편과 동무할 목적으로 함께 살고 있다면 부양받을 자격이 있다고 주장하였다. 자히리 법학파는 더 나아가 아내가 요람에 있다고 하더라도 혼인계약을 맺은 한 아내는 부양받을 자격이 있다는 입장이다.[189] 단, 미성년 아내가 남편의 집에 와서 거주하지 않을 경우 남편은 아내를 부양할 필요가 없다. 그러나 대부분의 하나피, 말리키, 샤피이 법학자들은 미성년 아내의 부양은 후견인의 책임이지 남편의 책임이 아니라는 입장을 견지하고 있다.

---

187 Jamal J. Ahmad Nasir, 위의 책, p.105.
188 Laleh Bakhtiar, 위의 책, p.486.
189 Jamal J. Ahmad Nasir, 위의 책, pp.107~108.

(4) 이혼녀와 미망인의 부양

코란 2장 241절은 이혼녀에 대한 부양의 원칙을 담고 있다. 대부분의 법학자들은 취소할 수 있는 이혼의 경우 재혼금지기간 동안 아내가 부양받을 권리가 있다는 입장이다. 미망인의 부양과 관련하여 코란 65장 6절[190]은 임신 중에 이혼당한 여성의 경우 취소할 수 있는 이혼이든 최소할 수 없는 이혼이든 출산 때까지 거주지와 부양비를 제공하도록 명령하고 있다. 그러나 샤피이와 말리키 법학파는 미망인에게 거주지 정도만 제공할 수 있다는 입장이다. 그리고 하나피 법학파는 재혼금지기간 동안 남편이 사망하면 이혼에 따른 잇다는 사망의 잇다로 바뀌어 부양이 중지된다는 입장이다.

그러나 취소할 수 없는 이혼 후 재혼금지기간 동안의 부양에 대해 법학파들은 견해를 달리한다. 하나피 법학파는 임신여부에 관계없이 남편이 잇다 기간을 보내도록 제공한 집에서 아내가 머문다면 트리플 딸라끄를 했더라도 거주지는 물론 부양의 권리가 있다는 입장이다. 말리키, 샤피이 법학파는 이혼녀가 임신하지 않았을 경우 거주지는 제공받으나 부양의 권리가 없다고 본다. 그러나 만약 임신을 하였다면 거주지는 물론 부양받을 자격도 있다고 본다. 그러나 한발리 법학파는 취소할 수 없는 이혼을 당한 여성은 재혼금지기간 동안 거주지와 부양비 모두를 제공받지 못한다는 입장이다.[191]

(5) 부양의 제한

아내의 부양은 다음과 같은 조건하에서 의무행위가 아닌 것으로 간주된다. 첫째, 아내가 남편의 허락이나 특별한 이유 없이 부부의 집을 나가

---

190 "너희들이 살고 있는 곳에 그들(이혼당하는 아내)도 거주하게 하라 그들에게 해를 입혀 괴롭히지 마라 만약 그들이 임신을 하였을 경우 출산 때까지 부양하라…"(코란 65장 6절).

191 Susan A. Spectorsky, 위의 책, pp.112-113.

다른 곳으로 거처를 옮긴 경우이다. 둘째, 남편의 허락 없이 아내가 여행을 간 경우도 해당된다. 셋째, 남편의 허락 없이 아내가 순례를 위해 순례 복장 이흐람을 입었을 경우이다. 그러나 남편이 아내와 함께한 경우 혹은 남편이 허락한 경우는 예외이다. 넷째, 남편과의 성관계를 거부할 경우이다. 다섯째, 아내가 범죄를 저질러 수감되었을 경우이다. 여섯째, 남편이 사망하여 미망인이 된 경우에는 미망인에게 상속의 권리가 생겨난다. 따라서 일반적으로 미망인은 재혼금지기간 동안 부양의 자격을 상실하게 된다.

• 아내의 불복종 누슈즈

아내가 남편에게 불복종 할 경우 아내는 부양받을 자격이 없다는 것이 모든 법학파들의 일치된 견해이다. 그러나 불복종의 기준에 대해서는 법학파들 간에 이견이 있다. 하나피 법학파의 입장에서 불복종의 기준은 아내가 부부의 집에 머무는 여부에 달려 있다. 하나피 법학파의 이러한 입장은 성관계의 거부를 불복종의 기준으로 보는 다른 법학파들의 입장과 다르다. 샤피이와 한발리는 더 나아가 아내가 남편의 허락을 받아 남편의 필요를 충족시키기 위해 외출한 경우에는 부양의 권리를 유지하지만, 남편의 허락을 받았더라도 남편의 필요를 충족시키기 위한 것이 아니라면 부양은 중지된다는 입장이다. 한편, 시아파는 남편이나 판사의 허락 없이 돈을 빌리는 것도 불복종의 범주에 포함시켰다.

혼납금이 지불되기 전에 남편의 접근을 거부하는 것은 법적으로 유효하여 불복종으로 간주되지 않지만, 혼납금이 지불된 이후에 남편의 접근을 거부하는 것은 불복종으로 간주된다. 불복종하는 가운데 아내가 이혼을 당하면 아내는 부양받을 자격을 상실한다. 취소할 수 있는 이혼의 잇다 기간 동안에 불복종할 경우에도 부양은 중지된다. 그러나 다시 남편에게 복종할 경우 남편이 그 사실을 알게 된 날로부터 부양은 재개된다.

하나피 법학파는 아내가 혼인계약을 맺은 후 일정기간 동안 친정에 머물러 있다가 그 기간에 대한 부양을 요구할 경우에도 그것을 인정한다. 그러나 말리키와 샤피이 법학파는 혼인계약 후 부부가 성관계를 가진 후에나 아내에게 부양의 권리가 생긴다는 입장이다. 한발리 법학파는 수년 동안이라도 아내가 남편과 성관계를 가지지 않았다면 부양받을 자격이 없다고 본다. 자으파리 법학파 역시 신방을 차린 시점을 기준으로 부양의 자격을 부여하고 있다.

일반적으로 모든 법학파는 아내가 남편과의 성관계를 허락하고 남편을 따를 준비가 되어 있으면, 그리고 신방이 치러졌으면 아내가 부양받을 자격이 있다는 입장이다. 그러나 하나피 법학파는 예외적으로 선불 혼납금이 지불되기 전까지 아내는 남편에게 불복종하더라도 부양이 중지되지 않는다는 입장이다.

반면, 아내의 불복종이 합법적인 것으로 간주되어 아내가 부양의 권리를 잃지 않는 경우가 있다. 첫째, 아내가 남편에게 구타당하거나 나쁜 대우를 받을 때 아내는 남편에게 불복종하더라도 부양의 권리는 상실되지 않는다. 둘째, 아내의 동의 없이 남편이 다른 아내를 부부의 집으로 데리고 들어올 때, 혹은 아내의 동의 없이 친척들을 부부의 집으로 데리고 들어올 때이다. 그러나 남편의 미성년 자식이나 독립적 거처를 마련해 줄 수 없는 가난한 부모의 경우는 예외이다. 다만 그들은 부부의 생활을 간섭해서는 안 된다. 셋째, 남편이 이슬람법에 위배되는 행동을 하도록 아내에게 명령했을 경우이다. 넷째, 아내가 선불 혼납금을 받지 못했거나 혹은 적절한 거처가 마련되어 있지 않을 경우 불복종이 발생해도 아내는 부양의 권리를 잃지 않는다. 다섯째, 아내가 심각한 육체적, 재정적인 피해를 우려하여 집을 떠났을 경우이다. 여섯째, 돌봐줄 사람이 없는 병든 친정아버지를 방문하거나 친정아버지와 함께 시간을 보내는 것을 금지하는 남편의 말에 불복종할 경우도 아내는 부양의 권리를 잃지 않는

다.[192]

• 남편의 부재

부양과 관련하여 말리키, 샤피이, 한발리 법학파는 부재중인 남편도 현재 함께 살고 있는 남편과 비슷하게 간주한다. 따라서 부재중인 남편에게 재산이 있는 경우 판사는 그의 재산에서 아내의 부양비를 지불하도록 명령할 수 있다. 만약 남편에게 재산이 없는 경우 판사는 아내로 하여금 남편의 명의로 돈을 차용하도록 명령한다. 하나피 법학파에 따르면 남편이 부재중일 경우 판사는 아내로 하여금 남편의 명의로 돈을 차용하도록 명령한다. 아무도 남편의 명의로 돈을 빌려주지 않을 경우 판사는 남편이 없을 시 아내의 부양을 책임져야 하는 사람에게 돈을 빌려주도록 명령한다. 그 사람도 돈을 빌려주길 거부하면 판사는 그 사람을 투옥할 수 있다. 한편, 자으파리 법학파는 아내가 남편에게 복종하는 가운데 남편이 사라지면 아내의 복종은 그대로 유지된다는 가정하에 부양은 여전히 남편의 책임이라는 입장이다.

• 남편의 여행

만약 남편이 여행을 떠나야 한다면, 혼인계약에 남편이 여행을 떠나지 않는다는 조건이 없고 안전이 보장되는 한 아내는 법적으로 남편을 동반하는 것이 의무이다. 판사가 여행을 함께하지 못하는 합법적인 이유가 있다고 판결하면 예외이다. 아내는 이 원칙을 지키지 않을 경우 부양의 권리를 상실한다. 반대로 아내가 마흐람과 함께 하더라도 남편 없이 여행을 떠나게 되면 아내의 부양은 부재기간 동안 중지된다.[193]

192 앞의 책, pp.110-111.
193 앞의 책, p.112.

남편이 긴 여행을 떠날 경우 하나피, 말리키, 한발리 법학파에 따르면 아내는 남편의 부재기간 중에 예상되는 부양비를 요구하거나 혹은 다른 사람이 부양을 대신하도록 남편에게 요구할 수 있다.[194] 만약 남편이 이를 거부할 경우 아내는 남편에게 여행을 떠나지 말도록 요구할 수 있다. 말리키 법학파는 더 나아가 만약 남편이 일상적 여행을 떠날 경우 아내가 부양비의 선지급을 요구할 자격이 있다고 본다. 샤피이와 자으파리 법학파는 아내의 미래 부양에 대해 남편이 보증할 필요가 없다는 입장이다. 아내가 미래의 시점에 불복종하거나 혹은 이혼이나 사망과 같은 사건이 일어날 수 있기 때문이다.

• 일하는 아내

대부분의 수니와 시아 법학자들은 아내가 남편의 허락 없이 일하러 나갈 경우 아내는 부양의 권리를 잃는다고 본다.[195] 하나피 법학파에 따르면 아내가 밖에서 일을 하기 위해 가정에 머물지 않을 경우, 그리고 가정에 머물라는 남편의 요구에 응하지 않을 경우 아내는 부양받을 자격이 없다. 이러한 견해는 남편의 허가 없이 외출할 수 없다는 다른 법학파의 입장과도 맥을 같이한다. 샤피이와 한발리 법학파는 더 나아가 남편의 허락을 받았다 하더라도 아내 자신의 필요를 위해 외출할 경우 부양이 중지된다고 본다. 혼인계약 당시 아내가 일하는 것을 알고도 아무런 조건을 제시하지 않았다면 남편은 아내에게 직장을 그만두도록 요구할 권리가 없다. 그러나 남편이 그만둘 것을 요구하였는데 아내가 이를 수용하지 않았을 경우 부양은 중지된다.[196]

---

194 ʿAbd ar-Rahman I. Doi, 위의 책, p.318.

195 Jamal J. Ahmad Nasir, 위의 책, p.109.

196 Laleh Bakhtiar, 위의 책, pp.486-487.

• 아내의 배교

이슬람법 하에서 배교는 무효 혼인의 충족 조건이다. 만약 아내가 배교할 경우 아내는 자동적으로 부양의 권리를 잃게 된다. 하나피 법학파와 시아 법학파는 이 문제에 대해 특별한 관심을 보이고 있다. 하나피 법학파는 아내가 취소할 수 없는 이혼 후의 재혼금지기간 동안 부양의 권리를 잃는 유일한 경우는 아내의 투옥이나 배교뿐이라는 입장이다. 취소할 수 있는 이혼을 당한 아내가 개종을 하면 아내는 부양의 권리를 잃을 뿐만 아니라 후에 다시 이슬람으로 되돌아온다 하더라도 부양의 권리를 회복할 수 없게 된다. 그러나 시아파는 배교를 하더라도 취소할 수 있는 이혼 후 재혼금지기간 동안 아내에게 부양의 권리를 허용한다. 그러나 취소할 수 없는 이혼을 당한 배교한 아내에게는 부양의 권리를 허용하지 않는다. 만약 아내가 다시 이슬람으로 개종할 경우 부양의 권리 역시 회복된다.[197]

(6) 궁핍한 남편의 부양

남편은 가족을 부양해야 할 책임이 있다. 그러나 남편이 가족을 부양할 정도의 충분한 소득이 없는 경우 아내가 원하면 아내도 생계를 위해 일을 할 수 있다. 그러나 여기에는 다음과 같은 조건이 있다. 첫째, 남편은 필요하다고 생각하면 아내의 일을 중지시킬 권리가 있다. 둘째, 아내의 일이 아내에게 피해를 가져오거나 아내가 그 일로 인해 유혹이나 수치에 노출될 수 있다고 생각되면 남편은 언제든 아내의 일을 그만두도록 할 권리가 있다. 셋째, 아내가 원할 경우 언제든 아내는 일을 그만둘 권리가 있다. 넷째, 아내가 가족의 생계를 위해 일을 한다면 그 목적은 가족 부양을 위한 것이다. 따라서 가족 부양을 위한 것 이외의 나머지는 아내의 몫이 된다.[198] 여

197 Jamal J. Ahmad Nasir, 위의 책, p.112.
198 ʿAbd ar-Rahman I. Doi, 위의 책, p.318.

기서 중요한 것은 절박한 필요, 즉 '다루라'(darurah)이다. 아내도 절박한 필요에 의해 남편을 돕기 위해 일을 할 수 있다는 의미이다.

말리키와 샤피이 법학파는 남편이 아내를 부양할 능력이 없거나 거부할 경우, 혹은 게을리할 경우에 혼인 해지의 사유가 될 수 있다고 본다. 그러나 하나피 법학파는 이것이 혼인해지의 사유가 될 수 없다고 보고 있다.[199]

(7) 그 밖의 부양

딸은 혼인할 때까지 아들은 성년에 이를 때까지 아버지가 부양의 책임을 진다. 부모와 조부모는 아내와 아이들 다음으로 부양받을 우선권이 있다. 궁핍한 부모는 아들이든 딸이든 성인이 된 자식에 의해 부양받을 권리가 있다. 양어머니도 남편의 아들에 의해 부양받을 권리가 있으며, 아들의 아내도 궁핍한 경우 아들의 아버지로부터 부양받을 권리가 있다. 부계 혹은 모계 친족들도 궁핍하거나 정신적, 신체적으로 장애가 있는 경우 다른 친족으로부터 부양받을 권리가 있다.[200]

혈족으로 혼인이 금지된 관계에 있는 친척을 부양하는 것은 그 친척이 사망하였을 때 상속받는 몫이 있다는 것에 근거한다. 하나피 법학파에 따르면 혼인이 금지된 범주에 있는 모든 친척은 궁핍하거나 병약하거나 앞을 보지 못할 경우 부양받을 권리가 있다. 그리고 궁핍한 여성의 경우는 아이이든 성인이든 부양받을 권리가 있다.[201]

---

199 Mohammad Ali Syed, 위의 책, p.91.
200 Wael B. Hallaq, 위의 책, p.289.
201 'Abd ar-Rahman I. Doi, 위의 책, p.317.

4) 수유와 양육

(1) 수 유

아버지는 아이의 양육받을 권리를 존중할 의무가 있고 어머니는 아이의 유아기가 끝날 때까지 수유하고 양육할 의무가 있다. 아이의 수유는 부모 모두에게 의무행위로 코란은 이와 관련하여 상세하게 명령하고 있다.[202] 이슬람법은 부모의 능력에 따라 아이의 이익을 위해 최선을 다해야 한다고 규정하고 있다. 부모는 상호 동의에 따라 아이의 부양에 관한 일을 결정해야 한다. 코란 구절에 규정된 수유와 관련된 사항은 다음과 같이 요약할 수 있다. 첫째, 수유 기간은 2년이다. 둘째, 아이를 위해 유모를 구하는 것은 남편의 책임이다. 셋째, 아이에게 수유하는 아내는 남편에게 부당하게 대우받아서는 안 된다. 넷째, 아이의 젖떼기는 남편과 아내 간의 상호 협의에 따른다. 다섯째, 아이의 아버지가 사망할 경우 상속인은 미망인의 부양과 아이의 수유를 책임진다. 여섯째, 아이의 어머니가 모유로 수유할 수 없을 경우 부부가 유모를 고용한다 해도 아무런 잘못이 없다. 이 경우도 아이의 어머니는 여전히 부양의 권리가 있다.

앞에서 언급하였듯이 코란에 언급된 아이의 수유기간은 2년이다. 그러나 특별한 경우 수유기간은 연장될 수 있다. 아이의 임신과 양육기간을 30개월로 규정하는 코란 구절[203]이 있다. 여기서 30개월이란 아이가 자궁

---

202 "어머니들은 아버지가 젖을 먹이길 원할 때 2년동안 아이들에게 젖을 먹여야 하나니 아이로 인해 아버지는 아이 어머니에게 먹을 것과 입을 것을 합당하게 제공해야 하느니라 누구도 자기 형편을 넘어서는 부담을 가져서는 아니 되며 아이의 어머니가 자식으로 인해 해를 입어서도 아이의 아버지가 자식으로 인해 해를 입어서도 아니 되노라 상속인도 이와 똑같이 행하여야 하나니 만약 부모의 동의에 의해 그리고 서로 상의한 이후에 젖을 떼려 한다면 그들에게 죄가 되지 않노라 만약 아이들에게 유모로 하여금 젖을 먹이게 하길 원한다면 합당하게 사례를 지불할 경우 죄가 되지 않느니라…"(코란 2장 233절) "…만약 그들이 너희를 위해 아이에게 젖을 먹였을 경우 그들에게 보상하라 공정하게 서로 상의하라 만약 어려울 경우 다른 여성으로 하여금 아이에게 젖을 먹이도록 하라"(코란 65장 6절).

203 "어머니는 힘들게 임신하고 힘들게 출산하며 임신한 기간과 양육하는 기간이 삼십 개월이라…" (코란 46장 15절). 코란 46장 15절과 관련하여 유수프 알리는 "신생아의 생명이 생긴 것으로 알려진

에서 보내는 임신기간과 출산 후 수유기간이 합쳐서 30개월이라는 의미이다. 최소 임신기간으로 간주되는 6개월이 임신기간일 경우 수유기간은 완전한 2년이 된다. 그러나 임신기간이 9개월일 경우 수유기간은 3개월이 부족한 2년이 된다.[204]

• 어머니의 의무

코란 2장 233절의 명령에 따라 어머니에게 수유의 의무가 있다는 것은 모든 법학자들이 동의하는 바이다. 어머니가 아이의 아버지와 혼인한 상태이든, 혹은 이혼 후 재혼금지기간을 종료한 상태이든 수유는 아이 어머니의 종교적 의무행위로 간주된다. 그러나 어머니가 아이에게 직접 수유하는 것이 의무인가에 대해서는 법학자들 간에 이견이 있다. 하나피 법학파는 아이가 다른 사람의 젖 먹기를 거부할 경우, 적절한 유모를 찾지 못할 경우, 아버지나 아이 모두에게 유모의 임금을 지불할 재산이 없는 경우 아버지가 어머니로 하여금 아이에게 젖을 먹이도록 해야 한다는 입장이다.[205]

말리키 법학파는 만약 어머니가 아이의 아버지와 혼인한 상태이거나 혹은 취소할 수 있는 이혼을 한 상태인 경우, 수유가 그 어머니가 속한 계층에서 관례가 아닌 경우를 제외하고는, 어머니가 대가 없이 아이에게 수유하는 것이 종교적, 법적 의무행위라고 간주한다. 그러나 아이가 다른 사람의 젖 먹기를 거부할 경우, 아이에게 수유하는 것이 그 어머니가 속한 계층에서 관례가 아닐 경우, 취소할 수 없는 이혼을 당했을 경우, 어머니는 수유의 대가를 받을 자격이 있다. 한편, 한발리 법학파는 아이의 수유

이후 인간의 최소 임신기간은 6개월이다"라고 해석하였다.

204 'Abd ar-Rahman I. Doi, 위의 책, p.325.

205 Jamal J. Ahmad Nasir, 위의 책, p.183.

가 아버지의 의무라는 입장이다.[206]

• 아버지의 의무

만약 어머니에게 수유의 의무가 없거나, 아이가 젖 먹기를 거부하거나, 어머니의 사망 이후 아무도 수유하길 원하지 않을 경우, 아버지는 아이의 수유를 위해 유모를 고용해야 한다. 아버지와 유모가 맺은 계약에 수유하는 장소가 정확하게 명시되어 있지 않다면 유모는 수유를 위해 아이의 보호자의 집에 반드시 머물 필요는 없다. 만약 아이의 어머니가 살아 있다면 아이의 보호자는 그 어머니가 된다. 유모가 아이를 데려가 수유를 한 후 보호자의 집으로 돌려보낸다는 등의 합의가 없는 경우, 보통 아이는 어머니의 집에서 수유를 받는다. 만약 아이의 어머니가 사망했을 경우, 다른 여자 보호자의 집에서 아이는 수유를 받게 된다. 이는 수유와 양육의 권리가 다르기 때문이다. 아이의 어머니는 수유를 거부한다고 하더라고 양육의 권리를 빼앗기는 것은 아니다. 이러한 수니 법학파의 견해가 일반적으로 용인되지만 시아파의 자으파리 법학파는 어머니가 아무런 이유 없이 수유를 거부하면 양육의 권리도 상실한다는 입장이다. 이 경우 아이의 아버지는 유모를 고용해야 하며 유모는 아이의 어머니의 집에서 수유해서는 안 된다.[207]

• 수유의 대가

아이의 어머니는 양육권을 유지한 채 수유의 권리를 포기할 수 있다. 하나피와 자으파리 법학파는 만약 어떤 여성이 무료로 그리고 자발적으로 아이의 수유를 원하는 반면, 아이의 어머니가 보상 없는 수유를 거부할

---

206 앞의 책, pp. 183-184.
207 앞의 책, p. 184.

경우 자원하는 여성이 어머니보다 우선권을 가진다는 입장이다. 이 경우 아이의 어머니는 수유의 권리를 잃게 되나 아이의 양육권은 그대로 유지한다. 아이는 어머니의 보살핌을 받는 가운데 수유하는 여성이 와서 젖을 먹이거나 아이가 수유하는 여성의 집으로 옮겨져 젖을 먹을 수도 있다.[208]

자으파리 법학파만이 어머니가 아이의 아버지와 혼인한 상태이든 이혼한 상태이든 수유에 대한 대가를 받을 권리가 있다고 규정하고 있다. 수니 법학파는 어머니가 아이의 아버지와 혼인한 상태에 있거나 혹은 취소할 수 있는 이혼 후 재혼금지기간 동안에는 아이의 수유에 대한 대가를 허용하지 않고 있다. 그러나 이혼녀에 대한 코란의 명령 65장 6절에 근거하여 재혼금지기간이 종료된 이후에는 어머니가 아이의 수유에 대한 대가를 받을 권리가 있다는 입장이다.[209]

이렇듯 아버지가 아이의 수유 비용에 대한 책임이 있는 반면, 수유 그 자체는 어머니의 의무이자 권리이다. 무료로 혹은 어머니보다 낮은 대가로 수유하겠다는 사람이 없는 경우 아이의 어머니는 수유의 우선권을 가진다. 코란 2장 233절에 나와 있는 이러한 원칙은 어디서나 적용된다. 앞서 언급하였듯이 시아 법학파는 어머니가 아닌 다른 사람이 아이에게 수유할 경우 어머니에게 양육권을 인정하지 않고 있다. 그러나 이 경우에도 어머니에게는 아이에게 접근할 수 있는 권리가 보장된다.[210]

2년간 젖을 먹인다는 코란 2장 233절에 근거하여 수니와 시아 법학파 모두 수유에 대한 대가는 최대 2년간 지불될 수 있다고 본다. 시아 법학파에 따르면 이러한 수유 비용은 지불 혹은 면제를 통해 결정되는 아이 아버지의 채무가 된다. 따라서 아이 아버지의 사망 시 수유 비용은 유산에서

---

208 Laleh Bakhtiar, 위의 책, pp.746~747.
209 Jamal J. Ahmad Nasir, 위의 책, p.185.
210 앞의 책, p.185.

지불되어야 한다.[211]

(2) 양육(Hadanah)

아이의 어머니는 미성년 자녀에 대한 무조건적인 양육권을 가진다. 사실 코란에는 양육권에 대한 직접적인 언급이 없다. 부모와 관련된 코란의 다섯 구절[212]에는 양육에 대한 구체적 정보가 없다. 그러나 유아초기 어머니의 역할을 중요하게 다루는 이러한 코란 구절은 이슬람법에 영향을 미쳤으며 법학자들은 양육에 관한 상세한 규정을 만들어냈다. 일반적으로 이슬람 법학자들은 아이의 유년기 이후에 어머니의 양육권을 인정하지 않고 있다.

• 양육기간

하나피 법학파에 따르면 어머니는 아들의 경우 혼자 먹고 혼자 옷을 입고 혼자 국부 세척 즉 '이스탄자'(istinja')를 할 수 있는 나이에 이를 때까지 양육권을 가진다. 즉 하나피 법학자들은 일반적으로 남자아이의 경우 누구의 도움 없이 필요한 일상생활을 할 수 있는 나이인 일곱 살이 되면 어머니의 양육권이 소멸된다는 입장이다. 여자아이의 경우에 어머니는 아이의 첫 월경 때까지 즉 일반적으로 9세나 사춘기까지 양육권을 가진다는 입장이다. 말리키 법학파는 남자아이의 양육기간은 출생 시부터 사춘기까지 그리고 여자아이의 양육기간은 혼인 시까지로 본다. 샤피이 법학파는 양육을 위해 특별히 정해진 기간이 없다는 입장이다. 아이는 부모 사이에서 선택할 수 있는 나이가 될 때까지 어머니와 같이 있게 된다. 남자아이의 경우 어머니와 함께 살 것을 선택하면 그는 밤에는 어머니와 낮에는

---

211 앞의 책, p.186.
212 2장 333절, 31장 14절, 46장 15절, 17장 23~24절.

아버지와 함께 지내야 한다. 여자아이의 경우 어머니와 함께 살 것을 선택하면 밤낮을 어머니와 함께 지내야 한다. 만약 아이가 부모 모두를 선택하면 부모는 제비뽑기를 통해 양육권을 결정한다. 아이가 침묵할 경우 아이의 양육권은 어머니에게로 돌아간다.[213] 한발리 법학파에 따르면 아이의 성별에 관계없이 어머니의 양육기간은 7년이다. 그 후 아이는 부모 사이에서 선택을 하게 된다. 한편, 자으파리 법학파에 따르면 남자아이의 경우 2세까지 즉 젖을 먹는 시기동안, 여자아이의 경우 7세까지만 어머니가 양육권을 가진다.[214] 이후의 양육권은 여자아이가 9세가 될 때까지 남자아이는 15세가 될 때까지 아버지에게 부여된다. 아이가 분별할 수 있는 나이가 되면 부모 사이에서 선택을 한다. 자으파리 법학파의 입장은 어머니의 편에서는 매우 불리한 것으로 간주된다.

• 양육비용

샤피이와 한발리 법학파는 여성 양육자의 경우 아이의 어머니이든 혹은 다른 사람이든 관계없이 양육비를 청구할 권리가 있다고 본다. 샤피이 법학파는 양육비용이 아이의 재산에서 지불된다는 입장이다. 아이에게 재산이 없을 경우 아이의 아버지, 혹은 아이의 양육을 책임지고 있는 사람이 양육비용을 지불해야 한다. 말리키와 자으파리 법학파는 여성 양육자가 양육비용을 받을 권리가 없다는 입장이다. 하나피 법학파는 만약 여성 양육자와 아이의 아버지가 혼인관계에 있지 않거나, 여성 양육자가 아이의 아버지와 취소할 수 있는 이혼 혹은 취소할 수 없는 이혼 후 잇다 기간이 종료되었다면, 즉 아이의 어머니가 아이의 아버지로부터 부양받을 권리가 없을 경우, 아이의 아버지가 양육비용을 책임져야 한다는 입장이다. 만약

---

213 Laleh Bakhtiar, 위의 책, p.472.
214 Mohammad Ali Syed, 위의 책, pp.78-79.

아이에게 재산이 있다면 그 재산에서 지불되나 그렇지 않은 경우 아이의 부양을 책임진 사람이 양육비용을 지불해야 한다.[215]

• 양육자의 순위

이슬람법은 아이의 양육에서 어머니의 역할을 중시하고 있다. 수니와 시아 법학파 모두 어떤 이유로든 어머니가 그 권리를 상실하지 않는 한, 아이의 아버지와 함께 살고 있든 혹은 이혼을 했든, 남자아이이든 여자아이이든 어머니가 아이의 양육에 대한 우선권을 가진다는 입장이다. 그러나 만약 어머니가 양육을 책임질 수 없는 사유가 있다면 양육을 대행할 사람이 없는 경우를 제외하고는 어머니에게 아이의 양육을 강제할 수 없다.[216] 아이의 어머니가 사망하였거나 다른 남자와 혼인한 경우, 혹은 양육권을 박탈당했을 경우 양육권의 순위에 대해서는 법학자들 간에 이견이 있다.

하나피 법학파에 따르면 만약 어머니가 양육을 맡을 수 없을 경우 그것은 모계 여성 직계존속, 부계 여성 직계존속, 아이의 친누이, 이부동모 누이, 동계혈족 누이 순으로 돌아간다. 이러한 사람들이 모두 부재한 경우 양육권은 이모, 이부동모의 이모, 동계혈족 이모, 마지막으로 고모, 이부동모의 고모, 동계혈족 고모 순으로 돌아간다. 아이의 양육권은 어머니에게 우선권이 있으므로 모계 친척이 부계 친척보다 우선한다는 것이 일반적 원칙이다. 만약 모계와 부계 양측에 여성들이 없는 경우 아이의 양육권은 아버지로부터 시작하여 남성 직계존속, 아이의 친형제, 이부동모의 형제, 사촌, 이부동모의 사촌, 친형제의 후손, 이부동모 형제의 후손으로 내려간다. 이 모든 사람이 없는 경우 아이의 부계 삼촌, 삼촌의 아들에게로 돌아간다. 단 부계 쪽 남성에게는 혼인이 금지되지 않은 여자 미성년자에

---

215 Laleh Bakhtiar, 위의 책, pp.472-473.

216 Jamal J. Ahmad Nasir, 위의 책, pp.186-187.

대한 양육권이 없다.[217]

말리키 법학파에 따르면 아이의 어머니가 없을 경우 양육권은 모계 여성 직계존속, 아이 어머니의 자매(이모)나 이부동모 누이, 아이 어머니의 이모, 아이 어머니의 고모에게로 돌아간다. 이들도 없을 경우 부계 여성 직계존속에게로 돌아간다. 모든 경우 가까운 친척이 보다 먼 친척을 배제할 수 있고 어머니 쪽 친척이 아버지 쪽 친척보다 우선권을 가진다. 위에 언급된 사람들 가운데 아무도 없을 경우 아이의 아버지, 아이의 친누이, 아이의 이부동모 누이, 동계혈족 누이에게로 돌아간다. 그 후 아버지의 부계 고모, 아버지의 모계 고모, 친형제에게서 태어난 아이의 조카딸, 누이에게서 태어난 아이의 조카 순서이다. 그 다음으로 남성 혹은 여성 후견인에게, 후견인도 없을 경우 모계 할아버지, 아이의 형제, 아이의 조카, 아이의 부계 삼촌, 삼촌의 아들 등에게로 넘어간다.[218]

샤피이 법학파는 남녀가 섞여 있는 경우, 여성들만 있는 경우, 남성들만 있는 경우로 나누어 각 경우의 양육권 순위를 설명하였다. 남녀가 섞여 있을 경우 어머니는 아버지보다 우선권을 가진다. 그 다음으로 모계 여성 직계존속, 부계 여성 직계존속의 순이다. 이들도 없는 경우 가까운 여자 친척, 그리고 남자 친척 순이다. 두 번째 여성만 있는 경우 어머니 다음으로 아이의 모계 할머니, 부계 할머니, 아이의 누이, 아이의 이모, 누이의 딸, 형제의 딸, 그리고 아이의 고모, 이모의 딸, 고모의 딸, 부계 삼촌의 딸, 모계 삼촌의 딸 순이다. 세 번째 그룹으로 남성 친척만 있는 경우 아버지 다음으로 할아버지, 아이의 친형제, 아이의 이부동모 형제, 친삼촌, 이부동모 삼촌의 순이다. 혼인이 금지된 영역의 남자는 여자 미성년자의 양육자가 될 수 없다.[219]

217 앞의 책, pp.187-188.
218 앞의 책, pp.188-189.
219 앞의 책, p.190.

한발리 법학파에서도 아이의 어머니가 우선권을 가지며 그 다음으로 모계 여성 직계존속이 양육권을 가진다. 여자 친척이 없을 경우 우선권은 아버지와 부계 여성 직계존속, 아이의 부계 할아버지와 할아버지의 어머니 순이다. 그 다음으로 아이의 누이, 이모, 고모, 아버지의 이모, 고모 순이다.[220]

자으파리 법학파는 아이의 어머니와 아이의 아버지 순으로 양육권을 부여한다. 아버지가 양육권을 가져간 후 사망하거나 정신이상이 될 경우 양육권은 다시 어머니에게 돌아간다. 비록 다른 남자와 혼인한 이후라도 어머니는 부계 할아버지를 포함한 다른 친척보다 양육하기에 적합하기 때문이다. 만약 부모가 살아 있지 않을 경우 아이의 양육권은 부계 할아버지에게로 돌아간다. 만약 할아버지가 없을 경우 아이의 양육권은 상속의 순서에 따른 친척에게로 돌아간다. 같은 급의 친척이 한 명 이상일 경우 제비뽑기로 정해진다. 이는 한발리 법학파의 견해이기도 하다.[221]

이렇듯 양육권은 아이의 어머니가 부재할 경우 모계 할머니, 모계 이모 등 모계를 우선으로 넘어간다. 어머니 쪽 모계 친척이 없을 경우 양육권은 아버지 쪽 누이, 아버지 쪽 고모 등에게로 넘어간다. 앞서 언급된 양육자의 순위는 아이의 주변에 친척이 그 정도로 없는 경우가 드물기 때문에 이론적인 것에 불과할 수도 있다.

• 양육자의 자격과 양육권의 상실

법학자들은 양육자가 정신이 올바르고, 정숙하고, 신뢰할 수 있고, 간음한 자가 아니고, 춤을 추거나 음주를 하지 않고, 아이 돌보기에 관심을 가질 것을 요구한다. 이러한 조건은 남녀 양육자 모두에게 적용된다. 양육자

---

220 앞의 책, p.190.
221 Laleh Bakhtiar, 위의 책, pp.470~471.

가 반드시 무슬림이어야 하는가에 대해서는 법학자들 간에 이견이 있다. 샤피이와 자으파리 법학파는 비무슬림이 무슬림을 양육할 수 없다고 본다. 그 밖의 다른 법학파의 경우는 종교를 양육의 조건으로 보지 않는다. 다만, 하나피 법학파는 남자이든 여자이든 양육자의 배교는 양육의 권리를 종료시킨다고 본다. 한편, 자으파리 법학파는 여성 양육자가 어떠한 고질병도 없어야 한다는 입장이다. 한발리 법학파 역시 여성 양육자가 문둥병이나 백반에 걸렸으면 양육 자격이 없다는 입장이다.

하나피, 한발리, 샤피이, 말리키 법학파에 따르면 만약 아이의 어머니가 아이의 아버지와 이혼을 하고 아이와 관련이 없는 사람, 즉 이방인과 혼인할 경우 양육권을 잃게 된다. 그러나 새 남편이 아이와 친척일 경우 양육권은 어머니가 그대로 유지한다. 그러나 자으파리 법학파는 아이의 어머니가 혼인하면 새 남편과 아이 사이의 친족관계 여부와 관계없이 양육권을 잃는다는 입장이다. 한편, 하나피, 샤피이, 한발리, 자으파리 법학파는 아이의 어머니가 새 남편과 이혼하면 양육권을 회복한다고 본다. 그러나 말리키 법학파는 이 경우에도 어머니의 양육권은 회복되지 않는다는 입장이다.[222]

• 양육권의 양도

샤피이, 한발리, 자으파리 법학파에 따르면 아이의 어머니는 양육권을 다른 사람에게 양도할 수 있으며 누구도 아이의 어머니에게 양육을 강요할 수 없다. 이슬람법은 양육을 수유와 같은 개념으로 이해하여 아이의 어머니가 양육권을 양도할 수 있도록 허용하고 있다. 아이의 어머니는 양육권을 양도함으로써 남편에게 이혼을 요구할 수 있다. 반면, 남편은 양육기간이 종료된 후에 아이를 되찾아올 수도 있다. 그러나 하나피 법학파는 양

---

[222] 앞의 책, p.471.

육을 아이의 고유 권리로 보고 어머니는 양육의 책임을 양도하거나 협상하거나 이혼을 위한 교환조건으로 이용할 수 없다는 입장이다.[223]

• 양육자의 이주

어머니가 아이를 양육 중인데 아버지가 아이를 데리고 다른 도시에 정착하려할 경우 하나피와 자으파리 법학파는 그것을 용인하지 않는다. 그러나 샤피이, 말리키, 한발리 법학파는 아버지가 아이를 데리고 다른 도시로 이주할 수 있다는 입장이다. 그러나 어머니가 아이와 함께 다른 곳으로 이주하길 원하면 하나피 법학파는 다음의 조건이 충족될 때만 어머니에게 그러한 권리를 허용한다. 첫째, 아이의 어머니가 자신의 고향으로 이주할 경우, 둘째, 혼인계약이 아이의 어머니가 이주하려는 곳에서 낭송되었을 경우가 그것이다. 이 두 가지 조건 가운데 하나가 충족되지 않으면 아이의 어머니는 해지기 전까지 돌아올 수 있는 가까운 장소를 제외하고는 먼 곳으로 아이를 데리고 떠날 수 없다. 샤피이, 말리키, 한발리 법학파는 아버지가 이주를 하든 어머니가 이주를 하든 아이에 대해서는 아버지가 더 큰 권한을 행사한다는 입장이다. 자으파리 법학파는 이혼한 어머니가 아이의 아버지의 동의 없이 먼 곳으로 양육 중인 아이와 여행을 떠날 수 없다는 입장이다. 아이의 아버지 역시 아이의 어머니의 고향이 아닌 다른 곳으로 어머니가 양육 중인 아이를 데리고 여행을 떠날 수 없다.[224]

5) 친 권

아이의 친권은 혼인, 승인, 증거를 통해 성립되며 상속, 후견, 부양과 같

---

223 앞의 책, pp.474-475.
224 앞의 책, p.473.

은 법적 권리와 의무를 생성시킨다. 아이의 친권은 다른 명백한 증거가 없는 한 아버지에게 속한다. 친권은 아버지의 권리일 뿐만 아니라 자식의 권리이기도 하다. 자식의 권리는 어머니의 자궁에 있을 때부터 시작된다. 어머니의 자궁에 있는 태아도 출생하기 270일 전에 아버지가 사망하지 않을 경우 아버지로부터 상속할 권리가 있다. 자식의 권리는 아버지에 의한 양육과 부양, 그리고 어머니에 의한 수유와 양육을 포함한다. 양육받을 나이가 지난 미성년자는 후견인 및 부계 친척의 보호를 받을 권리가 있다. 만약 자식에게 재산이 있는 경우 자식은 재산 관리를 위한 후견인이 필요하다.[225] 여아의 경우에 후견인은 적절한 청혼자를 선택하고 적절한 혼인 조건과 혼납금을 정하는 역할을 하게 된다.

(1) 친권 성립의 조건

법학자들은 코란 31장 14절에 명시된 2년간의 수유기간과 코란 46장 15절에 명시된 30개월의 임신과 양육기간을 근거로 최소 임신기간을 6개월이라고 보고 있다. 6개월은 30개월에서 젖을 떼는 시기인 24개월을 뺀 것이다. 수니 법학파는 거의 만장일치로 혼인 후 6개월 이내에 태어난 아이를 사생아로 간주한다. 이러한 원칙은 자으파리 법학파에서도 인정된다. 그러나 자으파리 법학파 및 일부 수니 법학자들은 유효한 혼인계약 하에서 성관계를 가진 날로부터 6개월 이내에 태어난 아이라도 아버지가 그 아이를 자기 자식으로 인정할 경우, 그리고 아버지가 거짓말쟁이가 아니라는 평판이 있을 경우, 그 아이의 친권을 인정한다.[226]

임신 최대기간에 대해서는 2년에서 5년에 이르기까지 법학자들 간에 이견이 있다. 그러나 대부분의 법학자들은 임신기간을 1년으로 보고 있

---

225 Jamal J. Ahmad Nasir, 위의 책, p.269.
226 앞의 책, p.170.

으며 자으파리 법학파만이 임신기간을 9개월로 규정하고 있다.[227] 하나피 법학파는 아이샤가 전한 하디스를 근거로 임신 최대기간을 2년으로 보고 있다. 아이샤는 2년 이상 임신을 한 채 자식을 낳지 못했다는 한 여성에 대한 하디스를 전하고 있다. 말리키, 샤피이, 한발리 법학파는 아즐란('Ajlan) 부족 출신의 한 여성이 4년간의 임신기간을 가졌다는 것을 근거로 임신 최대기간을 4년으로 본다. 압바드 븐 아왐('Abbad bn 'Awwam)은 최대 임신기간을 5년으로 간주한다. 자으파리 법학파는 법학자들 간에 약간의 이견이 있으나 대부분의 경우 임신 최대기간이 1년을 넘지 않는다고 본다. 따라서 여자가 이혼을 하거나 남편과 사별한 후 1년이 지난 후에 태어난 아이는 전남편의 자식으로 인정되지 않는다.[228]

(2) 유효한 혼인계약 하에서의 친권

유효한 혼인계약이 지속되는 가운데 태어난 아이의 경우 아버지에게 친권이 성립된다는 사실에 대해서는 법학자들 간에 이견이 없다. 수니 법학파는 임신기간을 부부간에 성관계를 가진 시점부터가 아닌 혼인계약의 시점부터 계산한다. 하나피 법학파에 따르면 성관계는 친권 성립과 관계가 없으며 혼인계약 그 자체가 친권 성립의 충분조건이 된다. 한발리, 말리키, 샤피이 법학파는 부부 간에 성관계를 가졌을 가능성이 있을 때에만 친권을 인정한다. 따라서 부부는 사춘기를 넘어야 하고 남편이 아내에게 접근했다는 사실이 전제되어야 한다. 시아 법학파 역시 부부 간의 성관계를 전제조건으로 보고 임신기간을 혼인계약의 시점이 아닌 성관계를 가진 시점부터 계산한다.[229]

만약 아버지가 아이의 친권을 부인하고자 할 경우에는 두 가지 방법이

---

227 앞의 책, p.170.
228 Laleh Bakhtiar, 위의 책, p.457.
229 Jamal J. Ahmad Nasir, 위의 책, p.171.

있다. 첫째, 남편이 아내와 함께 사는 동안에는 아내의 출산 시 혹은 출산 준비과정에서 부인해야 한다. 만약 남편이 아내와 살고 있지 않을 경우에는 출산 사실을 안 시점에 부인해야 한다. 둘째, 판사 앞에서 맹세를 통해 친권을 부인하는 '리안' 절차를 밟을 수 있다. 이것이 받아들여질 경우 남편과 아내의 자식 사이에는 상호 상속의 권리가 성립되지 않으며 둘 사이에 혼인이 금지되는 관계가 형성된다. 또한 그 아이는 어머니의 남편으로부터 부양받을 권리가 없다.[230]

취소할 수 있는 이혼이든 취소할 수 없는 이혼이든, 혼인의 취소이든 사별이든, 부부가 헤어진 지 1년 미만에 태어난 아이는 남편의 자식으로 간주된다. 시아 법학파에 따르면 남편이 사망한 지 9개월 이후에 태어난 아이는 상속인으로는 인정받으나 둘 사이에 친권은 성립되지 않는다. 그러나 남편이 거짓말하고 있지 않다는 것을 입증할 수 있는 경우 부부가 결별한 지 1년 후에 이혼한 아내에게서 태어난 아이의 친권도 인정하고 있다.[231]

(3) 비정상적 혼인계약 하에서의 친권

모든 법학파들은 비정상적 혼인계약의 경우 혼인계약의 시점이 아닌 성관계를 가진 시점부터 임신기간을 계산한다. 만약 비정상적 혼인계약 하에 있는 여자가 동거한 시점으로부터 최소 6개월, 최대 9개월 사이에 아이를 출산하였다면 그 아이는 결별 이전 혹은 결별 이후라도 남편의 자식으로 추정된다. 이는 리안 절차를 통해 부인할 수 없다. 리안 절차는 오직 유효한 혼인계약 하에서만 인정되기 때문이다. 혼인계약과 무관하게 동거가 시작된 시점부터 6개월이 채 지나기 전에 아이가 태어나면 그 아

---

230 앞의 책, pp.171-172.
231 앞의 책, p.174.

이의 친권은 성립되지 않는다.[232]

임시혼 무트아와 관련하여 하나피, 한발리, 샤피이, 말리키 법학파는 무트아를 불법으로 간주한다. 그러나 자으파리 법학파는 무트아가 예언자에 의해 취소된 것이 입증되지 않았다고 주장하면서 무트아를 합법적인 것으로 간주한다. 따라서 시아 법학파에 따르면 임시혼 무트아로 태어난 아이는 예외 없이 합법적 자식으로서 모든 권리를 누린다.[233]

(4) 실수로 인한 성관계로 태어난 아이의 친권

혼인이 허용되지 않는 여성과 실수로 성관계를 가지는 것을 의미하는 '슈브하'(Shubhah)에는 계약에 의한 실수(Shubhat 'Aqd)와 행동에 의한 실수(Shubhat Fi'l) 두 가지가 있다. 계약에 의한 실수란 남녀가 합법적으로 혼인 계약을 맺었으나 그 계약을 무효화시키기에 충분한 원인이 발생한 경우이다. 행동에 의한 실수란 혼인계약을 맺지 않은 가운데 정신이상이나 만취되거나 중독된 상태에서 혹은 잠결에 혹은 착각한 상태에서 남녀가 성관계를 가진 경우이다. 하나피 법학파는 실수를 극단적으로 해석하여 여성을 고용하여 간통하거나, 혹은 간통을 위해 여성을 고용한 경우에도 처벌하지 않는다. 즉 두 사람 간의 간통도 간통이 아닌 실수로 간주한다. 따라서 실수로 인한 성관계의 결과로 태어난 아이도 합법적 자식으로 인정되어 친권이 성립된다. 자으파리 법학파 역시 위에 언급된 실수로 태어난 아이도 합법적 자식으로 인정한다. 심지어 실수를 범한 남자가 친권을 부인하더라도 그의 말은 받아들여지지 않는다. 어떠한 경우이든 모든 법학파들은 아이의 출생이 실수에 의한 것이라도 그를 합법적 자식으로 인정하고 있다.[234]

---

232 앞의 책, p.173.

233 Laleh Bakhtiar, 위의 책, pp.461~462.

234 이는 코란 2장 83절 "사람들의 좋은 것을 구하라", 코란 49장 12절 "의심을 삼가라 의심하는 것은 죄

(5) 사생아

간음이란 정신이 올바른 성인이 불법이라는 사실을 알고 행한 성관계를 의미한다. 미성년자에 의한, 혹은 정신이상자에 의한, 혹은 무지나 강압이나 중독 상태에서 저질러진 행위는 실수에 의한 성관계로 간주된다. 따라서 이슬람법에서 간음의 범위는 매우 제한적이라 할 수 있다. 즉 간음은 실수나 잘못의 여지없이 정확하게 인지하고 있는 상태에서 의도적으로 행한 불법적 성행위를 의미한다. 또한 코란의 계시에 따르면 간음은 그것을 직접 목격한 네 명의 증인이 있어야 인정된다. 그러나 현실적으로 간음 행위를 네 사람이 직접 목격하기란 거의 불가능에 가깝다.

모든 법학파들은 간음으로 입증되면 그 결과로 태어난 아이는 아버지로부터 상속받을 수 없다는 입장이다. 그것은 아이와 아버지 사이에 법적 관계가 성립되지 않았다는 데에 근거한다. 법적으로 인정되지 않는 자식의 경우 상속이나 부양의 권리가 없으며 아버지의 딸이나 자매와도 혼인이 가능하다. 말리키와 샤피이 법학파에 따르면 간음으로 태어난 아이는 자기 아버지의 딸이나 자매, 아들의 딸, 딸의 딸, 형제의 딸, 자매의 딸과 혼인할 수 있다. 그러나 하나피, 한발리, 자으파리 법학파는 이들에게 상속의 권리는 인정하지만 아버지와 혼인이 금지된 관계에 있는 여성 및 그 자식들과 혼인할 수 없다는 입장이다.[235]

(6) 승인을 통해 확립되는 친권

이는 남자이든 여자이든 혹은 아이 스스로이든 친권을 주장하거나 승인함으로써 확실하게 알려져 있지 않은 친권을 성립시키는 방법이다. 아이의 출생 시 남자와 여자가 혼인상태나 재혼금지기간에 있지 않은 경우

악이니라"에 근거하고 있다.

235 Laleh Bakhtiar, 위의 책, pp. 463~464.

남자와 여자 모두 명시적으로 혹은 암묵적으로 태어난 아이를 합법적 자식으로 승인할 수 있다. 만약 여자가 혼인상태에서 혹은 재혼금지기간 동안 아이를 승인하고자 할 경우에는 남편의 확인 없이는 친권을 성립시킬 수 없다. 그러나 일정한 조건 하에서 아이의 친권은 그것을 승인하는 남자 혹은 여자에게 성립될 수 있다. 또한 아이가 적어도 분별할 수 있는 나이에 이르면 아버지 혹은 어머니의 친권을 승인할 수 있다. 일정한 조건에 부합할 경우 그 아이의 친권은 아이가 승인한 대로 남자 혹은 여자에게 돌아간다. 그 조건으로는 다음과 같은 것이 있다. 첫째, 남자 혹은 여자가 승인하려는 아이는 다른 사람의 아이가 아니어야 한다. 둘째, 남자와 여자, 그리고 아이는 상호 부모자식의 연령대에 있어야 한다. 셋째, 남자 혹은 여자가 어떤 아이를 자신의 아이로 승인하고자 할 경우 그 아이가 불법적 성관계의 결과가 아님을 입증해야 한다. 넷째, 아버지 혹은 어머니의 승인을 확인 혹은 묵인하는 아이는 분별할 수 있는 나이에 이르러야 하고 분별할 수 있는 능력이 있어야 한다. 만약 아이가 부모를 승인할 경우 부모는 그 승인을 확인해야 한다. 시아 법학파는 아이가 아버지 혹은 어머니를 승인할 필요가 없다고 규정하고 있다.[236]

(7) 유기된 아이 '라끼뜨'(laqit)

유기된 아이는 불륜이나 혹은 가난 때문에 부모에 의해 버려진 신생아를 의미한다. 유기된 아이를 데려다 보호하더라도 아이와 보호자 사이에는 서로 상속의 권리가 성립되지 않는다. 승인을 통해 확립되는 친권의 조건에 부합할 경우 남자는 유기된 아이의 친권을 주장할 수 있다. 시아 법학파는 혼인한 여성이 유기된 아이를 자기 아이로 주장하는 것을 인정하고 있다. 단 그 여성이 아이를 직접 낳았다는 사실을 입증할 수 있거나 혹

---

236 Jamal J. Ahmad Nasir, 위의 책, pp.175-176.

은 남편이 아내의 주장을 인정한 경우이다. 이 경우 남편은 아이의 아버지로 인정된다. 만약 혼인하지 않은 여성이 유기된 아이를 자기 아이라고 주장하면서 그 사실을 입증할 수 없는 경우, 혹은 남편이 아내의 주장을 인정하지 않는 경우 아이의 양육권은 여성에게 돌아간다.[237]

아이가 죽음의 위험에 처한 경우 아이를 돌보는 것은 종교적 의무이다. 아이를 발견한 사람은 그 아이의 보호자가 된다. 그러나 그 사람이 무슬림이 아니거나 적합한 사람이 아닐 경우 무슬림인 제3자는 법정 소송을 통해 그 아이의 보호자가 될 수 있다. 만약 아이를 발견한 사람과 아이의 보호권을 주장하는 사람이 같은 종교를 가졌을 경우 판사가 최종적으로 결정한다. 한편, 수니 법학파에서는 아이가 이슬람지역 인근에서 발견되었을 경우 그 아이를 무슬림으로 간주한다. 아이가 기독교지역에서 기독교인에 의해 발견되었을 경우 그 아이는 기독교인으로 간주된다. 시아 법학파는 아이를 발견한 사람의 종교나 그 아이가 발견된 장소와 관계없이 그 아이를 무슬림으로 간주한다.[238]

만약 아이와 함께 돈이 발견되면 그것은 아이의 재산이 된다. 보호자는 법정의 허락을 받아 그 돈을 아이의 양육이나 교육을 위해 사용할 수 있다. 만약 보호자가 아이의 양육을 위해 자신의 돈을 사용하였다면 그는 공적 기금에서 그 비용을 회복하거나 아이가 성인이 되었을 때 그 아이로부터 그 비용을 청구할 수 있다. 만약 아이가 돈이 없이 발견되고 보호자가 아이의 부양을 거절하면 아이의 부양비는 공적 기금에서 지불되어야 한다.[239]

---

237 앞의 책, p.178.
238 앞의 책, pp.178-179.
239 앞의 책, p.179.

(8) 입 양

입양이라는 것은 아이의 친권이 알려져 있든 혹은 그렇지 않든 간에 그 아이가 자신의 아이가 아니라는 사실을 충분히 인지한 가운데 그 아이를 취하는 행위를 의미한다. 이슬람법에서 입양은 상속을 유발시키지 않는다. 이슬람 도래이전 아랍인들 사이에서는 입양이 일반화되어 있었으며 이슬람 초기까지도 입양이 허용되었다. 그러나 입양은 이슬람에서 코란 33장 4-5절에 의해 명백하게 금지되었다.

(9) 인공수정

이슬람법에서는 혼인관계를 통하지 않고 아이를 가지는 행위가 허용되지 않기 때문에 인공수정은 금지된다. 남성의 불임이 원인일 경우 인공수정으로 태어난 아이는 어떠한 형태이든 그 남성의 아이가 될 수 없다. 앞서 언급하였듯이 이슬람법에서는 입양을 인정하지 않기 때문이다. 그러나 인공수정으로 아이를 임신한 여성과 관련해서 일부 법학자들은 아이가 여성의 아이가 될 수 있다는 입장이다. 간음으로 태어난 사생아를 인정하지 않는 자으파리 법학파는 인공수정으로 태어난 아이와 부모는 상호 상속하지 못한다고 본다. 정자를 제공한 남성과 관련하여 아이의 아버지가 되기 위해서는 아내와 성관계를 가져야 하는데 인공수정의 경우는 그러지 않기 때문에 부모자식관계가 성립되지 않는다는 것이다. 따라서 남편의 정자에 의한 인공수정으로 태어난 아이라도 그 남편의 아이로 인정되지 않는다.[240]

인공수정이 금지되더라도 인공수정으로 태어난 아이가 반드시 사생아가 되는 것은 아니다. 성관계가 금지된 시간대에 성관계를 한 결과로 태어난 아이라 할지라도 합법적 아이로 간주되는 것과 마찬가지이다. 즉 여

---

240 Laleh Bakhtiar, 위의 책, pp. 468-469.

성이 생리 중이거나 라마단 달의 금식시간 중에 부부간의 성관계가 금지되더라도 이때 성관계를 한 결과로 태어난 아이의 경우 혈통은 부인될 수 없기 때문에서 합법적 아이로 간주된다. 불임 남편의 경우 정자를 제공하였더라도 인공수정을 통해 태어난 아이는 남편의 아이가 아니나 아내의 실질적 혈육이므로 아내의 아이로는 인정된다.

6) 상 속

이슬람은 아라비아반도에 만연되어 있던 부족주의 세력을 약화시켜 신앙 공동체를 형성하는 것을 그 목표로 삼았다. 기존의 부족주의를 타파하고 신앙에 바탕을 둔 핵가족 중심의 가족제도를 확립하는 것은 이슬람 가족법의 근간이 되었다. 그 가운데 남계친을 중심으로 이루어지던 상속법을 버리고 여성에게도 상속의 권리를 부여한 것은 당시로서는 상당히 획기적인 변화였다. 이슬람 이전에는 전투에 참여하였거나 전리품을 획득한 남계친만이 상속할 수 있었고 여성들은 상속으로부터 철저하게 소외되어 있었기 때문이다. 따라서 여성들에게 구체적인 상속분을 규정하고 있는 코란의 계시는 당시의 사회제도를 변화시키고자 하였던 이슬람 공동체의 염원을 반영한 것이라 할 수 있다.

(1) 이슬람식 상속과 여성의 상속권

앞서 언급하였듯이 코란의 여러 구절에는 상속과 유언에 따른 여성의 상속권이 명시되어 있다. 코란 4장 11-12절, 4장 176절은 남녀를 포함한 상속인의 상속분을 다루고 있고, 코란 4장 7-8절은 앞의 구절에 포함되지 않은 남녀 친척이나 고아, 가난한 자들이 상속에서 제외되지 말 것을 명령하고 있다. 또한 코란 2장 180-182절, 5장 106절은 유언을 통한 유증에 관해 언급하고 있다.

코란에서 제시하고 있는 이슬람식 상속의 대원칙은 제1장의 상속편에서도 언급하였듯이 남성이 여성의 몫의 두 배를 상속한다는 점이다. 이러한 불평등한 상속의 원칙은 코란이 계시될 당시의 사회적, 경제적 맥락을 떠나 남녀불평등의 소지가 된다는 논란을 불러일으켰다. 그러나 아내는 혼인 시에 혼납금을 받을 권리가 있을 뿐만 아니라 아내의 부양을 비롯한 여성 가족 구성원의 부양은 남편 및 남성 가족 구성원의 책임이라는 점에서 이슬람식 상속이 여성 차별적이지 않다는 데에는 이슬람 학자들은 물론 서구학자들조차 동조하고 있다.

특별한 경우 피상속인은 코란 4장 8절에 명시되어 있는 대로 유언을 할수 있다. 유언을 다루는 코란 2장 180-182절과 코란 4장 11-12절의 조항을 보다 면밀히 살펴보면, 첫째, 피상속인은 유언을 통해 자신의 재산을 누구에게든 얼마든지 상속할 권리가 있다. 둘째, 피상속인이 사망하기 전에 친척이나 고아, 가난한 자 등을 배려하지 못했을 경우 상속인들은 이를 배려해야 한다. 셋째, 누구도 유언의 내용을 변경해서는 안 되며 만약 그럴 경우 죄를 범하는 것으로 간주된다. 넷째, 유증과 채무가 지불되고 난후에 상속인이 재산을 상속한다는 원칙이 있다. 그리고 아내의 혼납금은 우선 청산되어야 하는 상속채무로 간주된다.[241]

(2) 장례비용과 채무

상속재산은 앞서 언급된 유증을 비롯하여 장례비용 및 채무가 변제되고 난 이후에 상속이 이루어져야 한다. 한발리와 일부 하나피 법학자들은 장례비용이 우선 지불되고 난 후 채무가 지불되어야 하고, 그 다음으로 유증이 지불되어야 한다는 입장이다. 그러나 다른 법학파들과 대부분의 하나피 법학자들은 우선적으로 채무가 지불되어야 한다는 입장이다.

---

241 Mohammad Ali Syed, 위의 책, pp.87-88.

이는 병들기 전 건강할 때 발생한 채무(dayn al-sihhah)가 병들어 발생한 채무(dayn al-marad)보다 먼저 지불되어야 한다는 논리에서이다. 만약 상속재산이 모든 채무를 갚기에 충분하지 않을 경우 채무의 액수에 비례하여 그 몫이 분배된다. 채무가 변제되고 장례비용이 지불되고 난 후에 유증이 집행된다는 것이 이들의 입장이다.[242]

　　모든 법학파들은 채무나 유증이 없을 경우 피상속인의 사망 즉시 상속재산이 상속인들에게 양도되어야 한다는 데에 의견 일치를 보이고 있다. 그러나 채무와 유증으로 상속할 재산이 남아 있지 않을 경우에 대해서는 이견이 있다. 하나피 법학파는 상속채무와 동등한 가치의 상속재산은 상속인에게 돌아가지 않는다는 입장이다. 즉 모든 상속유산이 상속채무로 상쇄될 경우 상속인은 아무런 상속재산을 가지지 못한다는 의미이다. 그러나 채권자가 요구하는 것을 상환할 경우 상속인은 그 상속재산을 지킬 권리가 있다. 만약 상속재산이 상속채무로 완전하게 상쇄되지 않을 경우 상속인은 나머지 재산을 상속하게 된다. 샤피이와 대부분의 한발리 법학파는 상속채무가 모든 상속유산에 해당되든지 혹은 그 일부에 해당되든지에 관계없이 상속인은 상속재산 가운데 상속채무의 일정 부분을 소유할 수 있다는 입장이다. 그러나 상속채무는 상속재산에서 변제되어야 한다. 대부분의 자으파리 법학자들은 상속재산이 상속채무로 모두 상쇄되든 그렇지 않는 간에 상속재산은 상속인에게 모두 양도된다는 입장이다.[243]

242 Wael B. Hallaq, 위의 책, pp.289-290.

243 Laleh Bakhtiar, 위의 책, p.288.

(3) 상속의 원인과 장애

• 상속의 원인

상속의 원인은 혈연관계, 유효한 혼인계약에 따른 인척관계, 보호관계 왈라(wala')[244]에 의해 발생한다. 부부가 상호 상속한다는 데에는 법학파들 간에 이견이 없다. 그러나 일부 친척의 상속권에 대해서는 법학파들 간에 이견이 있다. 샤피이와 말리키 법학파는 일부 친척들을 마치 이방인처럼 간주하여 상속의 권리를 부여하고 있지 않다. 그러한 친척들 가운데는 딸의 자녀, 자매의 자녀, 형제의 딸, 동모형제의 자녀, 고모, 동모부계의 삼촌, 외삼촌과 이모, 삼촌의 딸, 모계 조부가 있다. 따라서 피상속인에게 위에 언급된 친족을 제외하고 아무런 친족이 없을 경우 상속재산은 공적 기금으로 돌아간다. 샤피이와 말리키 법학파에 따르면 이들은 상속인도 아니고 잔여유산처분 대상자에 속하지도 않는다. 그러나 하나피와 한발리 법학파는 만약 피상속인에게 상속인과 잔여유산처분 대상자가 없을 경우 이들도 상속할 수 있다는 입장이다. 자으파리 법학파는 조건 없이 이들도 상속할 수 있다고 보고 있다.[245]

• 상속의 장애

법학파들은 종교, 살인, 노예상태[246] 세 가지를 상속의 장애로 간주한다. 살인자의 경우 살인이 의도적이든 실수에 의한 것이든 상속인이 될 수 없다. 그러나 유증에 대해서는 법학자들 간에 이견이 있다. 샤피이, 말리키, 자으파리 법학파는 살인자가 유증을 받을 수 있다는 입장이다. 그러나

---

244 이슬람 이전부터 내려오는 관습으로 어떤 사람이 이방인의 보호자를 자처하게 되면 그 이방인은 피보호자의 지위를 얻게 되어 두 사람 간에는 보호관계가 형성된다.

245 앞의 책, pp.289-290.

246 오늘날에는 노예제도가 사라졌기 때문에 여기서 언급하지 않기로 한다.

하나피 법학파는 살인자의 유증을 인정하지 않고 있다.[247]

종교와 관련하여 비무슬림은 무슬림으로부터 상속받지 못한다는 것이 일반적 원칙이다. 그 반대로 무슬림이 비무슬림으로부터 상속받을 수 있는가에 대해서는 법학파들 간에 이견이 있다. 자으파리 법학파는 상속받을 수 있다는 입장이고, 하나피, 한발리, 샤피이, 말리키 법학파는 상속받지 못한다는 입장이다. 만약 비무슬림 피상속인의 아들이나 친척 가운데 한 명이 피상속인의 사망 후 재산분할이 이루어진 다음에 무슬림이 되었다면 비무슬림 피상속인으로부터 상속할 수 없다는 것이 법학자들 사이의 중론이다. 그러나 피상속인의 사망 후 재산분할이 이루어지기 전에 무슬림이 되었을 경우 상속이 가능한가에 대해서는 법학파들 간에 이견이 있다. 자으파리와 한발리 법학파는 상속이 가능하다는 입장이고 샤피이, 말리키, 하나피 법학파는 상속할 수 없다는 입장이다.[248]

배교자(murtadd)와 관련하여 하나피, 한발리, 샤피이, 말리키 법학파에 따르면 원래 무슬림으로 태어났으나 후에 배교한 자(fitrah)나 혹은 비무슬림 부모에게서 태어났으나 후에 무슬림이 되었다가 다시 배교한 자(millah)에 상관없이 배교자는 모두 상속받지 못한다. 그러나 상속분배 전에 회개하여 다시 무슬림이 되었다면 예외이다. 자으파리 법학파는 만약 원래 무슬림으로 태어났으나 후에 배교한 자는 회개할 기회가 없으며 사형에 처해져야 한다는 입장이다. 또한 그의 아내는 남편이 배교한 시점부터 미망인의 재혼금지기간 잇다를 준수해야 한다. 그리고 이러한 유형의 배교자는 처형되지 않았다 하더라도 그의 재산이 상속분배된다. 한편, 원래 무슬림으로 태어나지 않았으나 후에 이슬람으로 개종한 후 배교한 자는 속죄할 경우 무슬림으로서의 모든 권리와 의무를 회복한다는 것이 자으파리

---

247 Wael B. Hallaq, 위의 책, p.291.
248 Laleh Bakhtiar, 위의 책, p.290.

법학파의 입장이다. 속죄하지 않을 경우 그는 처형되며 그의 아내는 배교의 시점부터 잇다를 준수해야 한다. 만약 아내의 잇다 기간 중에 남편이 속죄하면 아내는 남편에게 되돌아오게 되고 그의 재산은 상속분배되지 않는다. 그러나 여성의 경우는 배교를 하더라도 사형선고를 받지 않으며, 여성의 재산 역시 사망 이후에나 상속분배된다.[249]

타 종교인들 간의 상속과 관련하여 말리키와 한발리 법학파는 타 종교인들 간에 상속하지 못한다는 입장이다. 따라서 유대인과 기독교인들도 상호 상속하지 못한다. 그러나 자으파리, 하나피, 샤피이 법학파는 그들이 비무슬림이라는 같은 범주에 속한다는 점에서 상호 상속이 가능하다는 입장이다. 그러나 자으파리 법학파는 비무슬림의 상속은 무슬림 상속인이 없어야 한다는 조건을 제시하고 있다. 즉 무슬림 상속인은 아무리 관계가 멀다고 하더라고 비무슬림 상속인을 방해한다는 것이다.[250]

(4) 상속재산의 분할

이슬람에서의 상속은 주로 혼인관계와 혈연관계에서 비롯된다. 코란에 의해 지정된 상속분은 고정된 몫으로 6종류의 상속분, 즉 1/2, 1/3, 2/3, 1/4, 1/6, 1/8이 있다는 데에는 법학자들 간에 이견이 없다. 구체적으로 1/2의 상속분과 관련하여 피상속인에게 아들이 없는 경우 외동딸은 1/2을 상속한다. 하나피, 한발리, 샤피이, 말리키 법학파는 아들의 딸을 딸과 같은 상속인으로 간주하나, 자으파리 법학파는 아들의 딸을 아버지와 같은 상속인으로 간주한다. 피상속인에게 자식이 없고 자매 한 명만 있는 경우 그 자매도 1/2을 상속한다. 또한 아내가 피상속인일 경우 자식이 없으면 남편은 1/2을 상속한다. 1/4의 상속분과 관련하여 피상속인이 남편일

---

249 앞의 책, p.291.
250 앞의 책, pp.291-292.

경우 자식이 없으면 아내는 1/4을 상속하고, 피상속인이 아내일 경우 자식이 있으면 남편 역시 1/4을 상속한다. 1/8의 상속분과 관련하여 남편이 피상속인일 경우 자식이 있으면 아내는 1/8을 상속한다. 한편, 2/3의 상속분은 피상속인에게 아들이 없는 경우 두 명 이상의 딸들이 받는 상속분의 합계이다. 1/3의 상속분은 피상속인에게 아들이 없는 경우, 혹은 피상속인에게 형제들이 없는 경우 어머니가 받는 상속분이다. 두 명 이상의 동모형제들과 자매들도 1/3의 상속분을 받는다. 1/6의 상속분은 피상속인에게 자식이 있는 경우 아버지와 어머니의 상속분이다. 피상속인에게 형제들이 있는 경우 어머니의 상속분도 1/6이다. 단 한 명의 동모형제나 자매도 1/6의 상속분을 받는다. 위에 언급된 1/6의 상속분에 대해서는 법학파들 간에 이견이 없다.

위의 1/6을 받는 상속인 외에 하나피, 한발리, 샤피이, 말리키 법학파는 피상속인에게 딸과 더불어 한 명 이상의 아들의 딸(손녀)이 있는 경우 아들의 딸들에게도 1/6의 상속분을 부여한다. 따라서 피상속인에게 한 명의 딸과 한 명의 아들의 딸, 즉 손녀가 있는 경우 딸은 1/2을, 손녀는 1/6을 상속한다. 만약 피상속인에게 두 명의 딸이 있고, 한 명의 아들의 딸, 즉 손녀가 있으면, 손녀는 형제가 있거나 형제의 아들, 즉 피상속인의 증손자가 있는 경우를 제외하고는 상속에서 제외된다. 1/6의 상속분은 피상속인에게 아버지가 없는 경우 부계 할아버지에게 돌아가는 상속분이기도 하다. 피상속인의 할머니는 어머니와 마찬가지로 부계 혹은 모계 할머니 혹은 부계 할아버지의 어머니인 경우 1/6의 상속분을 받는다. 모계 할아버지의 어머니인 경우는 상속하지 못한다. 만약 동등한 지위에 있는 두 할머니, 즉 어머니의 어머니와 아버지의 어머니가 함께 있는 경우 1/6의 상속분은 둘에게 균등하게 분배된다.[251]

---

251 앞의 책, p.295.

6종류의 상속분이 공존하는 경우도 있다. 예를 들어 1/2의 상속분을 받는 사람이 두 명일 수 있다. 예컨대 피상속인에게 자식이 없는 경우 남편과 한 명의 자매는 1/2씩을 각각 상속한다. 1/2의 상속분과 1/4의 상속분을 받는 사람이 공존할 수도 있다. 예컨대 피상속인에게 딸 한 명이 있을 경우 딸은 1/2을 남편은 1/4의 상속분을 받는다. 1/2의 상속분과 1/8의 상속분을 받는 사람이 공존할 수도 있다. 예컨대 피상속인에게 아들이 없는 경우 딸은 1/2을 아내는 1/8의 상속분을 받는다. 1/2의 상속분과 1/3의 상속분을 받는 사람도 공존할 수 있다. 피상속인에게 자식이나 형제가 없는 경우 남편은 1/2의 상속분을 어머니는 1/3의 상속분을 받는다. 또한 1/2의 상속분과 1/6의 상속분을 받는 사람이 공존할 수 있다. 피상속인에게 한 명뿐인 동모형제나 자매가 있을 경우 남편은 1/2의 상속분을 동모형제나 자매는 1/6의 상속분을 받는다.

1/4의 상속분과 2/3의 상속분을 받는 사람도 공존할 수 있다. 예컨대 피상속인에게 두 딸이 있는 경우 남편은 1/4의 상속분을 두 딸은 2/3의 상속분을 받는다. 1/4의 상속분과 1/3의 상속분을 받는 사람도 공존할 수 있다. 예컨대 피상속인에게 두 명 이상의 동모 형제나 자매가 있는 경우 어머니는 1/4의 상속분을 후자는 1/3의 상속분을 받는다. 1/4의 상속분과 1/6의 상속분을 받는 사람도 공존할 수 있다. 예컨대 피상속인에게 한 명의 동모형제나 자매가 있는 경우 아내는 1/4의 상속분을 후자는 1/6의 상속분을 받는다.

1/8의 상속분과 2/3의 상속분을 받는 사람도 공존할 수 있다. 예컨대 피상속인에게 두 딸이 있는 경우 아내는 1/8의 상속분을 두 딸은 1/3의 상속분을 받는다. 1/8의 상속분과 1/6의 상속분을 받는 사람도 공존할 수 있다. 예컨대 피상속인에게 한 명의 자녀가 있는 경우 아내는 1/8의 상속분을 아버지나 어머니는 1/6의 상속분을 받는다. 2/3의 상속분과 1/3의 상속분을 받는 사람도 공존할 수 있다. 피상속인에게 두 명 이상의 자매와

동모형제가 있는 경우 각각 2/3와 1/3의 상속분을 받는다. 1/6의 상속분을 받는 사람이 두 명일 수 있다. 피상속인에게 한 명의 자식이 있는 경우 어머니와 아버지는 각각 1/6의 상속분을 받는다. 함께 같이 받을 수 없는 상속분으로는 1/4와 1/8, 1/8과 1/3, 1/3과 1/6이 있다.[252]

(5) 잔여유산

하나피, 한발리, 샤피이, 말리키 법학파에 따르면 세 가지 유형의 혈족 잔여재산 상속인(al-'Asabah)이 있다. 독립적 잔여재산 상속인('Asabah bi nafsiha), 타인에 의한 잔여재산 상속인('Asabah bi ghayriha), 타인과 함께 하는 잔여재산 상속인('Aasabah ma'a ghayriha)가 그것이다. 첫 번째 유형의 상속인은 여자가 개입하지 않고 피상속인과 관련이 있는 모든 남성들을 포함한다. 이들은 어떠한 경우나 상황에서든 잔여재산 상속인이 된다. 그러나 두 번째, 세 번째 유형의 상속인은 특정한 경우에는 상속을 하지만 그렇지 않은 경우에는 상속할 수 없다.

독립적 잔여재산 상속인을 피상속인과 가장 가까운 순서로 정렬하면 다음과 같다. 아들/ 아들의 아들을 포함한 남성 직계비속/ 아버지/ 할아버지를 포함한 남성 직계존속/ 친형제/ 동부 반형제/ 친형제의 아들/ 동부 반형제의 아들/ 친삼촌/ 부계삼촌(할아버지에 의한 아버지의 반형제)/ 친삼촌의 아들/ 부계삼촌의 아들이 그들이다. 이들 가운데 일부가 다른 사람과 함께 있는 경우가 있다. 예컨대 아들이 있을 경우 아들은 아버지를 대체한다. 즉 아버지는 1/6의 상속분을 가지고 아들은 나머지를 잔여재산으로 상속한다. 하나피, 한발리, 샤피이, 말리키 법학파에 따르면 아들과 마찬가지로 아들의 아들, 즉 손자는 아버지를 대체하고, 아버지는 할아버지를 대체한다. 법학파들은 할아버지가 상속에서 형제들을 대체하는지, 혹

---

252 앞의 책, p.296.

은 형제들과 할아버지가 함께 상속함으로써 같은 계층을 형성하는지에 대해 견해를 달리한다. 하나피 법학파에 따르면 할아버지는 형제들을 대체하기 때문에 형제들은 할아버지가 있을 경우 아무것도 상속할 수 없다. 그러나 자으파리, 샤피이, 말리키 법학파는 형제들이 할아버지와 같은 계층에 속하기 때문에 함께 상속한다는 입장이다. 잔여재산 상속인 가운데 양측과 관련이 되어 있는 상속인은 한 측과 관련이 있는 상속인을 대체한다. 따라서 친형제는 친족형제를 대체하고 친형제의 아들은 친족형제 아들을 대체한다. 비슷하게 부계삼촌의 경우도 피상속인과의 가까운 정도가 고려된다. 따라서 피상속인의 부계삼촌은 그의 아버지의 부계 삼촌을 대체한다.[253]

다음의 여자 친척은 타인에 의한 잔여재산 상속인으로 간주된다. 외동딸 혹은 다수의 딸/ 아들의 외동딸 혹은 다수의 딸/ 한 명의 친자매 혹은 다수의 자매/ 한 명의 친족자매 혹은 다수의 자매가 그들이다. 타인에 의한 잔여재산 상속인의 경우 그 타인이 없는 경우, 여기서는 형제가 없는 경우 지정 상속분을 받게 되는데 한 명일 경우 1/2을, 다수일 경우 2/3를 상속할 자격이 있다. 만약 이들에게 형제가 있으면, 하나피, 한발리, 샤피이, 말리키 법학파에 따르면 이들은 잔여재산 상속인으로서 상속한다. 그러나 이들이 한 명일 경우 남자가 여자 상속분의 두 배를 받는 지정 상속분을 받게 된다. 한편, 자으파리 법학파에 따르면 외동딸이나 다수의 딸은 후에 언급될 되돌리기 랏드(Radd)에 의한 상속뿐만 아니라 지정 상속분도 받게 된다. 그러나 아들의 딸이나 딸들은 관련된 상속인, 즉 아들을 통해서만 그 상속인(아들)의 상속분을 받게 된다.[254]

세 번째 타인과 함께 하는 잔여재산 상속인은 딸 혹은 아들의 딸과 더

---

253 앞의 책, pp.296-298.
254 앞의 책, p.298.

불어 상속하는 한 명의 친자매 혹은 친족자매, 혹은 다수의 친자매 혹은 친족자매들이다. 따라서 한 명의 자매나 자매들은 만약 함께 상속을 받는 딸이나 아들의 딸이 없을 경우 지정 상속분을 받고, 딸이나 아들의 딸이 있는 경우는 이들과 더불어 잔여재산 상속인으로서 상속한다. 즉 딸 혹은 아들의 딸은 지정 상속분을 받고 친자매 혹은 친족자매 혹은 자매들은 그 나머지를 받게 됨으로써 타인과 함께 하는 잔여재산 상속인이 된다.[255]

위에서 살펴보았듯이 친자매 혹은 친족자매는 세 가지 방법으로 상속한다는 것을 알 수 있다. 이들에게 형제가 없는 경우 그리고 피상속인에게 딸이 없는 경우 이들은 지정 상속분을 상속하게 되고, 만약 형제가 있으면 타인을 통한 잔여재산 상속인이 되고, 피상속인에게 딸이 있을 경우 타인과 함께하는 잔여재산 상속인이 된다. 두 명 이상인 자매들에게도 같은 방식이 적용된다. 또한 친삼촌과 친족부계삼촌은 친형제나 친자매, 혹은 친족형제나 친족 자매가 없는 경우를 제외하고는 딸과 더불어 상속할 수 없다.

하나피, 한발리, 샤피이, 말리키 법학파에 따르면 만약 지정 상속분의 상속인이 없는 가운데 잔여재산 상속인이 단 한 명일 경우 그는 전체 유산을 상속한다. 만약 지정 상속분의 상속인이 있으면 잔여재산 상속인은 그 상속분을 제외한 나머지를 상속받게 된다. 잔여재산 상속인이 없는 경우의 초과분에 관해 말리키와 샤피이 법학파는 그것을 공적 기금으로, 하나피와 한발리 법학파는 그것을 되돌리기 방법에 따라 지정 상속분의 상속인에게로 되돌린다.

자으파리 법학파는 위의 세 종류의 잔여재산 상속인을 인정하지 않고 있으며 상속인을 지정 상속분의 상속인과 남녀 간의 차이를 두지 않는 잔여재산 상속인으로 한정한다. 따라서 외동아들은 전체 유산을 받을 자격

---

255 앞의 책, p.298.

이 있다. 그리고 외동딸과 한 명뿐인 자매도 비슷한 자격이 있다. 자으파리 법학파는 남자이든 여자이든 상관없이 상속인을 다음의 세 계층, 첫째 계층, 직계존속과 직계비속, 둘째 계층, 형제와 자매와 형제자매의 직계비속과 직계존속, 모계와 부계의 직계존속, 셋째 계층, 삼촌과 외삼촌, 고모와 이모, 이들의 직계비속으로 나눈다. 수니 법학파와는 달리 자으파리 법학파에서는 상위 계층의 남성 혹은 여성이 하위 계층에 속하는 남성 혹은 여성의 상속을 방해한다.[256]

(6) 지정 상속분의 미달 타으십(Ta'sib)

전체 지정 상속분이 전체 유산과 동일할 경우 상속은 코란의 지정 상속분대로 분배된다. 예컨대 부모와 두 딸이 있는 경우, 두 딸은 2/3의 상속분을, 부모는 각각 1/6씩 1/3의 상속분을 상속함으로써 전체 유산이 소진된다. 그러나 외동딸만 있는 경우, 혹은 두 명의 딸만 있는 경우 상속분은 각각 1/2과 2/3로 전체 유산을 소진하지 못한다. 하나피, 한발리, 샤피이, 말리키 법학파는 전체 지정 상속분이 전체 유산을 소진하지 못할 경우 이를 타으십(Ta'sib)이라 부른다. 그리고 전체 지정 상속분이 전체 유산을 초과할 경우 이를 아울('Awul)이라 부른다. 예컨대 남편과 부모와 딸이 함께 상속할 경우 남편은 1/4, 딸은 1/2, 부모는 1/3의 상속분의 권리가 있으므로 전체 상속분은 전체 유산을 초과한다.

타으십은 지정 상속인과 더불어 잔여재산 상속인이 함께 상속하는 경우에 발생한다. 예를 들어 피상속인에게 두 명 이상의 딸이 있고 아들이 없는 경우, 혹은 자식과 형제가 없는 가운데 한 명 혹은 그 이상의 자매와 삼촌이 있는 경우가 그것이다. 여기서 하나피, 한발리, 샤피이, 말리키 법학파는 한 명의 딸 혹은 딸들과 더불어 피상속인의 형제를 상속인으로 간

---

256 앞의 책, p.299.

주한다. 한 명의 딸이 있는 경우 피상속인의 형제는 1/2을 받고, 두 명 이상의 딸이 있는 경우 피상속인의 형제는 1/3을 받는다. 이와 비슷하게 수니 법학파들은 부계삼촌을 자매 혹은 자매들과 더불어 상속인으로 간주한다. 그러나 자으파리 법학파는 타으십을 무효라고 간주하고 상속인들이 지정 상속분을 받은 후 남은 것은 가까운 상속인들에게 다시 돌아간다는 입장이다. 따라서 위의 예에서 모든 재산은 딸 혹은 딸들이 상속하고 형제는 아무것도 상속하지 못한다. 만약 피상속인에게 자식이 없을 경우 그러나 자매 혹은 자매들이 있을 경우 그들은 부계삼촌을 제키고 모든 재산을 상속한다. 자매가 삼촌보다 피상속인에게 가깝기 때문이다. "가까운 사람이 먼 사람을 배척한다."는 것이 자으파리 법학파의 상속 원칙이다.[257]

　수니 법학파와 자으파리 법학파의 이러한 차이는 타우스(Tawus)로부터 전해지는 한 하디스에서 근거한다: "상속인들에게는 적합한 상속분을 주어라. 그리고 남는 것은 남자 친척이 우선 순서이니라.", "남는 것은 남자 친척을 위한 것이니라." 수니 법학파는 이러한 하디스를 정통한 것으로 받아들여 인정하고 있다. 따라서 수니 법학파에 따르면 딸은 지정 상속인으로서 1/2을 받는다. 딸 다음으로 남자 친척 가운데 가장 가까운 사람은 형제들이므로 나머지 반을 받는다. 비슷하게 피상속인에게 자식이 없다면, 그리고 형제 없이 자매만 있다면 자매는 상속인으로 1/2을, 그리고 다른 1/2은 피상속인의 부계삼촌이 상속한다. 그는 피상속인의 자매 다음으로 가까운 남자 친족이기 때문이다. 반면, 자으파리 법학파는 이 하디스를 약한 하디스로 규정하고 이를 인정하고 있지 않다. 자으파리 법학파의 상속법은 부모와 가까운 친척이 남긴 재산은 남자와 여자에게 모두 귀속된다는 코란 4장 7절에 근거하고 있다. 그러나 단 한 명의 자매가 전체 재산을 상속하는 것은 한 명의 자매에게 1/2를 상속하라는 코란 4장 176절의

---

257 앞의 책, p.300.

내용과 배치된다. 상속에 대한 또 다른 구절 코란 4장 11절에 관해 자으
파리 법학파는 다음과 같이 해석한다. 코란에는 두 명 이상의 딸들에게는
2/3, 외동딸에게는 1/2을 주라고 되어 있는데 이러한 지정 상속분을 제외
하고 그 나머지를 누구에게 줄 것인가에 대한 명확한 언급이 없다는 것이
다. 따라서 자르파리 법학파는 "알라의 책에서 일부 친척들은 다른 친척들
에 우선한다"라는 코란 33장 6절에 근거하여 가까운 친족이 먼 친족보다
우선한다고 해석하였다. 즉 피상속인의 딸은 피상속인의 형제보다 더 가
깝기 때문에[258] 잔여유산은 형제가 아닌 딸이나 딸들에게 돌아가야 한다
는 것이다.[259]

　자으파리 법학파는 코란 4장 176절에 나오는 '아이'를 의미하는 단어
'왈라드'(walad)가 남녀자식 모두에게 적용된다는 입장이다. 어떤 사람과
친족 사이의 일반적인 공통분모는 혈연관계에 있고 이는 남녀 모두를 포
함한다는 것이다. 따라서 피상속인의 아들이 피상속인의 형제의 상속을
방해하듯이 딸도 형제의 상속을 방해한다는 입장이다. 딸의 상속에 적용
될 수 있는 것은 자매의 경우에도 그대로 적용된다. 만약 피상속인에게
10명의 딸이 있고 1명의 아들이 있다면 아들이 딸의 두 배를 상속할 수
있으므로 아들은 1/6을 딸들은 나머지 5/6를 상속한다. 피상속인에게 아
들 대신에 부계 삼촌이 있다면 수니파의 타으십 원리에 따르면 삼촌의 아
들은 1/3을 딸들은 2/3를 상속한다. 이 경우 아들의 상속분은 삼촌의 아
들의 상속분보다 적은 이상한 결론이 나온다. 그 결과 많은 하나피, 한발
리, 샤피이, 말리키 법학자들은 타으십의 원칙을 포기하고 딸의 상속에 관
한 한 자으파리 법학파의 견해를 따르는 경향이 있다.[260]

---

258 딸은 피상속인과 직접적 관계가 있지만 형제는 부모를 통해서만이 피상속인과의 관계가 성립되기
　　때문이다.

259 Laleh Bakhtiar, 위의 책, pp.300-301.

260 앞의 책, pp.303-304.

(7) 지정 상속분의 초과 아울('Awul)

전체 지정 상속분이 전체 유산을 초과할 경우에는 아울의 원칙이 적용된다. 예를 들어 피상속인이 아내와 부모와 두 딸을 남긴 경우, 아내는 1/8, 부모는 1/3, 두 딸은 2/3의 상속분이 있기 때문에 전체 유산에서 1/8이 부족하게 된다. 비슷하게 피상속인이 남편과 두 명의 자매를 남긴 경우, 남편의 상속분은 1/2, 두 자매의 상속분은 2/3로 1/6이 부족하게 된다. 이렇게 전체 유산이 지정 상속분보다 부족한 경우는 오직 남편이나 아내가 지정 상속인으로 있을 경우에만 발생한다. 법학파들은 이 문제에 대해 부족분을 모든 상속인의 상속분에서 같은 비율로 깎을 것인지 혹은 일부 상속인의 상속분에서만 깎을 것인지에 대해 의견을 달리한다.

수니 법학파는 아울의 원칙, 즉 모든 상속인에 비례하여 부족분을 깎는다는 원칙을 받아들인다. 따라서 만약 피상속인에게 아내와 부모, 두 딸이 있다면 아울의 원칙이 적용된다. 상속재산은 24등분이던 것을 27등분으로 나누어 아내에게는 3/27(1/8에서 1/9으로 감소), 부모에게는 8/27, 딸에게는 16/27을 상속한다. 자으파리 법학파는 아울의 원칙을 받아들이지 않고 24등분은 그대로 둔 채 두 딸의 몫에서만 부족분을 공제한다. 따라서 아내는 1/8(3/24)을 모두 상속하고, 부모도 1/3(8/24)을 모두 상속한다. 다만 딸에게는 그 나머지가 돌아간다. 자으파리 법학파는 항상 딸 혹은 자매의 상속분에서 부족분을 공제하는 원칙을 따르고 있어 남편이나 아내, 그리고 부모의 상속분은 변하지 않는다. 딸들이나 자매들은 단독 상속분으로 지정되어 있어 높은 상속분에서 낮은 상속분으로 삭감되지 않는다는 점이 그 이유이다. 딸이나 자매들은 남성 상속인이 없을 경우 지정 상속분의 상속인으로, 그리고 남성 상속인이 있을 경우 잔여재산 상속인으로 상속을 받는다. 그러나 남편의 상속분은 1/2에서 1/4로, 아내의 상속분은 1/4에서 1/8로, 어머니의 상속분은 1/3에서 1/6로, 어떤 경우 아버지의 상속분은 1/6로 삭감될 수 있다. 따라서 자으파리 법학파는 전체 지정 상속분이 상속재산을 초과할 경우 최소 상속분의 한계가 먼저 정해지고 그 나머지를 딸이나 자매에게 돌아가게 하는 것이 합리적이라는 입장이다.[261]

(8) 상속의 배제 후즙(Hujb)

상속의 배제란 일부 친족이 상속에서 제외되는 것을 의미한다. 상속의 배제에는 완전 배제(Hujb al-Hirman)와 일부 배제(Hujb al-Nuqsan) 두 종류가 있다. 완전 배제란 예를 들어 아버지에 의해 할아버지가 상속에서 배제되는 것을 의미하고 일부 배제란 자녀의 존재로 인해 남편의 상속분이 1/2에서 1/4로 줄어드는 것을 의미한다. 법학파들의 일치된 견해는 부모와 자녀, 남편과 아내는 완전 배제되지 않고 지정 상속분을 받는다는 점이다. 이들은 피상속인과 직접 관계된 사람으로 피상속인과 가장 가까운 친족이기 때문이다. 또한 법학파들의 일치된 견해에 따르면 아들은 형제와 자매, 그리고 부계와 모계 삼촌을 배제하고, 아버지는 형제와 자매, 그리고 부계 할아버지를 배제하고, 할아버지와 형제는 부계 삼촌과 고모를 배제하고, 자식은 딸이든 아들이든 남편의 몫을 1/2에서 1/4로, 아내의 몫을 1/4에서 1/8로 감소시킨다.[262]

일반적으로 수니 법학파와 자으파리 법학파 간의 가장 커다란 차이는 자으파리 법학파가 소속된 유형에 관계없이 먼 친족보다 가까운 친족을 선호한다는 점이다. 예를 들어 같은 유형에 속한 경우에는 아들이 아들의 아들을 대체하는 것을 들 수 있고, 다른 유형에 속한 경우는 아들의 아들이 형제를 대체하는 것을 들 수 있다. 자으파리 법학파는 부모를 통해 관련된 사람이 같은 쪽 친족, 즉 부계는 부계끼리 그리고 모계는 모계끼리

---

261 앞의 책, p.305.
262 앞의 책, pp.306~307.

의 친족을 배제한다는 입장이다. 따라서 친자매는 남계친 형제를 배제하고 친고모는 남계친 삼촌을 배제한다. 그러나 친삼촌은 외삼촌을 배제하지 못한다. 또한 자으파리 법학파는 상속에서 남성과 여성 상속인 간에 차별을 두지 않는다는 점에서 수니 법학파와 구별된다. 수니 법학파 역시 먼 친족보다는 가까운 친족을 선호하는 원칙을 받아들이기는 하나 그 원칙이 항상 적용되는 것은 아니다. 수니 법학파들은 여성과 남성 상속인을 차별하는 원칙을 따른다. 예컨대 피상속인의 형제는 피상속인의 딸과 더불어 상속하지만 피상속인의 아들과 더불어 상속하지 못한다.[263]

(9) 되돌리기 랏드(Radd)

되돌리기 랏드는 오직 지정 상속분의 상속자들만 있는 경우에 발생한다. 이들이 전체 유산을 소진할 경우와 그것을 소진하지 못하는 두 가지 경우가 있다. 예컨대 첫 번째 경우는 부모와 두 딸이 있는 경우로 부모는 1/3, 두 딸은 2/3를 받기 때문에 전체 유산이 소진된다. 두 번째 경우는 딸 한 명과 어머니가 있는 경우로 딸은 1/2, 어머니는 1/6을 받기 때문에 전체 유산이 소진되지 못한다. 두 번째 경우에 나머지를 어떻게 처리하고 누구에게 주어야 하는가에 대한 문제가 제기된다. 형제나 삼촌과 같이 지정 상속분이 없는 경우에는 이러한 문제가 제기되지 않는다.

수니 법학파는 전체 유산이 상속인의 지정 상속분을 초과할 경우 그 나머지는 잔여재산 상속인에게 돌아간다는 입장이다. 따라서 만약 피상속인에게 딸 한 명이 있는 경우 딸에게 1/2이, 그리고 나머지는 아버지에게 돌아간다. 아버지가 없는 경우 그것은 친자매 혹은 부계자매에게 돌아간다. 그들은 딸과 함께하는 잔여재산 상속인이기 때문이다. 친자매나 부계자매도 없는 경우 친형제의 아들에게, 친형제의 아들도 없는 경우 부계형제의

---

263 앞의 책, p.308.

아들, 부계삼촌, 혈족삼촌, 부계삼촌의 아들 순으로 돌아간다. 이들 모두 가 없는 경우 초과분은 지정 상속분의 상속인들에게 비율대로 돌아간다. 그러나 남편과 아내는 랏드를 통해 재산을 상속할 자격이 없다. 예를 들어 피상속인이 어머니와 한 명의 딸을 두고 사망했다면 어머니는 1/6을 딸 은 1/2을 받는다. 그리고 나머지는 4등분으로 나누어 어머니에게 1/4을 딸에게는 3/4을 되돌려준다.[264]

한편, 자으파리 법학파에 따르면 만약 같은 유형에 속하는 친척이 없을 경우 지정 상속분의 상속인들은 자기 몫의 비율대로 랏드의 방법을 통해 나머지도 받게 된다. 만약 그러한 친척이 있으면 상속인들은 지정 상속분 을 가지고 나머지는 그 친척에게 돌아간다. 예컨대 어머니와 아버지가 상 속인일 경우 어머니는 자신의 지정 상속분을 가져가고 나머지는 아버지 에게로 돌아간다. 만약 상속인과 더불어 같은 유형에 속하지 않는 친척이 있을 경우 상속인은 지정 상속분과 더불어 그 나머지도 랏드의 방법을 통 해 상속받는다. 예컨대 피상속인에게 어머니와 형제가 있을 경우 어머니 는 상속분으로 1/3을 가지고 나머지도 랏드를 통해 상속받는다. 이 경우 어머니와 형제는 다른 유형에 속하기 때문에 보다 가까운 어머니가 전체 를 상속받고 형제는 상속에서 배제된다.[265]

(10) 유언과 유증

모든 주요 법학파는 유증이 이슬람법에서 가능하다는 데에 의견 일치 를 보이고 있다. 유증은 유언자의 사망에 따른 재산상의 선물이나 혜택을 의미한다. 유언의 시기는 유언자가 건강할 때나 병환의 막바지에 있을 때 나 모두 유효하다. 유언은 유언자(musi)와 유증 수령인(musa lahu), 유증된

---

264 앞의 책, p.309.
265 앞의 책, p.310.

재산(musa bihi), 유증의 선언(sighah)으로 이루어진다.

코란의 계시에도 불구하고 이슬람 법학자들은 피상속인의 유산 가운데 1/3 이상을 유증하지 못하도록 규정하고 있다. 피상속인의 유산 가운데 1/3 이상을 초과하는 유언은 코란에 언급된 상속인의 동의에 의해서만 효력이 발생한다. 유증에 대해 모든 수니 법학파들이 부과한 또 다른 규제는 바로 "상속인에게 유증은 없다."라는 것이다. 이는 유언을 통해 부모나 가까운 친척에게 유증을 허용하고 있는 코란 2장 180절에 위배된다.[266] 코란이나 하디스 어디에서도 그 근거를 찾지 못한 채 일부 법학자들은 코란 2장 180절이 폐기되었다고 주장하였다.[267] 그러나 자으파리 법학파는 지정 상속인에게도 유증을 허용하고 있다.[268]

7) 여성과 종교생활

이슬람법은 코란과 하디스를 바탕으로 예배와 단식, 순례 등 종교생활을 영위하는 데 여성들이 특별하게 고려해야 하는 사항을 규정하고 있다.

(1) 월 경

여성의 월경은 예배를 제한하는 조건이 될 뿐만 아니라 이혼녀의 재혼 금지기간 잇다를 종료하는 기능을 한다. 여성의 폐경기와 관련해서 한발리 법학파는 50세, 하나피 법학파는 55세, 말리키 법학파는 70세로 보고 있고, 샤피이 법학파는 62세에 일반적으로 월경이 멈추지만 여성이 생존

---

[266] 수니 법학파가 이러한 규정을 만든 것은 예언자가 고별 순례 시에 했다는 잘못된 하디스에 근거한다: "알라께서는 모든 사람에게 마땅히 받아야 할 것을 주셨나니 상속받을 자격이 있는 자에게 유증은 없느니라." 알 부카리는 유산의 1/3로 유증을 제한하는 또 다른 하디스를 인용하였다.(B23:36)

[267] Mohammad Ali Syed, 위의 책, pp.88-89.

[268] Wael B. Hallaq, 위의 책, p.290.

해 있는 한 월경을 할 수 있다는 입장이다. 자으파리 법학파는 일반 여성의 폐경기는 50세, 꾸라이쉬 부족 여성의 폐경기는 60세라고 보고 있다.

한편, 월경기간과 관련하여 하나피와 자으파리 법학파는 최소 3일 최대 10일, 한발리와 샤피이 법학파는 최소 1일 최대 15일, 말리키 법학파는 최소기간에 대해서는 언급하지 채 최대를 155일로 보고 있다. 샤피이와 말리키 법학파, 그리고 대부분의 자으파리 법학자들은 임신기간에도 여성이 월경을 할 수 있다는 입장인 반면, 하나피와 한발리 법학파, 그리고 일부 자으파리 법학자들은 임신기간에 여성이 절대 월경을 할 수 없다고 보고 있다.

월경하는 여성에게는 정액이나 애액과 같은 성적 배설물로 오염된 사람에게 적용되는 규정이 그대로 적용된다. 예컨대 월경 시에는 코란을 만지거나 모스크에 입장하는 것이 금지되며 단식이나 예배와 같은 종교행위를 수행할 수 없다. 또한 월경 중에는 남편과의 성관계가 금지된다는 것이 법학자들의 일치된 견해이다. 대부분의 자으파리 법학파는 만약 남편이 욕정에 사로잡혀 아내와 성관계를 가졌을 경우 월경 초기는 1디나르, 중기는 1/2디나르, 말기는 1/4디나르를 자선함으로써 속죄해야 한다고 보고 있다. 샤피이와 말리키 법학파는 자선이 권장행위이지 의무행위는 아닌 것으로 간주한다. 이 경우 여성은 속죄할 필요가 없다는 것이 모든 법학파들의 견해이다. 다만 여성이 성관계를 원했거나 그것에 협조적이었을 경우 죄를 지은 것으로 간주된다.[269]

월경 이후의 목욕방법은 성관계 이후의 목욕방법과 유사하다. 사용되는 물은 깨끗한 것으로 다른 것과 섞이면 안 되고, 물이 직접 피부에 닿아 깨끗하게 씻어야 한다. 자으파리 법학파에 따르면 머리부터 시작해서 오른쪽에서 왼쪽으로 몸을 닦아야 한다. 샤피이, 한발리, 하나피, 말리키 법

269 Laleh Bakhtiar, 위의 책, pp.37-38.

학파는 어떠한 방식으로든 온몸을 씻으면 된다는 입장이다.[270]

비월경기간의 출혈을 의미하는 '이스티하다'(istihadah)는 법학자들이 사용하는 용어로 출산 후의 출혈, 최대 월경기간 이후의 출혈, 또는 최소 월경기간 이내의 출혈 등을 의미한다. 이것은 보통 월경과는 달리 노란색의 차가운 물질로 천천히 배출되는 특징이 있다. 샤피이, 한발리, 하나피, 말리키 법학파에 따르면 비월경기간의 출혈이 있는 동안 코란 읽기와 코란 만지기, 모스크 출입하기, 카바 순례, 성관계 등 월경기간 동안 금지되는 행위가 금지되지는 않는다. 그러나 자으파리 법학파는 이러한 행위의 일부를 금지하기도 한다.[271]

출산 후 출혈과 관련하여 샤피이, 하나피, 말리키 법학파는 출산 후 출혈이 없더라도 목욕세정이 의무라는 입장이고 한발리와 자으파리 법학파는 출혈이 없을 경우 목욕세정이 의무가 아니라는 입장이다. 출산 후 출혈하는 동안 월경하는 기간과 마찬가지로 예배나 단식이 금지되며, 성관계, 모스크 출입하기, 코란 만지기 등도 금지된다. 목욕세정의 방법은 월경 후 목욕세정의 방법과 유사하다.[272]

(2) 정 숙

법학파들은 신체 가운데 사적 부위 '아우라'('awrah, 성기)를 가리는 문제와 관련하여 의견을 달리한다. 하나피와 한발리 법학파는 사적 부위를 누구에게도 보여서는 안 된다고 보고 목욕이나 용변과 같은 필요한 경우를 제외하고 혼자 있을 때도 그 부위를 가려야 한다는 입장이다. 말리키와 샤피이 법학파는 혼자 있을 때 옷을 입지 않는 것은 금지행위가 아닌 혐오행위로 간주한다. 반면, 자으파리 법학파는 혼자 있을 때 옷을 입지 않는

---

270 앞의 책, p.38.
271 앞의 책, p.38.
272 앞의 책, p.40.

것은 금지행위도 혐오행위도 아니라는 입장이다.[273]

여성이 자기 남편과 무슬림 여성을 제외한 혼인이 금지된 가까운 친척 앞에서 반드시 가려야 할 신체 부위에 대해 법학파들은 의견을 달리한다. 하나피와 샤피이 법학파는 배꼽부터 무릎까지 가려야 한다고 보는 반면, 말리키와 한발리 법학파는 여성들 앞에서는 배꼽부터 무릎까지 가려야 하고, 혼인이 금지된 가까운 친척 앞에서는 머리와 손을 제외한 모든 신체 부위를 가려야 한다고 본다. 대부분의 자으파리 법학파는 여성들 앞에서 그리고 혼인이 금지된 친척 앞에서 엉덩이와 사적 부위를 가리는 것을 의무라고 간주한다. 한편, 이방인 남성 앞에서 얼굴과 손을 제외한 모든 신체 부위를 가려야 한다는 데에는 모든 법학파들이 동의하고 있다.[274]

한편, 남성의 신체 노출과 관련해서도 법학파들 간에 이견이 있다. 하나피와 한발리 법학파에 따르면 남자는 아내를 제외한 모든 사람 앞에서 배꼽부터 무릎까지 가려야 한다. 그리고 남자이든 여자이든, 혼인이 금지된 사람이든 이방인이든, 죄를 지을 우려가 없다면 남성의 나머지 신체를 바라보는 것이 가능하다. 한편, 말리키와 샤피이 법학파는 남성의 신체 부위 노출과 관련하여 두 가지 상황으로 설명하였다. 첫째, 남자들, 아내, 혼인이 금지된 여자 친척들 앞에 있는 경우와 둘째, 혼인이 금지되지 않은 여성들, 즉 이방인 여성들 앞에 있는 경우이다. 첫 번째 경우 남자는 배꼽에서 무릎까지만 가리면 되고, 두 번째 경우 이방인 여성들은 이방인 남성의 신체를 어떤 부위도 쳐다봐서는 안 된다. 말리키 법학파는 성적 동기가 없다면 여성이 이방인 남성의 머리나 팔을 바라볼 수 있다는 예외를 두고 있지만, 샤피이 법학파는 어떠한 예외도 인정하고 있지 않다. 한편, 자으파리 법학파의 경우 자신이 바라볼 수 있는 다른 사람의 신체부위와 자신

---

273 앞의 책, p.70.
274 앞의 책, p.71.

이 가려야 하는 신체부위를 구별하고 있다. 남성은 엉덩이와 사적 부위를 가려야 하지만, 혼인이 금지된 여성들은 남자의 머리와 손을 제외한 어떤 부위도 바라보아서는 안 된다. 성적 동기가 없다면 남성은 엉덩이와 사적 부위를 제외하고는 다른 남자들이나 혼인이 금지된 여성들의 신체를 쳐다봐도 된다. 비슷하게 여자들도 성적 동기가 없다면 엉덩이와 사적 부위를 제외하고 다른 여자들이나 혼인이 금지된 남자들의 신체를 쳐다볼 수 있다.[275]

(3) 예 배

법학자들은 이방인 앞에서 신체 부위를 가려야 하듯이 예배 중 남자이든 여자이든 신체를 가리는 것이 의무행위라는 데에 의견 일치를 보이고 있다. 하나피 법학파에 따르면 예배 중에 여성은 손등과 발바닥을 가리는 것이 의무이고 남자는 배꼽에서 무릎까지 가리는 것이 의무이다. 샤피이와 말리키 법학파는 예배 중에 여성이 얼굴, 손바닥, 손등은 가리지 않아도 된다는 입장이다. 한발리 법학파는 얼굴을 제외한 어떠한 신체 부위도 노출시켜서는 안 된다고 본다. 자으파리 법학파는 일반적으로 이방인 앞에서 가려야 하는 신체 부위를 예배 중에도 남녀 모두 가려야 한다는 입장이다. 따라서 자으파리 법학파에 따르면 예배 중에 여성은 세정해야 하는 얼굴과 손에서 팔목, 발에서 발목, 손바닥과 손등, 발바닥은 보여도 된다. 남성의 경우 엉덩이와 사적 부위를 가리는 것이 의무이고 배꼽에서 무릎 사이를 가리는 것은 바람직하다는 입장이다.[276]

일부 자으파리 법학자들은 만약 남성과 여성 사이에 아무런 칸막이가 없고 둘 간의 거리가 10큐빗(450센티) 이내이면 먼저 예배를 드린 사람의

---

275 앞의 책, pp.71-72.
276 앞의 책, p.76.

예배는 무효이고, 동시에 예배를 드렸으면 둘 다 무효로 간주한다. 하나피 법학파에 따르면 여자가 남자의 앞이나 뒤에서 예배를 드렸다면 둘 사이에 칸막이가 없고 둘 사이의 거리가 적어도 1큐빗 이하인 경우, 성적 매력을 가진 여자의 정강이와 발목이 남자에게 밀착되었을 경우, 죽은 자를 위한 예배가 아닐 경우, 여성이 남성을 따라 하거나 두 사람이 같은 이맘을 따라 예배를 드린 경우, 그 예배는 무효가 된다. 샤피이, 한발리, 그리고 대부분의 자으파리 법학자들은 그러한 예배가 혐오행위이긴 하지만 유효하다는 입장이다.[277]

(4) 단 식

하나피, 한발리, 샤피이, 말리키 법학파는 만약 아이나 자신의 건강이 우려되는 임신한 여성이나 수유 중인 여성이 단식을 할 경우 그 단식은 유효하나 단식을 중단하는 것도 허용된다는 입장이다. 단식을 중단할 경우 단식을 놓친 날을 후에 보충해야 한다는 데에 법학자들은 동의하고 있다. 그러나 이 경우의 종교적 기부[278]와 관련하여 법학파들은 입장을 달리한다. 하나피 법학파는 종교적 기부가 의무행위가 아니라는 입장이다. 말리키 법학파는 수유 중인 여성에게는 의무행위이나 임신한 여성에게는 의무행위가 아니라고 간주한다. 한발리와 샤피이 법학파는 아이의 건강이 염려될 경우 종교적 기부는 임신한 여성과 수유 중인 여성에게 모두 의무행위이나, 아이와 자신의 건강이 모두 염려될 경우 기부 대신에 놓친 예배만 보충하면 된다는 입장이다. 종교적 기부는 하루 한 명의 가난한 사람을 먹이면 된다. 한편, 자으파리 법학파는 출산이 임박한 여성이나 건강상의 피해를 입을 수 있는 수유 중인 여성은 단식을 중단해야 한다는 입장이다.

---

[277] 앞의 책, p.82.
[278] 단식을 하지 못할 경우 돈이나 음식으로 기부를 하는 행위를 피드야(fidyah), 혹은 캇파라(kaffarah)라고 한다.

자으파리 법학파는 만약 아이에게 피해가 우려되면 기부뿐만 아니라 놓친 단식도 보충해야 한다는 점에서 앞의 두 법학파와 견해를 같이한다.[279]

(5) 순 례

남성에게 순례가 의무행위이듯이 여성에게도 순례는 의무행위이다. 주요 법학파들은 여성이 순례의 의무를 하기 위해 남편의 허락을 받아야 할 필요도 혹은 남편이 아내가 순례하는 것을 방해해서도 안 된다는 입장이다. 여성은 남편 혹은 가까운 남자 친척 마흐람과 더불어 순례하는 것이 일반적이다. 한편, 말리키와 샤피이, 자으파리 법학파는 순례의 의무가 마흐람의 동행 조건보다 우선하는 것으로 간주한다. 즉 마흐람이 없어서 순례를 하지 못한 여성은 순례할 능력이 있는 경우 다른 여성들과 함께 순례할 수 있다는 입장이다. 그러나 한발리와 하나피 법학파는 가까운 남자 친척이 순례에 동행하지 않을 경우 여성은 순례를 해서는 안 된다고 본다.

순례 시 복장과 관련하여 하디스는 여성이 순례 시 얼굴과 손을 가려서는 안 된다고 언급하였다. 이 문제와 관련하여 하나피 법학파는 자신의 얼굴을 드러내는 것이 편치 않은 여성의 경우 머리에 가리개를 써서 이방인 남성들로부터 자신의 얼굴을 가릴 수 있다는 입장이다. 말리키 법학파는 머리 수건을 늘어뜨려 얼굴을 가려도 되나 핀으로 고정시켜서는 안 된다는 입장이다. 샤피이 법학파는 만약 여성이 자신을 가리길 원할 경우 히잡을 얼굴에 드리울 수 있으나 그 히잡이 얼굴의 피부에 닿아서는 안 된다는 입장이다. 한발리 법학파는 순례 시 남성이 머리를 가려서는 안 되는 것처럼 여성도 얼굴을 가려서는 안 된다는 입장이다.[280]

---

279 Laleh Bakhtiar, 위의 책, pp.134-135.
280 Susan A. Spectorsky, 위의 책, pp.195-196.

이원삼, 『이슬람법사상』, 아카넷, 2001.

조희선, 『이슬람 여성의 이해 - 오해와 편견을 넘어서』, 서울: 세창출판사, 2009.

조희선, "아이샤의 삶을 통해서 본 이슬람 유산의 성과 정치," 『한국이슬람학회논총』 10집, 65-81, 2000.

조희선, "코란과 젠더(Gender)에 관한 연구," 『한국중동학회논총』 32-1호, 185-216, 2011.

최영길, 『성 코란 의미의 한국어 번역』, 메디나, 파하드 국왕 코란 출판청, 1417(h).

Abbott, Nabia, *Aishah The Beloved of Mohammed,* London: Saqi Books, 1998.

'Abd al-Rahman, *'A'ishah, Nisa' al-Nabi*, Cairo: Dar al-Ma'arif, 1998.

Abdullah, Raihanah, "The Islamic Legal Provisions for Women's Share in the Inheritance System: A Reflection on Malaysian Society," *Asian Women*, Vol. 30, No. 1, 2014.

'Ahmad, Zinah, *al-Mar'ah fi al-Turath al-'Arabi*, Beirut: Dar al-Manahil, 2000.

Ahmed, Leila, *Women and Gender in Islam*, New Haven & London: Yale University Press, 1992.

al-'Alawi, Hadi, *Fusul 'an al-Mar'ah*, Beirut: Dar al-Kunuz al-'Adabiyah, 1996.

al-'Aqqad, 'Abbas Mahmud, *al-Mar'ah fi al-Qur'an*, Cairo: Nahdat Misr, n.d.

al-'Audan, Husayn, *al-Mar'ah al-'Arabiyah fi al-Din wa al-Mujtama'*, Damascus: al-'Ahali, 1997.

Al-Azami, M. M., *The History of the Qur'anic Text from Revelation to Compilation*, Leicester: UK Islamic Academy, 2003.

al-Bukhari, *The English Translation of Sahih Al Bukhari With the Arabic Text* (9 volume set), Al Saadawi Publications, 1996.

al-Buti, Muhammad Sa'id Ramadan, *al-Mar'ah bayna Tughyan al-Nizam al-Gharbi wa Lata'if al-Tashri' al-Rabbani*, Damascus: Dar al-Fikr, 1996.

al-Darkuzli, Shadhi Sulayman, *al-Mar'ah al-Muslimah fi Muwajahat al-Tahaddiyat al-Mu'asirah*, Amman: Rawa'i' Majdlawi, 1997.

al-Ghazali, Muhammad, *Qadaya al-Mar'ah bayna al-Taqalid al-Rakidah wa al-Wafidah*, Beirut: Dar al-Shuruq, 1994.

Ali Engineer, Asghar, *The Rights of Women in Islam*, London: C. Hurst & Company, 1992.

Ali Khan, Mohammad Mustafa, *Islamic Law of Inheritance*, New Delhi: Kitab Bhavan, 1989.

'Ali, Maulana Muhammad, *The Religion of Islam*, UAR: National Publication & Printing House, n.d.

al-Jaziri, 'Abd al-Rahman, *Islamic Jurisprudence According to the Four Sunni Schools*, Vol. 1, Fons Vitae, 2009.

al-Qur'an al-Karim, Medina: King Fahd Holy Qur'an Printing Complex, 1989.

al-Sahmarani, 'As'ad, *al-Mar'ah fi al-Tarikh wa al-Shari'ah*, Beirut: Dar al-Nafa'is, 1989.

An-Na'im, Abdullah A(ed.), *Islamic Family Law in a Changing World*, London & New York: Zed Books Ltd., 2002.

ash-Shafi'i, Muhammad ibn Idris, *Risala: Treatise on the Foundations of Islamic Jurisprudence*, Islamic Texts Society, 1993.

Awde, Nicholas, *Women in Islam, An anthology from the Qur'an and Hadiths*, London: Hippocrene Books Inc., 2005.

Bakhtiar, Laleh and Kevin Reinhart, *Encyclopedia of Islamic Law: A Compendium of the Major Schools,* Kazi Publications, 1996.

Barazangi, Nimat Hafez, *Women's Identity and the Qur'an*, Florida: University Press of Florida, 2006.

Barr, Fatnat Mikkikah, *Huquq al-Mar'ah bayna al-Shar' al-'Islami wa al-Shari'ah al-'Alamiyah li-Huquq al-Insan*, Beirut: Mu'assat al-Ma'arif, 1992.

Berg, H., *The development of exegesis in early Islam: the authenticity of Muslim literature from the formative period*, Routledge, 2000.

Brown, Daniel W., *Rethinking traditions in modern Islamic thought,* UK: Cambridge University Press, 1996.

Brown, J., *The Canonization of al-Bukhari and Muslim: The Formation and Function of the Sunni Hadith Canon*, Leiden: Brill, 2007.

Cooke, Miriam, *Women Claim Islam*, New York: Routledge, 2001.

Coulson, Noel James, *A history of Islamic law (Islamic surveys)*, Oxford: University Press, 1964.

Dagher, Hamdun, *The Position of Women in Islam*, Austria: Light of Life, 1995.

Dahlén, Ashk, *Islamic Law, Epistemology and Modernity*, Routledge, 2003.

Davary, Bahar, *Women and the Qur'an, A Study in Islamic Hermeneutics*, Lewiston: The Edwin Mellen Press, 2009.

Dien, Mawil Izzi, *Islamic Law: From Historical Foundations To Contemporary Practice,* Notre Dame: University of Notre Dame Press, 2004.

Doi, Abd ar-Rahman I., and Clarke, Abdassamad, *Shari'ah: Islamic Law,* Ta-Ha Publishers Ltd., 2008.

EL Guindi, Fadwa, *Veil Modesty, Privacy and Resistance*, Oxford & New York: Berg, 1999.

Engineer, Asghar Ali, *The Rights of Women in Islam*, C. Hurst & Company, 1992.

Esposito, John L., *Women in Muslim Family Law*, New York: Syracuse University Press, 2001.

Haddad, Yvonne Yazbeck(ed.), *Islamic Law and the Challenges of Modernity,* Altamira Press, 2004.

Hallaq, Wael B., *Shari'ah Theory, Practice, Transformations*, Cambridge University Press, 2009.

Hekmat, Anwar, *Women and the Koran*, Prometheus Books, 1997.

Ibn al-Jawzi, 'Abi al-Faraj, *'Ahkam al-Nisa',* Beirut: Dar al-Kutub al-'Ilmiyah, 1985.

Jannin, Hunt & Kahlmeyer, Andre, *Islamic Law*, McFarland & Company, 2006.

Jawad, Haifaa A., *The Rights of Women in Islam*, New York: Macmillan Press, 1998.

Juynboll, G. H. A., *Encyclopedia of Canonical Hadith*, Leiden: Brill, 2007.

Kazi, Mazhar U., *A Treasury of Hadith and Sunnah*, Markazi Maktaba Islami, 1997.

Koya, P.K., *Hadith and Sunnah*, Kuala Lumpur: Islamic Book Trust, 1996.

Lucas, S., *Constructive Critics, Hadith Literature, and the Articulation of Sunni Islam*, Brill Academic Publishers, 2004.

Lucas, S., *The Arts of Hadith Compilation and Criticism*, University of Chicago, 2002.

Malti-Douglas, Fedwa, *Men, Women, and God(s)*, University of California Press, 1995.

Mernissi, Fatima, *al-Harim al-Siyasi*, Damascus: Dar al-Hisad, n.d.

Mernissi, Fatima, *The Forgotten Queens of Islam*, Minneapolis: University of Minneapolis, 1993.

Mernissi, Fatima, *The Veil and Male Elite: A Feminist Interpretation of Women's Rights in Islam*, New York: Addison, 1991.

Mernissi, Fatima, *Women and Islam*, Oxford: Blackwell, 1987.

Mernissi, Fatima, *Women's Rebellion & Islamic Memory*, London: Zed Books, 1996.

Mir-Hosseini, Ziba, *Towards Gender Equality: Muslim Family Laws and the Shari'ah, Wanted Equality and Justice in the Muslim Family*(ed. Zainah Anwar), Malaysia: Musawah, 2009.

Moors, Annelies, *Women, property and Islam*, Cambridge University Press, 1995.

Muhammad, Salah, ʿAbd al-Ghani, *al-Marʾah bayna al-ʿIbadat wa al-Bidaʿ wa al-Kabaʾir*, Cairo: Maktabat al-Dar al-ʿArabiyah lil-Kuttab, 1998.

Muhsin Khan, Muhammad(tr.), *Sahih al-Bukhari*, Riyad: Darussalam, 2007.

Mumisa, Michael, *Islamic Law: Theory & Interpretation*, Amana Publications, 2002.

Musa, A. Y. *Hadith as Scripture: Discussions on The Authority of Prophetic Traditions in Islam*, New York: Palgrave, 2008.

Muslim, *Sahih Muslim 8 Vols.: Arabic-English*, Adam Publishers and Distributors, 2003.

Mustafa Khan, Muhammad, *Islamic Law of Inheritance*, New Delhi: Kitab Bhavan, 1989.

Nasir, Jamal J. Ahmad, *The Status of Women under Islamic Law and Modern Islamic Legislation*, Leiden: Brill, 2009.

Rahman, Fazlur, *Major Themes in the Qurʾan*, Bibliotheca Islamica, 1989.

Robinson, C. F., *Islamic Historiography*, Cambridge University Press, 2003.

Robinson, Neal, *Discovering the Qurʾan*, Georgetown University Press, 2002.

Roded, Ruth, *Women in Islam and the Middle East*, London: I.B. Tauris, 1999.

Saad, Salama, *The Legal and Social Status of Women in the Hadith Literature* (Doctoral Dissertation), University of Leeds, 1990.

Sells, Michael, *Approaching the Qurʾan: The Early Revelations*, White Cloud Press, Book & CD edition, 1999.

Sonbol, Amira al Azhary, *Women, the Family, and Divorce Laws in Islamic History*, Syracuse University Press, 1996.

Spectorsky, Susan A., *Women in Classical Islamic Law*, Leiden: Brill, 2010.

Spellberg, D. A., *Politics, Gender, and Islamic Past*, New York: Columbia University Press, 1994.

Stowasser, Barbara Freyer, *Women in the Qurʾan, Traditions, and Interpretation*, Oxford University Press, 1996.

Swarup, Ram, *Understanding the Hadith*, Prometheus Books, 2002.

Syed, Mohammad Ali, *The Position of Women in Islam*, State University of New York Press, 2004.

Tucker, Judith E., *Women, Family, and Gender in Islamic Law*, Cambridge University Press, 2008.

Waddy Charis, *Women in Muslim History*, London & New York: Longman, 1980.

Wadud, Amaina, *Qur'an and Women*, Oxford University Press, 1999.

Wahiduddin Khan, Maulana, *Women in Islamic Shari'ah*, New Delhi: Islamic Center, 1995.

Walther, Wiebke, *Women in Islam*, Princeton: Markus Wiener Publishers, 1995.

Weiss, Bernard G., *Studies in Islamic Legal Theory*, Boston: Brill Academic publishers, 2002.

Welchman, Lynn(ed.), *Women's Rights & Islamic Family Law*, Zed Books Ltd., 2004.

Wild, Stefan, *The Qu'ran as Text*, Leiden: Brill, 1996.

Yamani, Mai(ed.), *Feminism and Islam*, New York: New York University Press, 1996.

http://en.wikipedia.org/wiki/Fiqh(2013년 1월 20일 검색).

http://en.wikipedia.org/wiki/Hanafi(2013년 1월 24일 검색).

http://en.wikipedia.org/wiki/Hanbali(2013년 1월 24일 검색).

http://en.wikipedia.org/wiki/Ijma%27(2014년 11월 1일 검색).

http://en.wikipedia.org/wiki/Maliki(2013년 1월 24일 검색).

http://en.wikipedia.org/wiki/Qiyas(2014년 12월 1일 검색).

http://sunnah.com/(2013년 2월 1일 검색).